陈平语言学文选

INTRODUCTION, INTEGRATION AND INNOVATION

引进·结合·创新

现代语言学理论与中国语言学研究

◆ 陈 平 著

2017年·北京

图书在版编目(CIP)数据

引进·结合·创新:现代语言学理论与中国语言学研究/陈平著.—北京:商务印书馆,2017
(陈平语言学文选)
ISBN 978-7-100-13981-6

Ⅰ.①引… Ⅱ.①陈… Ⅲ.①语言学—理论研究—文集 ②汉语—语言学—文集 Ⅳ.①H0-53 ②H1-53

中国版本图书馆 CIP 数据核字(2017)第 114515 号

权利保留,侵权必究。

陈平语言学文选
引进·结合·创新
——现代语言学理论与中国语言学研究
陈 平 著

商 务 印 书 馆 出 版
(北京王府井大街36号 邮政编码100710)
商 务 印 书 馆 发 行
北 京 冠 中 印 刷 厂 印 刷
ISBN 978-7-100-13981-6

2017年7月第1版　　开本 787×1092　1/16
2017年7月北京第1次印刷　印张 15
定价:52.00元

目　录

引进·结合·创新
　　——关于国外语言学与中国语言学研究关系的几点思考 …………… 1
描写与解释：论西方现代语言学研究的目的与方法 ……………… 14
系统中的对立
　　——谈现代语言学的理论基础 ………………………………… 41
句法分析：从美国结构主义学派到转换生成语法学派 …………… 64
话语分析说略 ……………………………………………………… 85
话语分析与语义研究 …………………………………………… 100
从现代语言学经典论著看语言学论文的写作与发表 …………… 113
语言民族主义：欧洲与中国 …………………………………… 151
政治、经济、社会与海外汉语教学
　　——以澳大利亚为例 ………………………………………… 174
从结构主义语义学角度看"荤（菜）"与 meat 的释义和翻译 …… 199

人名索引 ………………………………………………………… 210
主题索引 ………………………………………………………… 215
后　　记 ………………………………………………………… 231

引进·结合·创新[*]

——关于国外语言学与中国语言学研究关系的几点思考

提　要　引进、结合、创新是国外语言学与中国语言学研究关系这个大课题的三个组成部分，更是它的三个发展阶段。引进、结合和创新的过程，就是中国现代语言学研究主要知识系统逐步成形、发展和成熟的过程。在这个过程中，我们日渐自觉与熟练地利用普适性的理论、概念和方法描写与解释汉语现象，探索汉语与其他语言之间的共性以及汉语自身的特点。随着研究的不断深入，我们尤其关注现有理论和方法无法说明的汉语现象，以此为基础，努力超越现存的理论框架，提出更准确、更全面，从而更具有普遍意义的新的理论和概念，以汉语现象为依据在理论语言学研究领域里发出我们自己的声音。

关键词　普通语言学　汉语语言学　理论与方法　中国语言研究发展史

　　1988年年底，《国外语言学》编辑部在北京槐树岭举办第二届编辑工作研讨会，会议主题是"国外语言学理论与方法应用于汉语的成果、动态和设想"。与会者就该主题进行了热烈的讨论，会上提出的一些观点，学界后来屡有述评。十七年过去了，中国的语言学研究又取得了长足的进步，《国外语言学》也改名为《当代语言学》。《当代语言学》编辑部今年举办研讨会，主题回到了"国外语言学在中国"。这说明国外语言学同中国语言学研究的关系，是我们研究工作中具有重要指导意义的问题，值得我们经常思考和总结。

　　《国外语言学》及其前身《语言学资料》及《语言学动态》，主要作

---

　　* 《当代语言学》编辑部2005年11月4—5日在北京召开"国外语言学在中国"研讨会，本文初稿是提交该会的书面发言，承蒙徐赳赳博士代为宣读。定稿过程中，承蒙黄国营、李行德、潘文国、沈家煊、王大刚、王菊泉和徐赳赳各位先生提出很好的意见，谨致谢忱。

用是介绍国外语言学的成果和动态，以利我国语言学界了解和吸收对我有益的理论和方法，把它们同中国语言学研究结合起来。《国外语言学》改名为《当代语言学》，意味着刊物的主要任务有了改变，以前是以介绍和引进为主，现在是以结合和创新为主。根据办刊宗旨，《当代语言学》是我国第一本理论语言学刊物。所谓理论语言学，一般说来，观察问题的角度、方法和结论都应该具有一定的普遍意义，应该超越某个具体语言的范围而对其他语言的研究也有所贡献。这在理论语言学研究中是一条不言自明的基本原则。Gabelentz 说德语，罗素（Russell）说英语，索绪尔（Saussure）说法语，他们在观察语言现象，对语言问题进行理论表述时，不言而喻地认为自己的观点也适用于其他语言。当然，从事这样的理论语言学研究，前提条件是要对其他的语言有相当程度的了解。这样的研究传统起源于西方。关于语言、思维和外部世界关系的抽象哲学和逻辑思辨，西方和中国的古圣先贤都为后人留下了许多精彩的论述。古希腊时代有柏拉图学派和亚里士多德学派之争，中国则有公孙龙白马非马的命题。但是，对词类和句子成分等语言本体的研究则起源于古希腊罗马时代。语言学研究同数学、化学和天文学一样，最初都是主要为了解决日常生活中面临的迫切需要而发展起来的。在这方面，古代西方人和中国人面对的具体问题很不一样。西方早期的语言学研究，很大程度上是出于外语教学的需要。亚历山大大帝东征西伐，征服了大片的异族领土，当地人士为了与统治阶层交往，许多人都学习希腊语，促使学者对希腊语的语言结构进行认真的分析研究，以利外人学习。后来的罗马帝国在军事扩张和迁徙过程占据了更大的外族疆土，罗马帝国本土也常受外族入侵和占领，无论是作为占领者还是被占领者，日耳曼、凯尔特等异族都有许多人学习拉丁语，对语法书籍和其他教材有所需求。不同语言的密切接触，促进了语言的相互对比和相互参照。这种背景下发展起来的语言学研究很自然地具有两大特点：一是注重语言结构的成分和关系，二是注重语言之间的共性和差异。这样的研究传统在西方源远流长，有数千年的历史，一直延续到现在。

就语言而论，古代汉人和现代中国人面临的最大问题几乎是一样的，就是难认、难写、难记、难用的汉字。因此，数千年来，中国学者对语言的研究兴趣几乎全部集中在汉字的音、形、义方面。汉字基本上是表意文字，语义，更准确地说是字义，最早成为研究对象。由此发展起来的训诂学研究，是数千年间中国传统语言学家用力最勤的研究领域，最能体现西风东渐之前我们本土传统语法和语义研究的特点和成就。例如，字分虚实，自宋朝以来文人对此多有发挥。这是洞察力很强的语法理论思想，在世界语言研究史上有其独创之处，对后来西方语言学家也有所启发。有清一代这方面的研究更是名家辈出，刘淇的《助字辨略》、王引之的《经传释词》等训诂学著作，主要根据语义和功能特征，将虚词分门别类（包括互文同训、同文互证等），详加训释。分类和训释的背后，就是学者们对有关词语语法、语义和语用特点的理论思考和抽象概括。另外，周秦时期由时间和地域造成的严重字形分歧以及相应的书同文措施，使得字形变化及其同音义的关系渐渐成为显学。各地异常复杂的方言差异和长期的佛教传经和翻译实践，又促进了汉语音韵学的发展。相比之下，汉语普通词语的语法类别、句子成分和结构，以及句子意义与结构表现形式之间的关系，中国古代学术传统中很少有人关注，更不用说进行系统的研究了。我想主要原因也许是没有多大显而易见的实际用处。掌握母语和学习外语，毕竟是差别很大的事情。要会读书作文，先过汉字关。所谓扫盲，就是认字。把一个个字的音、形、义弄清楚，其他方面也就不会有什么太大的问题了。即使是"香稻啄余鹦鹉粒，碧梧栖老凤凰枝"，只要认识这十四个字的意思，不懂主谓宾定状补，似乎不至于影响我们理解和欣赏老杜的诗意。但是，外语学习就很不一样，"我每天打网球"，同样是这六个字，为什么不能说成"我打网球每天""我每天网球打"或是"打每天我网球"？要对学汉语的外族人说出一番道理来，离不开最基本的句子结构分析。中国第一部语法著作《马氏文通》，以西方语言为参照系，分析对象是周秦两汉之文，以及文起八代之衰、对"古文"模仿得还算地道的韩文。马氏对语料的取舍不合他自己信奉的逻辑。马氏认为，措字遣词，集字成句，"要有一成之律贯乎其中，历千古而无或少变"，"古今文词经史百家，姚姬传氏之所类纂，曾文正之所杂抄，旁至诗赋词曲，下至八股时文，盖无有能外其法者"①。既然如此，如果他的目的单纯是"探夫自有文字以来至今未宣之秘奥，启其缄藤，导后人以先路"，为什么要舍近求远，不分析他自己每天使用的现代汉语或丹徒方言，或者至少是《朱子语类》之类的材料？我认为，除了没有认识到字、词、句首先是口语单位，以及对所谓"文章不挑之祖"具有根深蒂固的成见以外，实用价值是他最重要的一个考虑因素。至少从晚唐五代起，周秦时期的古汉语距离当时的日常口语已经相当遥远，又过了一千年，到了马建忠的时代，已经可以说是一种介于母语和外语之间的语言。其中的规矩方圆，大都不是自襁褓咿呀学语起就能够开始神而明之的，所以他要编这部《文通》，以利学者。这样看来，我们有理由认为，中国第一部汉语语法的出现，也是为了"准外语"教学的目的。当然，欧洲人在此以前已经写了许多部汉语语法——都是为了作为外语的汉语教学。另外，近代中国以前也很少有人对非汉语有强烈的研究兴趣，传世的经史子集中，像"越人歌"这样的材料如凤毛麟角②。

因此，在理论语言学研究方面，尤其是语法学研究方面，西方欧洲语言国家远远走在我们前面。现存的语言学理论、方法、基本假设和基本概念，绝大多数都是在以西方语言为主要研究对象的基础上发展起来，然后再逐渐运用到其他语言的研究中去。从古到今，西方人和中国人在智慧方面不相上下，在语言研究方面下的功夫也很难说谁深谁浅。数千年间彼此之间的最大不同在于基于实际需要，选择了不同的研究对象，这是历史原因造成的结果，是我们应该坦然面对的现实。

---

① 此处及以下引文均出自《马氏文通读本》。
② 古希腊罗马时代的语言学研究与外语教学密切相关，可以说是史家定论。中国古代汉语研究为什么走上了另外一条路，是比较语言学史上一个很有意思的问题，本文提出的观点是我的个人意见，不揣浅陋，发表出来，希望得到方家指正。古人也与外族交往，也有语言问题，如《礼记·王制》所载："五方之民，言语不通，嗜欲不同。达其志，通其欲，东方曰寄，南方曰象，西方曰狄鞮，北方曰译。"四方外族语言的翻译官各有自己的名称，可见周代的翻译需求可能相当大，翻译活动相当频繁。但是，有关当时古人学习外族语言以及外族学习汉语的行为活动，却极少见于史籍。这又是为什么？涉及这些史实时，我们往往生发探究背后因果关系的兴趣。喜欢事事从因果的角度看历史，这本身是否是受决定论影响太深的结果，也是一个值得讨论的问题。

正是因为这个历史原因，在现代语言学的大多数研究领域里，我们在理论和方法方面本土资源不足，"别求新声于异邦"，借鉴西方语言学的理论和方法是一种很自然的做法。坦率地说，我们在引进和结合方面做得较好，理论和方法上有创新之处，但是不多。早在五四时期，刘復在《中国文法通论·四版附言》中就已经用了转换的方法来分析句子，如"我（在纸上）写字—我写字在纸上"，等等。能否认为，这是领先乔姆斯基三十余年的开创性论述？我想不能。通过相关句子成分的移位、替代、省略、扩展等变换手段揭示句子之间的关系，在西方语言研究中是一种常用的分析手段，具有十分久远的历史，可以一直追溯到古希腊罗马时代，到了中世纪，已经发展到相当成熟的地步。在这种研究方法的基础上，欧洲语言学家在16世纪下半叶更进一步提出了句子的深层语义结构和表层句法结构的概念，通过转换关系将两者联系起来。乔姆斯基在其早期的所谓标准理论模式中，为句子的句法结构设定了深层结构和表层结构，通过转换规则将深层结构变成表层结构。他的独特之处在于他所设定的深层结构是相当抽象的句法结构而不是前人所说的语义结构，同实际语句也相距甚远。刘復著作中只是沿用了西方语言研究中已经用了上千年的转换方法，同乔姆斯基的理论模式不是一回事①。

理论语言学的理想目标是所提出的结论具有普适性，适用所有的人类语言。但是，实际状况往往离这个目标还差得很远。在努力缩短理想与现实之间距离的同时，比较现实的做法是找出自然语言之间在一些主要特征上的差异。当代有影响的语言学理论和方法，大多数都具有类型学研究的性质，这是体现理论语言学普适性的一个重要表现方面，即用基本相同的标准观察各个语言中的相关现象，根据这些现象的异同对它们进行归类，确定有关理论和概念的适用范围，并且研究各个类别之间异同的本质属性。

---

① 有一本英语语法书，叫《纳氏文法》，是19世纪一位英国语法学家Nesfield为印度人学英文编写的，书中也用转换方法说明句子关系。该书后来在中国翻印出版，十分畅销。据说早在五四以前，直至1930和1940年代，读书人只要学英文，几乎是人手一册。刘復1920年才去法国留学，如果他在这以前就开始在汉语语法研究中运用转换方法，我想或许是从《纳氏文法》中借鉴过来的。

如前所述，当代理论语言学的主要理论、概念、方法以及提出问题和解决问题背后的一些预设，在开始阶段基本上都是建立在西方语言研究的基础之上。历史上影响最大的语言学家，其母语几乎都是西方语言，他们在立论过程中难免会深受西方语言的影响。哪怕是数学家和逻辑学家，最初涉及语言问题时都不能避免母语的影响。亚里士多德如果说汉语，他创立的形式逻辑系统可能就会是另外一个样子。这是我们无可奈何的事情。基本上以西方语言为基础建立和发展起来的现代语言学理论和方法，用于研究汉语语言现象时，一般可能会出现四种情况：一是风马牛不相及，彼此都无话可说；二是圆凿方枘，某个特定的理论和方法与汉语相关现象扞格不入；三是十分成功，引导我们去分析前所未知的语言现象，发掘出前所未明的语言规律，并且提出令人满意的解释；四是差强人意，现有理论和方法能说明部分汉语现象，但往往还不够准确，不够周延，需要我们对现有理论和方法进行补充、修正甚至推倒重来。自《马氏文通》以来中国语言学研究一百余年的实践证明，在国外语言学和中国语言研究结合过程中，出现的大多数是第三种和第四种情况。今天的汉语语言学研究，尤其是汉语语法学研究，同20世纪上半叶相比，取得了巨大的成绩。我们不妨回顾一下1950年代《中国语文》组织的几次大规模的语法讨论。当时提出了许多问题，五十年后的今天，我们几乎对于所有这些问题，都有了更为全面而深入的认识。在语法研究的深度和广度方面，我们目前的状况同1950年代相比，已经完全不可同日而语。这主要得归功于五十年来国际理论语言学的迅猛发展，归功于中国语言学家在更自觉、更熟练地把普通语言学理论和方法与汉语研究结合起来这一方面所做出的努力。

从宏观的历史角度来看，中国人文社会科学在过去一百多年里走过的是一条大致相同的道路。陈寅恪1940年将王国维的学术研究和治学方法概括为三点：一是"取地下之实物与纸上之遗文互相释证"，见于他的考古学及上古史之作；二是"取异族之故书与吾国之旧籍互相补正"，见于他的辽金元史事及边疆地理之作；三是"取外来之观念，与固有之材料互相参证"，见于他的文艺批评及小说戏曲之作。陈寅恪认为，这三类著作，"要皆足以转移一时之风气，而示来者以轨则。吾国他日文史考据之学，范围纵广，途径纵多，恐亦无以远出三类之外"（陈寅恪1940）。这个判断大致上是正确的。需要补充的是，从语言研究的角度来看，三类之外还应该加上第四类，即取传世文字记载与当代方言土语互相验证，尤见于音韵训诂研究，如古音构拟、本字考辨等。就我国现代语言学研究而言，多年来大多数领域所采取的基本方法就是取外来之观念，包括技术工具，用以研究本土材料。以马建忠、高本汉、赵元任、吕叔湘等为代表的中外大家，在这一点上是基本一致的。他们的斐然成就，使得中国的语言研究成了最能体现现代中国学术进步的领域之一。但是，陈寅恪所说的"互相参证"，我们并没有完全做到。中国语言学家主要从事进口业务，在以中国本土材料对外来观念进行补充或修正方面，我们做得较少，而这项工作本是我们研究活动的题中应有之义。自《马氏文通》以来百余年间，中国语言学研究受惠于国际理论语言学研究远远超过后者受惠于前者。"中国应当对于人类有较大的贡献"，我们期盼这种极不对称的情形在今后会有较大的改变。这并不是什么很难做到的事情。中国境内的历史和现今语言资源十分丰富，前面说到的四种情况中，后三种情况无论出现哪一种，都有可能是中国语言学家为普通语言学理论做出独特贡献的机会，关键在于我们的理论素养和眼光。

我们不能指望这个世界上有现成的、为汉语度身定制的理论和方法，用于汉语分析时严丝合缝，不差毫厘。广泛应用于世界其他语言的理论和方法同汉语语言事实之间有没有矛盾之处，有什么矛盾之处，原因是什么，如何解决这些矛盾——这些都是我们面临的重要问题。这些问题都需要实证检验才能回答，有待于一个个具体语言现象的调查、观察和研究结果，在翔实可靠的结论出来之前，无人知道答案。要回答这些问题，毕竟还得主要依靠以汉语为母语的语言学家，要靠我们自己。能不能不回答这些问题，暂不理会其他语言中的有关现象，抛开国际语言学研究数千年的积累，专门为处理汉语提出一个全新的理论框架呢？从逻辑上来说当然可以。但是，我们认为，在21世纪的今天，这显然是个得不偿失的做法。以现代语言学覆盖范围之广，恐怕也极少有人能真正做到这一点。创新是学术研究的生命，而前提是要知道别人已经做了什么，怎么做的，做得怎么样，还有什么没有做，目的是在继承的基础上进行创新，否则很可能是在"重新发明轮子"而不自知。字词句、名动形、主谓宾、施事受事、有定无定等术语，有谁写语法论文能完全不用它们呢？它们表面上看来比较简单，似乎可以用作初始概念，对语言结构进行"白描"。但实际上，它们无一不具有丰富的理论内涵，其定义和所指对象往往因人、因事、因学派、因语种而异，与其他相关概念的关系也十分复杂。这就意味着，一般说来，只要使用这些术语，我们都得在理论立场上有所选择，接受或多或少的没有明言的理论预设，无论我们自己有没有自觉地意识到这一点。盲目套用西方框架，是我们研究工作中常见的弊病，究其原因，往往并不是因为借鉴了外来的理论和方法，而是因为对这些理论和方法缺乏全面的了解，同时对本土材料缺乏深入的研究，既不知人，也不知己。可以用汉语的眼光看世界，但同时更应该用世界性的眼光看汉语，最终的目的是将看汉语的眼光融入世界性的眼光中去。我们利用普适性的理论和概念观察汉语现象，探索汉语与其他语言之间的共性；在这个研究过程中我们同时探索汉语的特点，尤其关注现有理论和方法无法说明的现象，以此为基础，超越现存的理论框架，提出更准确、更全面，从而更具有普遍意义的新的理论和概念，以汉语现象为依据，在理论语言学研究领域里发出我们自己的声音。如果我们对有关语言理论和概念理解得透彻，对汉语语言现象研究得深入，发现和补正有关理论和概念的局限与缺失，往往是一个水到渠成的过程。徐通锵提出的叠置式音变理论，便是一个成功的范例。在此以前，历史语言学主要用两种方式解释语音变化，一是连续式音变，一是离散式音变。徐通锵先生发现，这两种方式无法满意地说明汉语文白异读中的许多音变现象。他以汉语材料为基础，提出了新的叠置式音变理论，与原有的两种鼎足而三，丰富了历史语言学的理论系统（详见徐通锵1996）。

要深入描写和解释汉语中的语言现象，自然也得主要依靠以汉语为母语的语言学家。汉语有自己的特点，也有与其他语言一样的共性。所谓特点和共性，都是与其他语言比较后得出的结果。人类语言是大同小异，而不是大异小同，我想大多数语言学家现在对此已不持异议。在大的共性之下，语言各有自己的特点；而在有关语言特点的背后，往往又能发现有某种更深层次的共性在起着决定作用。共性和个性在语言各个层次上的相互缠绕，使得古今中外的研究者有时会不约而同地注意到某些相似的语言现象，发现相通的语言规律，这就是语言学家有可能就不同语言的研究结果进行比较和相互借鉴的根本原因。语音节律会在词语和句子的组织结构中起一定作用，这在其他语言中有大量报道。古人在汉语里面也已经注意到这种现象。有关现代汉语在这方面的表现特点，吕叔湘先生"现代汉语单双音节问题初探"则是一项具有里程碑意义的研究成果。对比古今中外的相关现象，自然大大有助于我们对于汉语语言现象的深入理解。当然，无论是要说出汉语的特点或是共性，都是很不容易的。赵元任在《中国话的文法》里谈到，汉语口语中常常省略句子成分，使得主谓关系松散，造成表面上不合逻辑的句子，如"他是个日本女人"（他的用人是个日本女人）。这个例子后来常常被人用来说明汉语的特点。可是，近来发现，远的不说，就是在英语口语里类似句子也相当常见，如 I am the ham sandwich（我是火腿三明治）。That french fries is getting impatient（那个炸薯条不耐烦了），详见 Nunberg（1994）以及 Ward（2004）。其实，赵元任自己对这些问题的看法还是相当审慎的，他举了上面这个例子，认为在别的语言里是不合语法的，但是最后他又说道："总的来说，同大多数语言的口语相比，汉语口语中歧义之处不见得比它们多，也不见得比它们少"（Chao 1968：75）。所谓汉语模糊、西语清晰之类的笼统论断，均属皮相之谈。

　　语言成分具有形式和意义两个方面，语言学家的主要工作就是描写和解释这两个方面的本质属性及其对应关系。据我个人的看法，过去二十年来，国际语言学界在意义研究方面所取得的进展尤为显著。对于意义的三个主要方面，即语义、语用以及话语信息组织，我们现在的认识与二十年以前相比，在深度和广度方面都有了很大的进步。语义研究与人们的认知功能与机理研究密切结合，语用研究与一般社会行为方式研究密切结合，话语信息组织研究与大脑信息加工、储存和提取方式研究密切结合，这不但为语言的意义研究拓展了更为广阔的天地，也使我们对于语言意义的本质有了更为深刻的理解。跨学科相互借鉴、相互促进向来是科学得以进步的重要因素。形式语言学极大地得益于数学和计算机科学方面的进展，而功能语言学同人类学、社会学和心理学等学科一直有着密切联系。当代语言学研究中许多新颖的理念和方法都是跨学科相互借鉴的产物，我们要走创新之路，这是一个非常重要的方向。同样值得我们关注的是跨传统、跨学派的研究。由于语言是个非常复杂的研究对象，语言学家的研究旨趣、研究角度和研究方式可以很不一样。不同学派和不同研究风格之间有对立，但更多的是互补。形式语言学派和功能语言学派之间一般很少交往，过去十多年里，有少数学者开始致力于沟通和比较方面的工作，如 Croft(1995) 和 Newmeyer(1998)等，这无疑会激励双方正视自己的局限与不足，结果是整体语言研究会因此而得益。有几个方面汉语语言学家或许能为普适语言理论做出独特的贡献，都同汉语汉字有关。汉语训诂学有数千年的研究历史，对词义的起源、演变与消亡有详尽的描写，用现代语言学的理论和方法重新整理我们这笔历史文化遗产，很可能会对汉语发展史获得新的认识，同时对推进具有普适意义的语义演变理论提供新的机会。另外，读汉语写汉字的人在语义储存和处理方面与使用拼音文字的人到底有没有什么不同，多年来一直是个复杂而又重要的研究课题。近年来，大脑神经科学和病理语言研究迅猛发展，为研究这个课题提供了更好的观察手段。

  语言学研究也同现代社会的其他方面一样，人们的观念、目的、取向和方法日趋多元化。一般来说，我们的研究目的或是深入描写和解释汉语的语言现象，或是用汉语现象揭示有关理论的不足，纠正它们的缺失，提出新的更全面的理论和概念。两种目的如能兼顾当然很好，但在大多数情况下研究者都是有所侧重。据我个人多年的观察，具有深远影响的研究工作，往往是在理论指导下对具体语言现象的细腻描写，以及针对某些具体语言现象提出来的理论表述。吕叔湘 1940 年代发表的一些语法研究论文，如"'個'字的应用范围，附论单位词前'一'字的脱落""从主语、宾语的分别谈国语句子的分析""'把'字用法的研究"，等等，研究对象是汉语里常见的语法现象，其理论背景和分析手段，基本上没有超出当时的传统语法范畴。这些论文对语言现象的观察精细入微，描写准确，解释透彻，发表六十年以后仍然是后人研究相关课题的必读文献，具有久远的价值。这在西语文献中也是如此。Milsark（1977）研究英语 there 句中定指成分、数量词及其他名词性短语的使用特点，几十年来，无论主流语法理论模式如何变化，一直是研究有关问题的经典文献。过去几十年里，也出现了许多抽象的语法理论模式，现在大多湮没无闻，在这些理论框架里面完成的研究论著，绝大多数已经被人完全遗忘。当然，无人可以忽视抽象的形式化理论建构所可能具有的学术价值。罗素、乔姆斯基、蒙太格（Montague）等人的巨大贡献举世公认，一些漂亮的形式建构所展示的严谨和明快，也常常给人带来美学上的享受。例如，罗素 1905 年发表的名文"On denoting"，对句子里出现的定指性名词短语，提出了与专有名词完全不同的处理方法。罗素认为，定指性名词短语做语法主语的句子，如 The author of *Waverly* was a man，从逻辑意义上来讲并不以该名词性短语为主语。该名词性短语与专有名词不同：它并不直接指称事物，而是表示两个命题，一个表示存在，一个表示独一无二。他的这个所谓限定摹状词理论，为很棘手的几个有关指称的问题提供了新颖的解决方法，得到同行的很高评价，在该研究领域里整整统治了半个世纪之久，之后有关话题-说明等语言信息结构的研究也颇得益于由罗素理论引出的思路。但是，罗素的理论从 1950 年代以后开始受到许多质疑，主要原因之一是认为，这种增字解经的方式割裂了句子的语法结构，得出的逻辑语义结构与实际语言形式距离太远，没有任何心理语言学方面的证据可以支持这种观点。这告诉我们两点：一、具体语言现象既是理论研究的出发点，往往也是它的归宿；二、抽象的理论架构，可能具有极高的理论价值，但迟早要向自然语言现象寻求实证支持。后之视今，亦犹今之视昔。用历史的眼光审视前人论著在数十年，乃至上百年间对后人影响力的盛衰消长，应该能给我们带来一些有益的启示。

同1980年代相比，现在从事语言学研究的人数大为增加，外语能力也有了可喜的提高。随着互联网技术的广泛运用，外文资料难查难得的问题正日益得到缓解。大型语料库的出现，更是为语言研究提供了宝贵的利器。大多数研究人员的课题现在都是集中在语言的结构方面，如语法、语义等领域。方言语法还有大片未开垦的荒地，普通话语法研究则日益深入，要不断找到新课题、新材料、新理论和新视角，需要我们花费很大的力气。另外一方面，中国社会正处于一个重要的转型期，语言学家大有可为。如何使语言学研究更紧密地结合当代中国社会生活，为社会进步和国家现代化做出贡献，有许许多多的研究领域和课题值得大家去探索和研究。如全国各地搞得沸沸扬扬的所谓双语教育，就很值得语言学家的关注。世界上有许多国家和地区实行双语教育，积累了几十年，甚至上百年的经验和教训，涉及语言习得、语言教学、语言之间的比较研究，以及社会语言学等同语言有关的许多方面，把它们总结出来供大家参考，可以使我们少走许多弯路。另外，语言与法律、语言的跨民族跨文化交流等，都是国家现代化进程中非常重要的一些方面，有大量的课题需要语言学家在理论和实践上进行研究和总结。《当代语言学》可以考虑如何更好地在开创风气、引领潮流、鼓励结合、支持创新方面发挥自己的先导作用，同时在文献综述、选题和方法等方面为读者，尤其是青年学生，及时提供翔实可靠的服务。

引进、结合、创新是国外语言学与中国语言学研究关系这个大课题的三个组成部分，更是它的三个发展阶段。引进、结合和创新的过程，就是中国现代语言学研究主要知识系统逐步成形、发展和成熟的过程。从《语言学资料》《语言学动态》到《国外语言学》再到《当代语言学》，生动地反映了我们所走过的道路。

参考文献

陈寅恪，1940，王静安先生遗书序，《金明馆丛稿二编》，北京：生活·读书·新知三联书店2001年，第247—248页。

吕叔湘，1944，"個"字的应用范围，附论单位词前"一"字的脱落，《吕叔湘文集》第二卷，北京：商务印书馆1990年，第145—175页。

吕叔湘，1946，从主语、宾语的分别谈国语句子的分析，《吕叔湘文集》第二卷，同上，第445—480页。

吕叔湘，1948，"把"字用法的研究，《吕叔湘文集》第二卷，同上，第176—199页。

吕叔湘，1963，现代汉语单双音节问题初探，《吕叔湘文集》第二卷，同上，第415—444页。

吕叔湘，王海棻编，1986，《马氏文通读本》，上海：上海教育出版社。

徐通锵，1996，《历史语言学》，北京：商务印书馆。

Chao, Yuen Ren. 1968. *A Grammar of Spoken Chinese*. University of California Press.

Croft, William. 1995. Autonomy and functionalist linguistics. *Language* 71(3), 490-532.

Milsark, Gary. 1977. Toward an explanation of certain peculiarities in the existential construction in English. *Linguistic Analysis* 3(1), 1-29.

Newmeyer, Frederick. 1998. *Language Form and Language Function*. The MIT Press.

Nunberg, Geoffrey. 1995. Transfers of meaning. *Journal of Semantics* 12(2), 109-132.

Russell, Bertrand. 1905. On denoting, *Mind* 14, 479-493; also in Farhang Zebeeh et al., eds., *Readings in Semantics*, 1974, University of Illinois Press, 141-158.

Ward, Gregory. 2004. Equatives and deferred reference. *Language* 80(2), 262-289.

（本文原载《当代语言学》2006年第2期。）

描写与解释：论西方现代语言学研究的目的与方法[*]

提　要　根据不同的目的，语言研究可以分为描写性的和解释性的两大类。以描写语言的现状和历史为其主要目的的语言学派可称为描写派，以解释各种语言现象为其主要目的的语言学派可称为解释派。本文分析对比了19世纪以来在西方的语言研究中先后占据重要地位的历史比较语言学派、结构主义学派、形式主义学派和功能主义学派等四个学派或学术思潮的主要目的和方法，将它们分别归入描写和解释这两个派别。

作者指出，历史比较语言学家属于解释派。他们不仅发现了印欧诸语言之间存在的大量系统对应现象，而且从历史发展的角度来解释这些现象，经过广泛的调查和认真细致的比较，探明了这些语言的亲属关系，构拟了印欧语的共同始源语，并提出了一些演变规律和原则。虽然包括新语法学派在内的历史比较语言学派并没有对语言演变的根本原因提出系统的解释，他们的研究基本上仍是解释性的。

1911年，瑞士的索绪尔（Saussure）、捷克的 Mathesius、美国的 Boas 在并无联系的情况下同时提出以语言的共时系统为对象进行研究。以共时描写为特征的结构主义语言学从此兴起，逐渐成为欧美语言学界的主流。欧洲结构主义，不论是日内瓦学派提出的关于语言学研究的一整套基本概念，还是哥本哈根学派关于语符的研究，还是布拉格学派关于音位系统和音位特征的理论，都没有超出对语言的描写。美国结构主义更是发展出一套严谨的语言描写方法，精细地对美洲印第安语言进行了描写和分类。

到了1950年代中期，描写派成为传统。从美国描写派的队伍里走出一位叛逆者乔姆斯基（Chomsky）。他公开提出存在着描写语言学和解释语言学这两种不同的语言学，语言理论的强弱决定于解释能力的强弱。他的目标是对人类利用有限的语言符号生成无限的话语的能力做出解释，以求发现人类一切语言的基本规则，即普遍语法。他和他的追随者对语言的研究采取内省的方式，对研究结果的表达采取高度形式化的表达方式，因此人们把他们统称为形式主义学派。

到了1970年代，不同意 Chomsky 理论的一批语言学家逐渐形成一个与之抗衡

---

[*]　本文提要由许国璋先生撰写，时任《外语教学与研究》主编。

的学派或学术思潮，这就是功能主义。功能主义注重语言的交际功能，不局限于内省式的研究，也不满足于一两种语言的分析研究，力求做到博采式的研究，不同于形式主义学派的深探式研究。

关键词 语言学史　语言学理论与方法　历史比较语言学　结构主义学派　形式主义学派　功能主义学派

　　历来语言学研究的目的，大体上可以分为两类：一是对语言的历史和现状做细致的描写，从纷纭繁杂的语言现象中寻找出带有规律性的东西；二是对挖掘出来的语言规律进行合理的解释，探索这些语言规律的前因后果。前者使人知其然，后者使人知其所以然。综观一百多年来西方现代语言学界相继称雄的各个学派，其主要研究目的基本上都是在描写与解释之间来回摆动。起源于 18 世纪并于 19 世纪下半叶发展到了巅峰状态的历史比较语言学，它的主要目的在于解释语言之间存在的系统对应现象。崛起于本世纪初，而在 1940 年代和 1950 年代初一统天下的结构主义学派，则把对于语言系统的精确描写作为语言学研究的唯一目的。虽然其间也有人在描写语言事实的同时，做了一些探源究委的解释工作，其中不乏真知灼见，但同当时语言学研究的主流相比，这方面的工作显得很是单薄。西方语言学界大规模地、明确地将主要研究目的从描写转移到解释，则是 1950 年代中期以后的事了。

　　本文顺序选取四个在西方现代语言学史上占重要地位的学派或学术思潮：历史比较语言学、结构主义学派、形式主义学派和功能主义学派，详细分析各个时期语言学主要的研究目的和研究方法，重点放在近 30 年来占主导地位的形式主义学派和功能主义学派，并对这两个学派在理论和实践上的异同进行剖析和比较，指出它们相互对立和相互补充的地方。通过本文的分析，读者对百年来西方语言学界学术思潮和研究方法的嬗替和演变，可以见其梗概。

1. 历史比较语言学

　　1786 年，英国的 William Jones 提出，梵语、希腊语和拉丁语之间在动词词根和语法形式方面都存在着不能归之为偶然现象的相似关系，认为只有把这几种语言看作同出一源，才能解释这种现象。一般认为，William Jones 的这番议论拉开了史称历史比较语言学研究的序幕。只要分析一下历史比较语言学家做的所有工作就可以看出，他们的主要研究目的就是对存在于语言之间的这类系统对应关系做出解释。

继 William Jones 之后，Franz Bopp、Rasmus Rask、Jakob Grimm 等人进行了更为广泛而深入的研究，奠定了历史比较语言学的基础。首先，他们扩大了研究范围，调查了包括波斯语、日耳曼语、冰岛语、立陶宛语、古斯拉夫语在内的一大批现代和古代语言，通过深入观察和分析，揭示了这些语言之间更为系统的对应关系，请看下面的例子：

	父亲	兄弟
梵语	pɪtər	bʰraːtər
希腊语	patɛːr	pʰraːtɛːr
拉丁语	patɛr	fraːtɛr
英语	faðər	brʌðər
古爱尔兰语	aθɪr	braːθɪr

仅就词首辅音而言，这些语言之间的系统对应关系是显而易见的，"父亲"一词，除古爱尔兰语外，其他语言都以不带音的唇辅音（voiceless labial consonant）开头，"兄弟"一词，所有语言都以唇音（labial consonant）开头，即：

	父亲	兄弟
梵语	p-	bʰ-
希腊语	p-	pʰ-
拉丁语	p-	f-
英语	f-	b-
古爱尔兰语	–	b-

"父亲""兄弟"等词都属于语言中最常用的成分，不大可能从其他语言中借用，因此，这些语言间的系统对应关系，肯定另有原因。

当时，达尔文关于生物进化有谱系可循的理论正风靡欧洲，学术界受其影响，语言学界当然也不例外。德国语言学家 August Schleicher 为了解释上述语言间的对应关系，首先明确地提出所谓家族树理论（family tree theory），认为这些语言都是源自一个本干的共同语，这个原始共同语后来起了变化，衍生出后世的种种语言。各种语言演变到现在，彼此间虽有很大的不同，但还是保留了不少相似的地方。这就是我们何以会观察到有关语言间的各种系统对应现象。他们并且根据这种理论，以搜集到的客观语言材料为基础，构拟出原始印欧母语的语言系统，拟定了原始母语演变分化的各个阶段，按亲疏关系把所有印欧语言分门别类地排列下来，得出了大家所熟知的语言谱系分类。

但是，有些现象是家族树理论无法解释的。例如，两种在谱系分类中亲缘关系很远的语言之间发现很多相似的特征，而与两者之一亲缘关系很近的第三种语言却不具有这些特征，虽然它在其他方面与同它亲缘关系很近的那种语言的确有许多共同的地方。为了解释这些理论上的漏洞，Johannes Schmidt 在 1872 年提出所谓波形理论（wave theory）。主张语言的变化不是如 Schleicher 所声称的那样，由一种原始母语简单地一分为几，而是如同以石掷湖中，水波渐渐向四方荡漾开来的情景一样：先在某一点开始变化，渐次影响到四周。在不同地点发生的种种语言变化，以不同的速度向四方扩散，影响到其他语言，这就造成了如我们今天所见到的语言之间形形色色的对应现象。

历史比较语言学研究中，最值得我们注意的是 19 世纪下半叶以 Georg Curtius、Hermann Paul 和 Karl Brugmann 等人为首的所谓新语法学派（Neogrammarians）。他们旗帜鲜明地宣布，历史比较语言学不应该只是对语言变化做单纯的描写，而应该同时对语言变化的原因进行解释。这种解释不应只是哲学的揣测，而且应该联系语言的使用者，深入探索变化的本质。他们提出两条大的原则，一是所谓语音规则无例外论，认为一旦某个音在某种语言中发生了变化，那么，所有有关的词语，不论其语义或者语法特征如何，只要语音环境相符，都会发生这种音变而不应该有例外情况出现。如果我们确实发现了例外，那一定是因为另有一条尚未发现的音变规律在起作用。二是所谓类比原则，认为词语会比照同它有某种联系的另一个词语，变得同后者更为类似。新语法学派提出的这些原则，虽然在后人看来未免显得过于绝对，不过在当时促进了人们注意到更多的语言现象，并从事发掘新的规律。

总的来看，历史比较语言学家们根据现有的语言材料，构拟了原始母语的形态，并且拟定了种种演变阶段和演变规律，从语言的历史发展角度来解释语言之间在静态上呈现出来的系统对应现象，取得了显著的成绩。但是，他们并没有对语言发展的根本原因提出任何系统的解释，也就是说，并没有全面而深入地讨论为什么语言是朝这个方向演变而不是朝那个方向演变。

这样的问题在当时倒也并非没有人注意。Rask 等人提出语言变化的原因是由于语言总是由复杂朝简单演化。他们按形态把世界语言分为三类，孤立型（如汉语）、黏合型（如土耳其语）和屈折型（如拉丁语），认为语言总是由孤立型经黏合型向屈折型发展。但在 Schleicher 等人看来，变化方向正好与这相反。还有人提出，"前化（fronting）"是语言变化的总趋势，语言中的喉音和舌根音会逐渐让位于唇齿音等，因为这反映了人类语言同禽兽的发声距离越来越远。现在看来，这些议论缺乏可靠的依据，难以教人信服，但它们仍属对于语言进行解释的一种努力。

2. 结构主义：欧洲的和美国的

1911 年是语言学史上值得大书特书的一年。瑞士语言学家费尔迪南·德·索绪尔（Ferdinand de Saussure）于这年的 6—7 月间在日内瓦大学系统地传授了他本人语言学理论中的精华部分"静态语言学：几个普遍性原则（Linguistique statique: quelques principes généraux）"。Saussure 的一系列观点散见于他的课堂讲话，他本人没有来得及将它们整理成书便辞世了。他的同事 Charles Bally、Albert Sechehaye 等人搜集了 Saussure 的讲稿和学生们的课堂笔记，下了一番整理归纳的功夫，最后编成《普通语言学教程》（*Cours de linguistique générale*）一书出版。日后的历史证明，Saussure 在此书中表述的学术观点不仅给语言学在研究对象和研究方法上带来巨大的变化，而且还深刻地影响了心理学、人类学、社会学、文艺批评等其他学术领域。同年，捷克语言学家 Vilém Mathesius 首次公开呼吁，应该把语言学研究的重点从历史方面转移到现实方面来，开后来布拉格学派的学风。也就是在这一年，美国的 Franz Boas 出版了《美洲印第安语手册》(*Handbook of American Indian Languages*) 第一卷。在该书导言中，Boas 阐述了调查和描写印第安语言所采用的一套方法，并且讨论如何通过语言研究增进对人类心理的了解。《手册》中收集了对十九种美洲印第安语的调查报告，对这套研究方法做了有力的验证。这本手册的出版，标志着美国描写语言学派的出现。

自此以后的几十年中，结构主义的各学派逐渐成为欧美语言学界的主流，结束了历史比较语言学占主导地位的前一阶段。在新阶段，语言学研究的主要对象从语言的历史演变转为语言系统本身的结构成分及其相互关系。语言学研究的主要目的从对语言之间的系统对应现象进行解释转移到了对各种语言的系统本身进行客观描写。虽然其间也有人，如布拉格学派的某些学者，在进行描写工作的同时，提出了一些具有解释性质的原则，但是，从这一阶段语言学研究的主流来看，对语言系统的精密描写一直被看作语言学研究的主要目的。

欧洲的结构主义主要分成三大流派：日内瓦学派、哥本哈根学派和布拉格学派。日内瓦学派主要人物是住在日内瓦的一些索绪尔语言学研究者，如 Bally、Sechehaye、Henri Frei 等人。哥本哈根学派的代表人物是 Viggo Brøndal 和 Louis Hjelmslev。布拉格学派的代表人物是 Roman Jakobson、Nikolai Trubetzkoy 和 Mathesius。三个学派都接受 Saussure 语言理论中的基本观点，但在研究工作中侧重方向则各有不同。

2.1 日内瓦学派

作为欧洲结构主义的奠基人，Saussure 首先划分出语言学中的历时研究和共时研究，历时语言学研究语言的历史演变，而共时语言学则研究语言在时间长河中某一点上的状态，前者必须以后者为基础。这种划分现在看来似乎平淡无奇，但在当时语言的历史研究占统治地位、被视为语言研究的不二法门的形势下，Saussure 的这种主张使人眼界大开，开始对语言系统本身的性质产生兴趣，把研究重点转移到了对语言共时系统的描写。

同时，与研究重点的转移相配合，Saussure 重点阐明了以下几对概念：语言和言语、形式和实体、表达与内容、横向连锁关系与纵向选择关系。他的主要观点是：语言是一个由符号组织起来的形式系统，犹如纸有两面，符号由表达与内容两个方面组成。这两个方面的关系是任意的、约定俗成的。语言成分的意义由它在该系统内与其他成分的关系，即横向连锁关系与纵向选择关系确定。语言学研究的对象主要是语言系统内各个结构成分的性质以及它们之间的相互关系。Saussure 的这些基本思想，对语言学界产生了深刻的影响。

同属日内瓦学派的 Bally、Sechehaye 等人在自己的学术研究中，几乎完全排斥语言中的历史因素，把精力集中在语言的静态方面。他们尤其重视语言的心理成分和社会成分，潜心研究语言的表情（affective）作用，在语言文体学领域里取得了成就。参见 Godel（1969）。

2.2 哥本哈根学派

哥本哈根学派在对语言系统的形式方面的研究上汲取 Saussure 语言理论中的精髓部分。他们继承了 Saussure 把语言系统的形式和实体严格区分开来的思想，并且做了较大的发展。Hjelmslev 把 Saussure 语言观中符号的表达与内容的划分推广到形式和实体两个方面，两两相配，得到四个平面：

   内容实体（content substance）
   内容形式（content form）
   表达形式（expression form）

表达实体（expression substance）

所谓内容实体，指的是客观世界的万事万物，而表达实体则指我们在客观世界所见所闻的各种语音人声、文字图形，等等。Hjelmslev 认为，语言的实质表现为上述各个平面之间的关系和同一平面上各种成分之间的关系。Hjelmslev 侧重研究的是内容形式与表达形式两个平面及其相互关系。一方面，他细腻地分析了这两个平面上的所有成分，按它们的性质把它们归纳为种种范畴，把其中最基本的成分称作为语符（glosseme）。另一方面，他研究同一平面上各种成分之间的关系和两个平面之间的关系，并且把这些关系以一个严谨的代数系统的形式表现出来。

Hjelmslev 等人研制出来的是一个高度抽象的形式系统，不但可以用于自然语言的分析，也可以用于任何交际系统的分析。不过，Hjelmslev 等人虽然做了大量的理论工作，但他们并没有利用这套理论武器来对某个自然语言进行详细分析，难怪有人斥之为纸上谈兵。不过，我们认为，Hjelmslev 等人所做的工作，把 Saussure 关于语言的实质是一个抽象的形式系统的观点发挥到了淋漓尽致的程度，也确实为语言系统或其他系统的精确描写提供了一整套十分严谨的概念和方法，后人可以从中得到不少启发和借鉴。这一学派的主要人物习惯于关门研究，不愿（或不屑）与其他学派进行思想和人员上的交流，因此它的际遇比起同时代的其他学派，如布拉格学派，似乎不太顺达。可能有朝一日，语言学家会回过头来，重新认识哥本哈根学派所做工作中蕴含的重要价值。

2.3 布拉格学派

布拉格学派最引人注目之处，是他们对于语言交际功能的高度重视。他们主张结合使用语言进行交际的人物、环境以及表现内容对语言系统进行研究，并且从功能的角度对某些语言现象做出解释。这一主张后来在 1970 年代和 1980 年代被许多语言学家接了过去并且发扬光大，关于这一点，我们以后还会谈到。

布拉格学派的研究重点是音系学，他们的重要贡献在于首次从音位之间的对立关系入手，精辟地阐明了音位的性质。众所周知，Saussure认为，同其他语言成分一样，音位的值不是取决于它本身的语音表现特征，而是取决于它与同一系统中其他相关成分之间的对立。Trubetzkoy和Jakobson等人在研究中紧紧地把握住这种对立关系，提出了音系特征（phonological feature）的概念，认为音位由特征束（bundle of features）组成，语言音系中的最基本成分不是音位，而是组成音位的音系特征。音系特征之间又存在着一套层级关系。同时，为说明音位之间的种种关系，他们又提出了原音位（archiphoneme）的概念，指的是区别两个音位的音系特征在特殊条件下得到中和，结果两个音位表现为同样的语音形式。

2.4 美国的结构主义学派

美国结构主义学派为Boas所始创，但是，这个学派最有影响的人物当推莱昂纳多·布龙菲尔德（Leonard Bloomfield）。1930年代，Bloomfield出版了《语言论》（*Language*）一书，对这一学派的理论和方法做了规范性的描写。美国学派虽然也受了Saussure语言学说的某种影响，但是，真正决定这一学派方法论的是他们对于没有任何文字记录的美洲印第安诸语言的长期调查研究。这个学派排斥一切无法直接验证的心理成分，主张对语言现象做"纯客观"的描写。有人以他们的这个主要研究目的作为这个学派的特点，称之为描写学派（Descriptivists）。同哥本哈根学派相比，美国学派的主要研究对象的范围更窄，完全摒除一切同语义或功能有关的因素，注意力全部集中在前面所给的所谓"表达形式"这个平面上。这个学派的最大贡献在于探索出一套相当严谨的语言描写方法，或者说是一套环环相扣的操作程序。他们采用的主要方法是：对话语的语音记录进行层层切分，以能否相互替代为标准确定各种语言成分能够出现的各类位置，也就是它们的分布，并且以这种分布状态为基础把各种语言成分做出分类。也有人以他们的这套研究方法作为这个学派的特点,称之为分布学派(Distributionalists)。

美国学派的主要精力就放在研制一套精确的、一步不逾的操作程序,利用这套程序对任何语言的语料进行分析,便可以由低渐高地在音位、语素、句法和话语四个语法描写平面上发现各种语言成分,并且确定这些成分之间的关系。一个语法描写平面上的成分同上一层平面上的成分是一一对应(biunique)的关系,并且不允许在语法描写时混淆平面,等等。在他们看来,所谓语言理论,就是这样一套操作程序,也可以叫作发现程序(discovery procedure)。他们认为,这样得到的描写结果,就是语言研究的目的。这一学派在1940年代和1950年代初期发展到顶点。Bernard Bloch 的"音位分析的一套公设"(A Set of Postulates for Phonemic Analysis)和 Zellig Harris 的《结构语言学的方法》(Methods in Structural Linguistics)就是这套理论,或者说这套研究手段的总结。

总括以上,欧洲的结构主义语言学派(又分日内瓦、哥本哈根、布拉格学派)和美国结构主义语言学派,虽然他们产生的背景不同,研究的目标和范围不同,但是他们都是对历史比较语言学的反叛,都研究语言的共时结构,并在不同方面对语言结构进行描写。因此,他们代表欧美语言学以描写为主的时期。

3. 形式主义学派和功能主义学派

1950年代后半期乔姆斯基(Chomsky)的崛起,标志着西方现代语言学研究进入一个新的阶段。Chomsky 在理论和方法上给语言学带来一场大变革。自此以后,西方语言学的主流从描写具体语言的结构转到了试图对整个人类的语言能力做出解释这个方向来了。

Chomsky 是 Harris 的学生。从研究方法上看,Chomsky 接受了美国描写学派,尤其是布龙菲尔德后学派(post-Bloomfieldians)的一些方法和原则，如在语言描写中摒除语义或者功能因素，等等，"转换"作为语言分析的手段，最初也是从描写学派继承下来的。但是，在研究对象和研究目的等问题上，Chomsky 抛弃了当时的所谓正统观念。

3.1　Chomsky 的主张

美国描写学派以实际话语作为分析对象。在 Chomsky 看来，这是自设藩篱。实际出现的话语总是有限的，而人们能够说的话却是无限的，不能指望只是通过研究那些有限的话语来理解语言的实质。语言是人们对于实际话语所具有的知识，不是这些话语本身。语言学的研究对象应该是人们的语言能力，即知识，而这些话语只是实际运用这种能力的结果。

在研究目的这个问题上，Chomsky 认为，作为一门科学，语言学不应该仅仅以描写和分类作为自己的最终目的，而是应该提出种种假说，对人类认知系统中特有的语言能力做出解释。

这种人类特有的语言能力表现为，人们能够理解以前从来没有听到过的话语，能够说出别人以前没有说过的话语，能够辨别有歧义的句子，能够辨认语义相同或相似的句子，等等。Chomsky 提出一种假说，认为人类之所以具有这样的语言能力，是因为所有人类语言共同具备一些普遍特征（language universal），这些语言普遍特征构成所谓普遍语法（Universal Grammar）。普遍语法的表现形式为数层抽象的表现平面，这些表现平面的各种成分之间及各个平面之间存在着抽象的联系与制约。如同人类天生具有走路的能力、鸟儿天生具有飞翔的能力一样，以这部普遍语法为形式特征的人类语言能力是与生俱来的，由人类生物遗传属性所决定。换句话说，人类的遗传基因决定了这部普遍语法的存在形式。Chomsky 认为，语言学家的主要任务，就是探求这部普遍语法的主要形式特征，把它作为一个模式系统表现出来。人们通过确立该系统中有关参量（parameter）的值域，可以规定哪些语法是人类自然语言可能有的，哪些语法是不可能有的。婴儿呱呱坠地时头脑中已经装有这样一部普遍语法。它日后接触到的语言环境所起的作用，只是决定它在普遍语法所提供的诸多可能性中择选哪一种而已。由此可以解释何以儿童在缺乏系统教育的环境中都能够在较短时间内完美地掌握自己的母语。近三十年来，在这部普遍语法究竟以什么形式出现，系统内各个平面和各个成分之间有什么样的联系等问题上，Chomsky 本人的观点屡有变化。但是，在对语言学研究的主要对象和目的等问题的看法上，Chomsky 始终坚持当初一提出来便引起极大反响的基本信条，在这一点上并无任何改变。Chomsky 一直在美国麻省理工学院（MIT）任教。多年来，在美国、欧洲以及世界上其他一些地方有一大批语言学家服膺 Chomsky 的基本观点，以 Chomsky 为中心，以麻省理工学院为基地，形成了所谓转换生成学派（Transformational Generative School）。二三十年来，这个学派内部屡起争端，发展至今，共有支配与约束（Government and Binding）理论派、普遍短语结构语法（Generalized Phrase Structure Grammar）派等好几个分支流派，其理论观点互见参差。但是，在致力于研制一个高度形式化的模式、用以表现人类的普遍语法这一点上，他们的目标是一致的。因此，人们把他们统称为形式主义（formalism）学派（参见 Newmeyer 1980）。

3.2 功能主义学派的主张

从 1970 年代开始，美国和欧洲许多不同意 Chomsky 的理论和实践的语言学家，渐渐形成一个颇有号召力的所谓功能主义（functionalism）学派，足以在人数和影响方面同形式主义学派分庭抗礼。所谓功能主义学派，只是一个方便的说法。讲得更准确一些，功能主义是一种学术思潮。与形式主义学派不同，它没有一个领袖群伦的统帅，也还没有一个相当于麻省理工学院那样的学术基地。但是，正因为如此，它没有自立标准理论，也没有正统与异端之分，束缚较少，探索无禁。目前，属功能主义学派的有 Dwight Bolinger、Wallace Chafe、Talmy Givón、Joseph Greenberg、Paul Hopper、Michael Silverstein、

Sandra A. Thompson、Simon Dik、M. A. K. Halliday 等人。大体上讲，这一学派的语言学家都有下面的观点：

  1）语言普遍现象一般不是非黑即白的现象，它们大都表现为一种趋向性的状态，两极之间可有许多渐变的过渡阶段；

  2）语言普遍现象应该从人们的认知能力、从语言的交际功能，或者从语言的历史演变等方面去寻求解释。语言普遍现象中也许的确有一些是属于人类天生的语言能力，但是，在没有从其他更容易得到验证的角度深入地进行探索以前就把它们归之于人类生物遗传基因使然，这种说法似乎取得理论上的纯度，在方法论上是不足取的；

  3）形式主义学派所经营的形式化的语言模式，只是对语言能力的一种描写，不能就把这种形式化的描写当成解释。

  美国语言协会（Linguistic Society of America）出版的杂志《语言》（*Language*）的主编 William Bright 教授 1985 年曾说过，二十年以前，当他接掌该杂志主编职务时，语言学界对峙的两大学派是结构主义学派和转换生成学派。二十年后的今天，对峙的两大学派换成了形式主义学派和功能主义学派。

  这两个学派的某些成员之间成见很深，有的甚至彼此视同水火。但是，两派在有一点上观点是共同的：他们都主张语言学研究的最终目的是寻找人类语言的普遍现象，并且对这种现象加以解释。从这一点上说来，他们都有别于 1950 年代在语言学界占统治地位的结构主义学派。

3.3 从语言事实与语言理论的关系看当今的主流派与先前有关流派之间的分歧

  对于 1950 年代后西方语言学研究中的主流派，包括先起的形式主义学派和后起的功能主义学派，人们常常听到的指责是这些人只注重语言理论的建设，轻视或者忽略语言事实的发掘。我们应该如何看待这个问题呢？

说到具体语言事实的发掘,传统语法学派所取得的成就是有目共睹的。以英语为例,Otto Jespersen 历四十年才出齐的七卷本《遵从历史原则的现代英语语法》(*A Modern English Grammar on Historical Principles*)、Hendrik Poutsma 的五卷本《近期现代英语语法》(*A Grammar of Late Modern English*)等,都是对英语做全面而细腻描写的皇皇巨著。对于语言学研究中无论哪家哪派都有重大参考价值,这是自不待言的。形式主义学派和功能主义学派既然是以探求和解释人类语言的普遍现象为宗旨,那自然要涉及具体语言中的语言事实,引之为立论依据(empirical evidence)。同时,也正是因为他们的注意力集中在人类语言的普遍现象上,所以不能像传统语法学派那样,对具体语言的全貌做面面俱到的描写。传统语法学派把具体语言事实看作为研究的对象,而形式主义学派和功能主义学派则更多地把它们看作为研究的手段,通过它们去发现语言普遍现象。对待语言事实的这两种态度,是由于各自着眼点的不同、最终研究目的不同,不存在好坏对错的问题。

不过值得我们警惕的是,在目前西方语言学界把解释作为语言研究的主要目的这种大形势下,时时会见到一种忽视具体语言事实、草率立论的轻浮学风。表现是多方面的:有人对语言事实缺乏广泛而深入的了解,仅凭个别语言中的几个例子,便建立起声称适用于一切自然语言的普遍语法的模式。也有人似乎架起一张希腊神话中所说的 Procrustes 铁床,不惜曲解具体语言事实以适应自家理论的需要。这类以偏概全、削足适履的做法,受到西方语言学界各个学派中不少学者的批评。

在分析具体语言事实,从中寻找立论依据的时候,形式主义学派和功能主义学派的注意力一般说来各自集中在他们认为有趣的一些局部问题上。近年来,形式主义学派讨论得比较热烈的课题有:句子结构中 wh- 词的分析、代词和 each other 的同指可能性、量词的语义辖域,等等,试图通过对这些局部问题的深入分析揭示属于普遍语法范畴的抽象规则和制约。而功能主义学派这些年来用力较勤的题目则包括词类划分的语义和词用基础、词序、各种语义格的标记、关系句的构成,等等。

平心而论,形式主义学派和功能主义学派固然追求的是理论上的成就,但是,就具体语言事实而言,他们的确也发掘出一些前人没有注意到的规律现象。例如,Chomsky 发现,句(1)有(2)和(3)两种意思:

(1) Which chicken do you want to eat?

(2) Which chicken do you want to eat——?

即"你要吃哪一只鸡?"

(3) Which chicken do you want—— to eat (something)?

即"你要哪一只鸡吃食?"或"你要喂哪一只鸡?"作句(2)解时,句(1)可以用句(4)作答:

(4) I want to eat the fat chicken.

而作句(3)解时,则可用句(5)作答:

(5) I want the skinny chicken to eat.

为解释这种现象,Chomsky 提出,句(1)的 want 与 to 之间实际存在着一个没有任何语音表现的"空语类"(empty category),空语类包括四种不同的成分:NP-语迹(NP-trace)、Wh-语迹(wh-trace)、PRO 和 pro。作(2)解时,这个空语类是 PRO,作(3)解时,这个空语类是 wh-词语前移后遗留下来的 wh-语迹。有什么证据认定这儿存在着不同的两种看不见摸不着的空语类呢? 有。英语中有这样一条规则,want 与 to 可以缩合而成 wanna,如下面例句所示:

(6) I want to leave → I wanna leave.

Chomsky 注意到,如果把句(1)的 want to 换成缩合形式 wanna,如:

(7) Which chicken do you wanna eat?

则这句句子只有作句(2)理解这一种可能。Chomsky 解释说,这是因为只有空语类 PRO 在 want 与 to 之间时,这两词才能缩合为 wanna,如果是空语类 wh-语迹,那就会阻止这种缩合。因此,(7)的来源只会是 want 和 to 之间是 PRO 的句(2),不可能是 want 和 to 之间是 wh-语迹的句(3)。参见 Chomsky(1977,1984)。

无论我们是否赞同 Chomsky 的解释，句（1）可以作（2）和（3）两解，而句（7）则仅有（2）一解，这却是一个大家都得承认的语言现象。在这个语言事实的发掘上，Chomsky 确实是做到了道前人所未能道。相比之下，就类似新的语言事实的发现而言，功能主义学派的收获要更大一些，限于篇幅，我们不能在此详述。一个值得注意的有趣现象是，无论是形式主义学派还是功能主义学派，越是在理论上取得较大成就的人，所发现的新的语言事实也越多。

3.4 形式主义学派同功能主义学派在研究目的和研究方法上的对立

形式主义学派继承了 Saussure、Bloomfield 等把语言首先是作为一种结构实体看待的观点，但是把研究目的转而定在建立一个能表现全人类共有语言知识的形式化模式上。虽然还不能说功能主义学派全然反对 Saussure 等人的语言观，但是他们对把语言（langue）与言语（parole）及后来 Chomsky 把语言能力（competence）与语言运用（performance）截然分开的理论和实际做法是相当不满的。功能主义学派认为，必须把两者紧密地结合起来，把语言放到使用语言的环境中去，联系语言的使用者和语言的交际功能，才能看到语言的真实面貌，确定对语言结构的成形（motivating）和制约起重要作用的各种因素，从而对语言现象做出解释。

3.5 两派对于"句法自主论"的不同观点

形式主义学派的一个很重要的命题是句法自主（Syntax is autonomous），认为作为最能体现语言的结构特征的句法部分是一个独立存在的结构，不受语义或功能所左右。如果能成功地建立起这个结构的形式模式，说明其成分以及相互关系，语法学家就算完成了他们的主要任务。功能主义学派在句法自主这个问题上大致有激进和稳健两种意见，前者主张句法结构和功能是一套系统，后者则认为它们还是两套系统，但两者之间有密切的联系。激进派提出，所谓句法自主根本就是一个完全错误的命题，作为实体的句法结构实际上并不存在，而所谓的句法规则，就是各种语言功能的表现手段的总和，不存在任何纯粹是取决于结构构造的句法制约，等等。稳健派认为，句法结构是一个客观存在的实体，但是，它所以用这种形式而不用那种形式出现，不能简单地一律归之于人类的遗传基因，而是要求人们从语言的交际功能或人类的认知结构等方面去推本溯源。近年来的西方语言学研究成果，尤其是神经语言学和心理语言学方面的研究成果表明，至少就一些西方语言的研究情况来看，稳健派的观点似乎更令人信服。当然，这方面的争论还在继续之中，现在下结论还为时过早。

3.6　两派对于解释的不同观点

1960年代末，当时美国的转换生成学派内部爆发了所谓生成语义学派（Generative Semantics）和解释语义学派（Interpretive Semantics）之争。简而言之，争论的要害问题是语义因素对于句法规则的制约作用。生成语义学派主张句法规则可以包容在更为深层的语义特征之中，而解释语义学派则坚持句法的独立性，认为语义特征远远无法说明所有的句法特征。现在，功能主义学派别树一帜，明确主张，无论是句法规律还是语义规律，其成因都应该首先从语言的实际运用中去探索。下面举两个例子。

例之一：

请看下面的三个短语：

　　A. 考大学生

　　B. 考研究生

　　C. 考教授

"考研究生"和"考教授"都是有歧义的。拿"考研究生"来讲，它可以表示：1)"参加考试以求取得研究生的资格"，也可以表示：2)"对研究生进行考查"。但是,"考大学生"则只有"对大学生进行考查"一种意思。同样是动词"考"后接表示身份的名词构成的短语,为什么会具有两种不同的语义性质?这种语义现象只有结合语言的使用环境才能够得到解释。如果要表示"参加考试以求取得大学生的资格",我们说"考大学",因为我们有大学这样的建制,以区别于培养中小学生的中学和小学。而在中国的绝大部分地区,研究生一般都是由大学里的各个系培养,一般不设立区别于培养大学生的专门机构,也就是说,语言的使用环境中不存在相应于"考大学"中的"大学"那样的建制。结果"考研究生"这一个短语用来兼表上面所说的两个意思。"考教授"所表现出来的歧义现象,也可以从类似的社会现象中找到原因。但是,在我国的某些地区,大学里有"研究所"的建制,行政上专门负责研究生的培养,如果要表示"参加考试以求取得研究生的资格",则有"考研究所"这一短语可用,因此,"考研究生"在这些地区就不存在我们上面所说的歧义现象。然而"考教授"依然有歧义,因为即使是这些地区,也没有设立专门培养教授的行政建制。

　　这个例子说明了非语言环境,或者说是使用语言的社会环境对于汉语中某种语义现象的成形和制约作用。

　　例之二:

　　下面举一个例子,说明语言环境对于英语中某种句法现象的成形和制约作用。

　　英语与动词连用构成短语动词(phrasal verb)的小词(particle),如 in、out、up、down、off,等等,在句子中常常可以有两种位置:动词宾语前或者动词宾语后,如例句(8)和(9)分别所示:

　　　　(8)Alden revved up his bike.

　　　　(9)Alden revved his bike up.

但是,宾语如果是人称代词,小词必须放在动词宾语后面,如(10)所示:

　　　　(10)a. They call him up.

　　　　　　 b. *They call up him.

除非做宾语人称代词带对比重音，如（11）所示：

(11) They call up him, (not his sister.)

如果宾语很长，小词一般在宾语前，如（12）所示：

(12) a. He gave away all the books that he collected when he was in Europe.

b. *He gave all the books that he collected when he was in Europe away.

除了这两种情况以外，小词可前可后，如（8）和（9）所示。

以上是传统语法中大家熟知的内容。转换生成学派兴起以后，曾对句（8）和句（9）中哪一种格式应该看作深层结构这一问题有过讨论，但是，并没有得出什么让大家信服的结论[①]。

我们从功能主义的角度对这个问题重新做了研究，注意到下面句子表现的现象：

(13) a. John picked up a book and threw it out the window.
（无定宾语：小词在宾语之前）

b. John picked a book up and threw it out the window.
（无定宾语：小词在宾语之后）

(14) a. There is a dark-covered book under the dining-table. John picked the book up and went upstairs.（有定宾语：小词在宾语之后）

b. There is a dark-covered book under the dining-table. John picked up the book and went upstairs.（有定宾语：小词在宾语之前）

我们同时从书面和口头材料中选取了大量有关例子，做了统计分析。结果表明，在两种格式的选取上，倾向性是明显的。第一，如果宾语是有定成分，小词倾向出现在宾语后面，即 pick the book up；如果是无定成分，小词倾向出现在宾语前面，即 pick up a book。第二，如

---

① 参见 Bolinger（1971）、Chomsky（1957）、Dixon（1982）及 Fraser（1976）。

果宾语所指对象在上文紧前出现过，小词倾向放在宾语后面，即 pick the book up；如果宾语所指对象紧跟在下文出现，小词倾向放在宾语前面，即 pick up a book，这种现象是以前所没有发现的。

其次，在此以前的传统语法和形式主义学派的讨论中，我们看到的是对一些有关现象的罗列，而且这些罗列还没有表现出有关小词在句子中位置的全貌，更重要的是，这些描写没有揭示这些现象的成因，没有告诉我们文献中罗列的几条规则之间有无逻辑联系，也就是说，没有什么解释性。通过全面分析，我们同时证明：英语短语动词中小词的位置实际上取决于宾语所指对象的主题连续性（topic continuity 或 participant continuity），即同上文中同指名词关系的疏密。主题连续性越强，小词在宾语后面出现的可能性就越大。这条原则又是主题连续性强的成分尽量靠近句首这个语用原则的表现之一。无论传统语法中谈到的几条规则，还是我们前面所讲的语言实例，都同这条语用原则有关。

一般说来，所指对象只有同上文中的先行词靠得很紧，而且中间没有隔着什么干扰性名词成分时，讲话人才会用人称代词来表现（encode）它。需要加很多修饰语进行限制说明结果显得很长的名词成分，其所指对象要么根本就是首次露面，要么就是与先行词相距遥远。这就是说代词所指对象的主题连续性较强，修饰语很长的名词所指对象的主题连续性较弱（参见 Givón 1983）。而有关研究表明，只有在语境中预期性很低，从而主题连续性也很低的成分才会带对比重音。这三类成分充当短语动词宾语时，由于宾语的主题连续性处于很强或者很弱的状态，说话人很自然地把小词放在宾语的后面或者前面。上述传统语法的三条规则，都可以看成是同一条原则的语法化（grammaticalization）。也就是说，上述语用原则，在这儿体现为英语中的三条强制性的句法规则。对于不属于这三种情况的其他名词性成分来说，以定指形式出现或者上文中刚刚提到的所指对象，其主题连续性显然高于以不定指形式出现或者待到下文才做详细说明的所指对象，只是对于这些主题连续性介于很强和很弱两极之间的所指成分，这条原则表现为一种倾向而不是强制性的规则①。上面所讲的发现由此可以得到圆满的解释。我们现在可以明白，传统语法中给出的几条规则和我们新近发现的规律，不再如以前看起来那样似乎是几个孤零零的、互不相涉的现象，相反，它们之间有密切关系，是同一条原则的各种表现（参见 Chen 1986）。

上述两个例子，说明语言环境（linguistic context）和非语言环境（non-linguistic context）怎样对语义现象和句法现象起着成形和制约作用。从语义或者句法现象的外部探求对于这些现象的解释，这是功能主义学派解释语言现象的典型方式（参见 Givón 1979、Health 1978、Hopper & Thompson 1980 及 Schneider 1975）。形式主义学派则与此不同。我们在前面举过一个例子，说到 Chomsky 是怎样解释 "Which chicken do you want to eat?" 这类句子的歧义问题的。Chomsky 从语言结构的内部寻求对这个语义现象的解释。他先假设造成歧义的原因是句子结构内部存在着两种不同类型的空语类，然后再验证这些空语类确实存在于语言形式系统之中，从而用这套形式系统的存在方式解释有关语义或者句法现象。如此从形式系统内部探求对于语法现象的解释，是形式主义学派的典型做法。

综上所述，我们可以看到，功能主义学派主张首先从语法系统外部寻求解释，而形式主义学派则主张从语法系统内部寻求解释。前者认为，后者用以解释语法现象的形式系统，充其量只是对系统本身的一种描写，要说明这套系统为什么以这种形式出现而不是以那种形式出现，首先得站在这套形式系统的外面来找原因。而后者却认为，可以从功能或者语用角度得到解释的语言现象不足以揭示语言的本质，在语言学中令人感兴趣的恰恰是那些无论如何无法从功能或者语用角度得到解释的语法现象，只有这些现象才能表现人类特有的、独立于其他认知能力的先天语言能力。但是，我们不理解的是，不先从其他种种方面寻找原因，事先怎样能够知道哪些现象是可以从功能、语用

---

① 定指形式或者不定指形式本身便说明了所指对象在话语中的身份，参见陈平（1987）。

或者其他方面得到解释，哪些现象是"无论如何"也无法得到类似解释的呢？

3.7　两派对于语料来源的不同观点

在立论所据的语料来源方面，形式主义学派和功能主义学派也有所不同。形式主义学派注重内省（introspection），自造例句以自己的语感作为判断标准。他们声称，举凡语言学上有重大价值的发现，其所据语料全由内省而来，涉及语法现象中精细微妙之处，非靠讲本族语人（native speaker）内省分析不可。至于举证所用的例子，除了合格的句子，还包括大量不合格或者介于合格与不合格之间的句子。为了说明某一种语法现象，他们往往造出大量佶屈聱牙的句子，认为恰恰是在对这些例子进行分析和判断的过程中，才能揭示出说话人平时根本意识不到的有价值的语法规则。类似下面这样的例句在他们的文章中屡见不鲜[①]：

(15) Mary isn't different than what John believes that Bill claimed that she was five years ago.

(16) I wonder who John believed that Mary would claim that Bill would visit.

(17) John is easy (for us) to convince Bill to tell Mary that Tom should meet.

1960年代末，转换生成学派的一位著名学者J. Ross在麻省理工学院演讲时说得明明白白[②]：

"如果你真的想了解语言中所发生的情况，别把眼光放在诸如The farmer kills the duckling（农人宰杀小鸭子）之类的句子上。使人感兴趣的现象出现在[合格句与不合格句的]边缘地带，只有同冗长而且复杂得不可思议的句子打交道时才会看到。"

[①] 这三句句子均出自Chomsky(1977)。
[②] 这段话转引自Haiman(1985)。

这些"冗长而且复杂得不可思议的句子"从哪里来呢？当然是语言学家们坐在安乐椅上绞尽脑汁想出来的。有意思的是，此人后来的学术思想完全背离了Chomsky，越来越接近功能主义学派。

功能主义学派不排除内省，但同时也采用书面材料和录音材料，以调查用例、发放问卷等方法进行广泛验证。近年来日益受到功能主义学派重视的话语分析（discourse analysis），更是强调以实际话语作为分析的材料和立论基础。关于话语分析研究的理论和方法，作者将另文讨论。

功能主义学派认为，获取语料是用内省式方法还是非内省式方法，不能离开具体的研究课题评判优劣。实际上，即使是研究同一类问题，这两类方式也往往各有短长。一方面，完全舍弃内省式方法，既没有必要，也没有可能。即使看上去完全是非内省方式得来的语料，也很难就说一定是"绝对客观"。在检查书本和录音材料时，研究者的注意力放在什么地方，事先就经过了一番内省功夫。调查中所设计的问题，更容易掺杂进研究者的主观意见[①]。另一方面，完全依赖内省式方法，也往往会弊病丛生。在涉及有争议的语料时，咬定"我的语感（Sprachgefühl）就是如此，这是我的个人语言（idiolect）"，这就无端剥夺了他人证伪（falsification）的机会，抽去了科学论证的基础。西方现代语言学研究中，有许多重大的问题讨论不下去，其症结大都在于许多有争议的语料。

3.8　两派对于语料的语种问题的不同观点

在语料的语种问题上，形式主义学派和功能主义学派之间也有一些分歧。从理论上来讲，形式主义学派主张，既然代表人类语言能力的语言普遍现象是全人类共有的，那么，只要对一种语言进行真正深入的分析，就应该可以发现语言的普遍现象。他们对此有一个比喻：要知

---

① 许国璋先生也曾对此做过精辟的论述，请参见许国璋（1986）。

道铁元素的化学和物理性质，只要在实验室里对一个样本进行详细分析就够了，根本没有必要对世界上所有铁矿出产的铁逐一进行取样分析。Chomsky 于 1957 年出版的《句法结构》（Syntactic Structures）和于 1965 年出版的《句法理论要略》（Aspects of the Theory of Syntax），完全从英语中取例，却用了普通语言学的书名，即是表现了这样一种态度，认为通过对英语进行研究就可以发现语言普遍现象，这些语言普遍现象也应该同样适用于其他语言。不过，从实践上来看，Chomsky 提出的有关语言普遍现象的观点引起各国语言学家的兴趣，他们不断地对照各自的母语进行研究，以自己的研究成果，对 Chomsky 各个阶段的理论模式进行验证、补充、修改或者批判，实质上做了一番语法普查。Chomsky 近来提出的许多理论观点，都建筑在对多种语言，包括非印欧语言，进行研究的基础之上。

功能主义学派一开始就主张，只有在对世界语言进行广泛研究的基础上，才有资格讨论真正的语言普遍现象。与形式主义学派不同，功能主义学派把语言普遍现象比作人在特定状态下的反应，认为不同的人会表现出不同的心理和生理状态，只有选取足以有代表性的人进行研究，才有可能对这个问题给出令人满意的答案。他们的通常做法是，选取有代表性的语言，尽可能照顾到谱系分类中的各个语系、语族、语支，或者地理分布中的各个地区等，就某些课题对这些语言进行分析和比较，找出它们中间的普遍现象。Joseph Greenberg（1963）所编《语言的普遍现象》（Universals of Language）、Greenberg 等（1978）所编《人类语言的普遍现象》（Universals of Human Language）、Charles N. Li（1976）所编《主语与主题》（Subject and Topic），等等，就是这个方面的一些有代表性的著作。这种建立在对世界语言进行广泛调查、分析和比较基础上的研究也被称作为类型学研究（typology）。最理想的做法是把形式主义学派宣扬的深探式（in-depth）研究法和功能主义学派提倡的博采式（in-width）研究法有机地结合在一起，这样才更有助于找到语言普遍现象。参见 Comrie（1981）及 Newmeyer（1983）。

综上所述，形式主义和功能主义学派都把解释语言普遍现象作为自己的主要研究目的，从这点来看，他们都有别于以语言事实的描写为主要目的的结构主义学派或者传统语法学派。形式主义学派和功能主义学派两派之间在理论原则和研究方法上有许多对立之处。形式主义学派信奉句法自主论，认为语言普遍现象的最终解释，要从由人类的遗传基因所决定的普遍语法中去寻找。语言学家只要确定这部普遍语法的形式特征，就完成了解释语言普遍现象的任务。要达到这个目的，必须依靠用内省方式得来的语料，从理论上来讲，可以只用一种语言的语料。功能主义学派主张首先从语言的实际运用或者人类的其他认知能力等外在方面寻求对于语言现象的解释，认为形式主义学派探讨的形式系统，不具备对其自身有关特征进行解释的能力，只能被看作为一种描写。功能主义学派利用包括内省在内的各种方式，从多种语言中获取语料。西方语言学研究中这种两派对峙的局面，看来还会延续相当长的一段时间。

4. 结语

西方现代语言学研究的主要注意力从解释转移到描写，又从描写转移到解释，这样的转变不是偶然的。在语言学研究领域里，占统治地位的学派或理论发展到了高峰之日，也就是人们的注意力开始转移之时。一方面，到了这个时期，挑战性很强的研究题目越做越少，而学派或理论内部的矛盾却暴露得越来越多，很容易引发深谙此道的高手或者初出茅庐的新人产生另辟蹊径的念头。Saussure本人多年从事历史比较语言学的教学和研究工作，是盛名卓著之人，但是，他在从事历史比较研究的同时却对他十分熟悉的那一套产生厌倦的情绪（许国璋 1983: 6）。Chomsky本人接受的是正统的结构主义训练，但是，也正是此人在当时的语言学领域里造成一场革命。另一方面，我们可以看到，在很多情况下，前一个阶段所取得的成就为后一个阶段的研究创造了条件，为后者打下了必不可少的基础。例如，三十年以前，美国结构主义后学派在探索语法系统中的各种要素方面曾经下了很大的功夫。他们对于语法系统中的形式、线性顺序（linear order）、结构（construction）和层次构造（hierarchical structure）等要素所做的研究，在今天的大学语言学教科书中，已经作为语言学的基本原理展现在学生面前。如果没有包括历史比较语言学、结构主义学派、传统语法学派等在内的各家各派对于语言系统的深入探索和细致描写，很难设想今天的形式主义学派或者功能主义学派会取得可观的成绩。语言学研究同其他学科一样，就是以这种方式把我们对于语言的认识一步一步地引向深入。

参考文献

陈　平，1987，释汉语中与名词性成分相关的四组概念，《中国语文》第 2 期。
许国璋，1983，关于索绪尔的两本书，《国外语言学》第 1 期。
许国璋，1986，论语法，《外语教学与研究》第 1 期。
Bloch, Bernard. 1948. A set of postulates for phonemic analysis. *Language* 24:3-46.
Bloomfield, Leonard. 1933/1973. *Language*. George Allen & Unwin Ltd.
Boas, Franz. ed. 1911. *Handbook of American Indian Languages*. Washington: Government Printing Office.
Bolinger, Dwight. 1971. *The Phrasal Verb in English*. Cambridge: Harvard University.
Chen, Ping. 1986. Discourse and particle movement in English. *Studies in Language* 10(1):79-95.
Chomsky, Noam. 1957. *Syntactic Structures*. The Hague: Mouton & Co.
Chomsky, Noam. 1965. *Aspects of the Theory of Syntax*. MIT Press.
Chomsky, Noam. 1977. On WH-movement. In: Peter W. Culicover et al., eds., *Formal Syntax*, New York: Academic Press, 71-132.
Chomsky, Noam. 1984. *Lectures on Government and Binding*. Dordrecht: Foris Publications.
Comrie, Bernard. 1981. *Language Universals and Linguistic Typology*. University of Chicago Press.
Dixon, Robert M. W. 1982. The grammar of English phrasal verbs. *Australian Journal of Linguistics* 2:1-42.
Fraser, Bruce. 1976. *The Verb Particle Combination in English*. New York: Academic Press.
Givón, Talmy. 1979. *On Understanding Grammar*. New York: Academic Press.
Givón, Talmy. ed. 1983. *Topic Continuity in Discourse: A Quantitative Cross-language Study*. John Benjamins Publishing Company.

Godel, Robert.ed. 1969. *A Geneva School Reader in Linguistics*. Indiana University Press.

Greenberg, Joseph H. ed. 1963. *Universals of Language*. MIT Press.

Greenberg, Joseph H. ed. 1978. *Universals of Human Language*. Stanford University Press.

Haiman, John. 1985. *Natural Syntax*. Cambridge University Press.

Harris, Zellig. 1955. *Methods in Structural Linguistics*. University of Chicago Press.

Heath, Jeffrey. 1978. Functional universals. *BLS* 4:86-95.

Hopper, Paul and Sandra A. Thompson. 1980. Transitivity in grammar and discourse. *Language* 56(2):251-299.

Li, Charles N. ed. 1976. *Subject and Topic*. Academic Press.

Newmeyer, Frederick J. 1980. *Linguistic Theory in America*. Academic Press.

Newmeyer, Frederick J. 1983. *Grammatical Theory*. University of Chicago Press.

Saussure, Ferdinand de. 1969. *Cours de Linguistique Générale*. Paris: Payot.

Schneider, Hans J. 1975. *Pragmatik als Basis von Semantik und Syntax*. Frankfurt am Main: Suhrkamp Verlag.

（本文原载《外语教学与研究》1987年第1期。）

系统中的对立

——谈现代语言学的理论基础

提 要 20世纪初瑞士语言学家索绪尔创建结构主义理论,标志现代语言学的开端。本文提出,"系统中的对立"是索绪尔理论思想的精髓,相关成分在特定系统中的关联和对立,是决定语言成分价值的本质要素,"系统中的对立"这个思想,既是以结构主义为基础的现代语言学的理论核心,也是语言分析方法的核心。我们首先讨论索绪尔本人对有关理论问题的表述,然后以"系统中的对立"为主要研究方法,选取词、搭配和语法结构三种语言单位,分析相关成分和因素在横向组合和纵向聚合关系平面上的对立,以此揭示这些语言单位的有关特征。

关键词 索绪尔 结构主义 现代语言学 理论与方法

1. 索绪尔结构主义理论的精髓

20世纪是人类科学、技术、知识突飞猛进的世纪,人类这个世纪所取得的成就超过以往所有人类历史的总和,我认为这样说不是夸大之词。在人文社会科学领域里,如果要选取三到五个最有影响的理论或者学派,我想瑞士语言学家索绪尔的结构主义理论会名列其中;当然,另外还有弗洛伊德的精神分析也一定会入选。索绪尔本人是语言学家,但他的结构语言学理论影响所及,远远不只局限在语言学领域,他对20世纪整个人文社会科学的进步,尤其是哲学、人类学、社会学、文学批评,甚至包括心理学和计算机科学,都起到了非常重大的作用,可以说是20世纪人类智力所取得的最辉煌的成就之一。说到人类智力取得的辉煌成就,我们知道所有的科学家、学者当中,最令人瞩目的有英国的牛顿，还有后来的爱因斯坦等人。他们大都有一个特点，就是他们所提出的影响了人类上百年或数百年的思想和理论，可以归结为几条非常简要的原理或公式，尽管简要，或者说正因为简要，它们具有普遍意义和普适功能，能用来描写和解释许许多多的现象。大家知道，牛顿的万有引力和三大运动定律说起来相当简单，有一定数学和物理功底的学生花点时间都能明白。但是，无论是宇宙之巨，还是原子之微，但凡只要是涉及运动的自然现象，除了极宏观、超高速等以外，都一样遵守牛顿定律。所谓"大道至简"，说的就是这个道理。

说到语言学，20世纪初，索绪尔提出结构主义理论，标志现代语言学的开端。索绪尔结构主义理论，或者说以索绪尔结构主义为理论基础的现代语言学有没有像牛顿的万有引力和三大定律这样表现形式上非常简单，但是意义非常深远、适用范围十分广泛的理论、原则或方法呢？我认为是有的，我把它归结为六个字：系统中的对立（opposition within the system）。语言成分在系统中的相互关联和对立关系[①]，是决定语言成分价值的本质要素，这个思想，既是以结构主义为基础的现代语言学的理论核心，也是语言分析方法的核心。我们今天的讨论内容，就集中在这六个字。我们先介绍索绪尔本人对有关理论问题的表述，然后以系统中的对立为主要分析手段，研究词、搭配（collocation）和句法结构三种语言单位的有关特征，以此为例，说明这六个字在当代语言学理论和方法中的重要地位。

索绪尔最重要的著作《普通语言学教程》，是他去世后别人根据他的手稿和学生的课堂笔记完成的，有不同的版本，也有不少争议，原文是法语，后译成英语和其他语言。法语原文中同一个术语，英文中有时会有几种译法。我今天所据的版本是 Saussure（1959）。我以前在一篇文章中谈到，我们现在学习和研究的现代语言学主要是西学，所有重要的理论、概念、方法基本上都是从西方引进的。作为中国人，我想没有人愿意看到这种状况，但这却是我们不得不面对的现实（陈平 2006）。

---

① 关联并不一定对立，但对立一定是某种意义上的关联。

要准确地理解和把握这些理论、概念和方法，我们应该尽量阅读原文著作，尤其是涉及语义、语用学问题的时候。当然，汉语是我们的母语，是我们讨论学术问题、发表研究成果时所使用的主要语言，在学习和研究过程中，将这些外文词语翻译成汉语也是我们研究工作的一部分。但是，我们要随时提醒自己，翻译很难把一个词语在原文中的意义完整、准确地表现出来。这不单是英语翻译成汉语的问题，任何翻译都会碰到这个问题。我们明天会讲到，有些重要的语言哲学论文，原文是用德文写的，翻译成英文也有不少争议。所以，我们用中文翻译一个外文词语时，记住我们只是希望尽可能地贴近这个词语的本义，尽可能地符合它的内涵和外延，但完全严丝合缝地表现它的原义基本上是不可能的。在这种情况下有时不妨在括号里面附上原文词语，以方便读者。

　　索绪尔在《普通语言学教程》中提出了几组极为重要的概念，主要有语言符号的"能指"（signifier）与"所指"（signified）、语言符号之间的横向组合（syntagmatic）关系与纵向聚合（paradigmatic）关系、共时语言学（synchronic linguistics）与历时语言学（diachronic linguistics）的区别和联系，等等。这些重要概念的详细定义和具体运用，我相信大家在"语言学导论课程"中都已经学过，不需要我今天在这儿重复。我要讲的是索绪尔如何利用这些概念，向我们揭示语言和语言研究的核心奥秘。

　　首先，索绪尔认为，词语具有语义（signification），但更重要的是它们具有价值（value），价值不等同于语义，例如，法语中的 mouton 与英语中的 sheep 都表示"羊"的意思，但这两个词的价值不同，法语 mouton 还有"羊肉"的意思，而英语 sheep 没有"羊肉"的意思，"羊肉"用另外一个词 mutton 表达。索绪尔提出，语言只是一个纯粹价值构成的系统（language is only a system of pure values（Saussure 1959: 111））; 说得更具体一点，语言是由相互依存的成分构成的系统，其中各个成分的价值，完全从同时出现的其他成分那儿得出（language is a system of interdependent terms in which the value of each term results solely from the simultaneous presence of the others（Saussure 1959: 114））；

要理解一个词语的价值,必须把它与其他类似的价值加以比较,同与它构成对立关系的其他词语加以比较。该词语的内容,实际上只能由词语之外共现的所有其他成分所确定(one must compares it with similar values, with words that stand in opposition to it. Its content is really fixed only by the concurrence of everything that exists outside it (Saussure 1959: 115));价值由系统生成,当我们说它们相当于概念的时候,我们的理解是,这些概念是纯粹起区别作用的概念,其本质特征并不取决于它们的正面内容,而是以反面的方式,由它们与系统中其他成分的关系所决定。用最精准的方法刻画它们的特征,就是它们不是其他的成分(...values emanating from the system. When they are said to correspond to concepts, it is understood that the concepts are purely differential and defined not by their positive content but negatively by their relations with the other items of the system. Their most precise characteristic is in being what the others are not (Saussure 1959: 117))。换句话说,要揭示语言成分的特征,最重要的不是说它是什么,而是说它不是什么。索绪尔还说,上面的这些话不但适用于词,而且适用于所有的语言成分,包括语法成分(everything said about words applies to any term of language, e.g. to grammatical entities (Saussure 1959: 116))。

我个人认为,索绪尔的上述思想,可以说是他的结构主义理论的精髓。如果说必须把索绪尔的结构主义理论思想凝练成一句话,那就是语言符号的价值,取决于它在语言系统中与其他成分的关系,主要是对立关系。索绪尔在书中用了很多比拟来说明他的这个核心观点。比如说下棋,少了一个马,我用这个瓶盖当作马,象棋能不能接着下下去?毫无问题。过了一会儿,又少了一个炮,我说用这个笔帽,这是我的炮,有没有问题?也没有问题。什么情况下会有问题?我少了一个马、一个炮,我说这个瓶盖是我的马、那个一模一样的瓶盖是我的炮,这就有问题了,为什么? 没有对立,棋子彼此无法区分开来。所以,索绪尔的要点之一就是:语言成分的意义与它本身的发音或其他属性无关。用刚才下棋的例子，棋子是象牙的、铁的还是木头的，同能否把这盘棋下下去没有任何关系，唯一有关系的是棋子必须在系统当中能够相互区别开来，相互产生对立。我们现在过了差不多一百年，也许有人会觉得这种观点卑之无甚高论，没有什么高深奥秘之处。但在当时，索绪尔的结构主义理论，的确是一个开创性的、里程碑式的成就。我们下一讲会讲到，西方的学术起源于古希腊，古希腊三大哲学家苏格拉底、柏拉图和亚里士多德都对语言问题有浓烈的兴趣。例如，柏拉图对语言问题做过许多研究，他的一个基本观点就是语言成分的意义可以从成分本身的物理属性中去寻找，同中国传统训诂学家所说的声训有某些相通之处。到了索绪尔，他否定了从柏拉图到20世纪初两千年以来许多学者认为理所当然的观点，为科学地实证性地研究语言本体奠定了理论基础。

索绪尔《普通语言学教程》重点讲的是音系学，主要分析对象是音位和词，词组和语法一笔带过。他本人认为，语法，也就是组词成句的方式，可以掺杂许多个人因素，很难用科学方法加以研究。当然，这反映了他的时代局限性。过去一百年来现代语言学的发展历史已经充分证明，不单是音系学，也不单是词汇学，句法、话语以至于语义语用现象都能够用科学实证方法加以研究，所用方法最重要的理论基础就是他自己提出的"系统中的对立"这个思想。

语言是各种成分相互关联而组成的结构系统。词语意义最根本的特征同它的形式，包括语音、书面形式没有关系，而是由语言形式以外的东西所决定的，主要是由它在特定系统中，同其他语言成分的横向组合关系和纵向聚合关系所决定，这就是我们今天要讲的主要内容。语言成分在系统中的关联与对立，这既是现代语言学的理论核心，也是语言分析的方法核心。我们下面分析词、搭配和句法结构三种语言单位，就是要反复说明这条基本原理。既然系统中的对立是现代语言学的理论核心，也是语言分析的方法核心，那么语言分析最基本的方法就有两条：第一，确定系统的范围；第二，确定在该特定系统中呈对立关系和其他关系的所有相关成分和因素，并且确定这些关系的精准属性。说到这儿，有人可能会想到，这不就是音位分析的基本方法吗？不错，以索绪尔结构主义理论为开端的现代语言学研究正是从音位分析开始，然后逐步扩展到其他研究领域的，在这个过程中，音位分析的基本方法自然地、也相当有效地用来分析其他语言单位。随着分析单位的扩展，方法本身也不断地得到充实和发展，日益全面、深入、精细和有效，就是古人爱说的所谓"大道至简，衍化至繁"。值得强调指出的是，在这个过程中，音位分析的基本原理、基本分析方法的核心成分——系统中的对立——始终没有变，从音系、词法、词组、句法、话语，再到语义、语用，所有语言分析都遵循这个核心原则和方法。

这两条基本分析方法说起来简单，但实际运用时会出现许许多多的复杂情况。例如，确定系统范围必须考虑到许多因素，时间、地域、语体等都是界定系统范围的重要因素，辨析这些因素的作用和相互关系，往往不是一件容易做到的事情。同时，要找出系统中相互联系的有关成分，确定它们之间的关系，也常常会碰到一些棘手的问题，需要下很大的功夫，赵元任《音位标音法的多能性》揭示的复杂情况，在分析其他语言单位时也会时时出现（Chao 1934）。如果对这两条分析方法的原理有透彻的理解，对它们的实际运用有一定的经验，作为语言研究者，我们就基本上入门了。

我先举几个常识性的例子。大家知道，语音首先是一个声学概念，或是一个生理学概念，是物理声学、发音和听觉语音学研究的对象。语言学家也研究语音，重点是研究它在语言系统中的作用，主要是音素同音位的关系。音位不是一个物理概念，也不是一个生理概念，它是一个心理概念，同时也是一个社会概念。如何确定音位呢？主要看两个音素在特定语言系统当中，准确地说是否在最小比对（minimal pair）中呈对立关系，非常粗略地说，语音属性相近构成对立关系的两个音素就可以认为是属于不同的音位。

英语中有三个双唇塞音 [p] [p^h] 和 [b]，分属两个音位 /p/ 和 /b/，[p] 和 [p^h] 不在最小比对中呈对立关系，属于同一音位的变体。北京话有两个双唇塞音 [p] 和 [p^h]，不送气清塞音和送气清塞音在最小比对中呈对立关系，所以有两个音位 /p/ 和 /p^h/。[p] 和 [p^h] 在英语和北京话中语音特征相似，以它们是否在最小比对中呈对立关系为标准，我们确认这两个音素在英语和汉语中的不同价值。顺便说一句，上海话有三个双唇塞音，上海人比北京人更容易将英文 [b] 音发准。

再看超音段成分。我想学英语的和从事对外汉语教学的人都比较熟悉，英语疑问句的一个主要表现手段是升调。升调同什么对立？同降调对立。"You want this ↗"与"You want this ↘"，不必采用疑问句句式我们就知道这两句话意思不同，前者为疑问句，后者为陈述句。有些初学汉语的外国人说话怪声怪气："你要这个↗"，用升调表示疑问。其实，汉语中表示疑问主要是通过语气词，升调和降调在两种语言中的价值是不一样的。英语中升调同降调对立，汉语中这种对立很不明显，说汉语的人较少使用英语那样的升调。两种语言还有一个重要的区别，汉语有完备的语气词系统，各种语气词之间或使用语气词与否产生对立，以此表示形形色色的意思，是汉语语言学非常重要的研究领域。我上面说的这些都是常识，上过语言学入门课程的人都应该学过，我举这些例子就是做个引子，接着下面讲一些不是那么常识性的内容。

2. 词汇语义学

我们先从词汇语义学说起，分析几组词语的准确含义。

先看"Vice-Chancellor"这个词，在许多国家是大学校长的意思，但字面上的意思是副校长。我们校长来中国访问以前有时会碰到这个问题，我们校长来了，但对方大学出来一位副校长接待，"事先联系的时候给的职务名称是 Vice-Chancellor，不是副校长吗？"，我得解释这副校长就是正校长。为了少费口舌，我们校长现在的名片上有两个英文头衔"Vice-Chancellor & President"。"Chancellor"中文媒体往往一律翻译成"校长"，欠妥。在英国、澳大利亚、中国香港地区以及大多数英联邦国家的大学里，Chancellor 一般是个礼仪性的职位，正常情况下是虚职，不参与大学日常行政事务管理。1997 年香港回归前所有大学的 Chancellor 是一个人，英国派来的总督，现在也还是一个人，香港特别行政区行政长官。香港是双语社会，种种名衔职称都有法定翻译，"Chancellor"不是"校长"，而是翻译成"校监"。在这些国家和地区的大学行政管理系统中，与"Vice-Chancellor"呈对立关系的不是"Chancellor"，而是"Provost""Deputy Vice-Chancellor"，或者是"Pro-Vice-Chancellor"，意思是副校长。这是把一个英语词语看低了的例子，下面举一个看高了的例子。

"Vice President"，简称 VP，一般理解和翻译为"副总统、副校长、副总裁"，是与"总统/校长/总裁"仅差一级的高层职位。但是，实际情况并非总是如此。在许多美国投资银行里，MBA 毕业后工作三到四年，大都可以拿到 VP，一幢大楼里可以有上百个 VP，翻译成中文，都是"副总裁"。2008 年全球经济危机后，《人民日报》发过一篇报道，采访一位曾在华尔街投行工作的中国留学生。文章说这位留学生事业曾经十分成功，经济危机前 30 岁出头便升到副总裁的高位，经济危机后被裁员，现为了养家糊口，改行做导游。记者文章中感慨道，这经济状况真是糟到惨不忍睹，堂堂副总裁都只能屈就导游了。其实要是知道 VP 在该系统中的真实价值，我怀疑记者是否还会这样大发感慨。在美国投行系统中，与 VP 相对立的职位不是 President，而是 analyst-associate-VP-director-managing director。如果 MBA 毕业后工作三四年一般能升到 VP，那我想大致相当于中国职场上副科长/科长的职位。三十多岁的副科长/科长没工作了，改行做导游，有那么吸引眼球的新闻价值吗？也有人利用这些名称，刻意误导不明就里的人，那就更不足为训了。

下面一个例子是"lecturer"（讲师），这也是很有意思的一个词，因为中国大学、美国大学和澳大利亚/英国大学教职系统的不同，常常引起误解。美国大学系统一般采用双轨制，教学人员主要分属两大类，一是所谓 faculty，包括教授、副教授和助理教授，教学、科研、行政服务工作都得做。拿到博士学位后，先当助理教授 assistant professor，然后升副教授 associate professor，一般是终身聘任（tenure），最后升正教授 full professor；另外一类主要为单纯从事教学人员设立，主要有语言教师、艺术（钢琴、绘画）教师，往往还包括带同学做实验的教辅人员等，他们的职称一般是 lecturer 讲师，或是 instructor，往上升就是 senior lecturer 高级讲师或 senior instructor。这是两套不同的轨制，进入 lecturer 轨制以后要换到 faculty 轨制，几乎不可能。中国大学系统里的"讲师"跟美国大学里的"lecturer"是两个不同概念，中国的讲师相当于美国的 assistant professor，拿到博士学位一般先当讲师，然后由副教授、教授一路升上去。澳大利亚西澳大学和 Bond 大学采用美国系统，其他大学则采用另外一套系统，教职分为 ABCDE 五级，A 级是 associate lecturer/senior tutor 助理讲师，给刚拿到博士学位、没有什么工作经历的人，相当于以前中国大学的助教。过三到五年，研究教学成绩比较好，升 B 级，称为 lecturer，相当于美国的助理教授；再升上去是 C 级 senior lecturer，相当于美国大学的副教授。美国大学和澳大利亚大学系统都有 lecturer/senior lecturer 职位，但在各自系统中与它们呈对立关系的是完全不同的其他职位，因此，"讲师/高级讲师"在美国和澳大利亚大学系统中是两套完全不同的概念。

最后，我们系统地分析汉语"荤/荤菜"和英语的 meat，以及这几个词语的互译。我对这个问题的兴趣源自一位专业翻译告诉我的一次误译，涉及宗教人士，造成一个不大不小的事故。我后来专门对此做了一些研究，写了一篇文章（陈平 2013）。下面我将这篇论文的要点做个简单的介绍。

先看两部公认为最好的汉英词典对"荤（菜）"的英译。

1）北京外国语大学修订本《汉英词典》（外语教学与研究出版社，1995 年版）：

荤　　1. meat or fish；
　　　2. strong smelling vegetables forbidden to Buddhist vegetarians, such as onions, leeks, garlic, etc.

荤菜　meat dishes

2）林语堂编《当代汉英词典》（香港中文大学电子版）：

荤　　1. meat as food, contrasted with 素 vegetables；

　　　　吃荤 nonvegetarian，荤菜 a meat dish；

　　　2. Adj. sharp-smelling 荤辛；

　　　3. Adj. sexy, indecent。

把"我不吃荤菜"翻译成 I'm a vegetarian，素食者，自然没有什么问题。但如果只是参照上面两部词典对"荤菜"的英译，将这句话翻译成 I don't eat meat dishes，这就可能出问题。为什么？

再看两部汉语词典对"荤"的释义。

3）北京商务印书馆 2005 年出版的《现代汉语词典》第 5 版：

荤　　1. 指鸡鸭鱼肉等食物（跟"素"相对）；

　　　2. 佛教徒称葱蒜等有特殊气味的菜；

　　　3. 指粗俗的、淫秽的。

【荤菜】 用鸡鸭鱼肉等做的菜。

该词典中对"素"的相关释义是：蔬菜、瓜果等食物（跟"荤"相对）。

4）台湾商务印书馆 1982 年出版的《重编国语辞典》第六版：

荤　　1. 谓有辛臭气味的蔬菜；

　　　2. 称肉食。

【荤菜】 肉食品的通称。

前面提到，确定系统中的对立成分说来容易，做起来往往相当复杂，有时候是因为系统的范围不容易界定，有时是因为对立的成分不容易确定。同一个词甚至可以在同一句话中跟不同的成分产生对立，这种现象随处可见。举个例子："中华民族是一个由 56 个民族组成的大家庭"，"中华民族"中的"民族"和"56 个民族"中的"民族"显然不是同一个层次上的概念，分别与不同的其他成分构成对立关系。上面两部汉语词典的释义中都用了"肉"这个词，但在《现代汉语词典》的定义中，"鸡鸭鱼肉"四个词是并列关系，"肉"同"鸡鸭鱼"对立，可以是猪肉、牛肉、羊肉等，由这四个词构成的并列词组与"素"对立。注意"鸡鸭鱼肉"四个词不能理解为偏正关系，说的不是"鸡肉、鸭肉、鱼肉"。在《重编国语辞典》的释义中，"肉"是许多食品的统称，跟蔬菜对立，应该包括鸡鸭鱼，等等。同一个词语可以用在不同层次上，分别与不同成分产生对立，这是语言现象复杂性的一个表现方面。

接着研究英语 meat 的释义。我查阅了最有代表性的六部英语词典，下面是有关释义：

1) *Oxford English Dictionary*（OED 1989）

3.a The flesh of animals used for food; now chiefly in narrower sense = butcher's meat, flesh n. 4, in contradistinction to fish and poultry. Also, local U.S., confined to certain types of meat, usu. pork.

这种用法的 meat 同鱼和禽类对立。

2) *Collins Cobuild English Language Dictionary*（Collins 1987）

meat: flesh taken from an animal that has been killed so that people can cook it and eat it.

animal: a living creature such as a dog, lion, monkey or rabbit, rather than a bird, fish, reptile, insect, or human being.

根据这部词典的定义，meat 主要指哺乳动物的肉，禽类、鱼、爬行动物（如蛇、龟、鳄鱼）等一般不算。

3) *Longman Dictionary of Contemporary English*（Longman 1978）

meat: 1. the flesh of animals, apart from fish and birds, which is eaten;

2. the flesh of animals, including birds but not fish, as opposed to their bones.

这本词典明确地将鱼和禽类排除在外。

4) *Longman Dictionary of American English*, 4th edition（Pearson Education Limited 2009）

meat: the flesh of animals and birds eaten as food,

red meat（=dark meat such as beef）

white meat（=pale meat such as chicken）

这部词典将禽类包括在内。

  5）*The American Heritage Dictionary of the English Language*, 3rd edition（Houghton Mifflin 1992）

  meat: the edible flesh of animals, especially that of mammals as opposed to that of fish or poultry.

这部词典认为 meat 主要指哺乳动物的肉，同鱼和禽类相对。

  6）*Webster's New World College Dictionary,* 4th edition（Wiley Publishing 2004）

  meat: the flesh of animals used as food; esp, the flesh of mammals, and, sometimes, of fowl.

主要指哺乳动物的肉，有时也可以包括禽类。

  综上所述，所有六部词典都将鱼排除在 meat 之外，这应该没有什么争议。OED、第二、第三和第五部词典将禽类也一并排除在 meat 之外，但第四、第六部词典则认为 meat 有时候也可以指禽类。

  回到我们开头讨论的英汉对译问题，我们现在可以得出结论，"荤菜"译为 meat dishes，有可能引起误解。某人说 I don't want meat dishes，你可以上鱼，或许还可以上禽类，因此，如果某人说"我不要荤菜"，你将这句话译成 I don't want meat dishes，说英语的侍者完全可能给他上一片鱼，或是一块鸡肉，那就违背了该人的意愿。如对方是持戒甚严的宗教人士，则可能会造成很大的误解与不悦。前面所说的误译，就是侍者根据译员所说的 I don't want meat dishes，给一位前来出席正式招待宴会的居士端来一片鱼。

  上面所举的所有例子都说明一个问题，要准确地理解有关词语的意义，首先要确定它所位于的系统范围，然后确定同它呈对立关系的其他成分。

3. 搭配

  下面我们讨论"搭配"，英文是 collocation。我们在传统语法分析中区分各个层次，字、词、短语、句子、话语，等等，由下而上，层层组合为越来越大的结构。这儿有个问题："搭配"也是一个语言单位，但不容易归入我们习用的这些结构单位。事实上，汉语中还没有一个为大家所广泛接受的术语，用来专指这种语言单位，有人称之为"组合"，有人称之为"搭配"，我们现在就暂时用"搭配"这个术语。作为语法单位，词和短语的区别为，短语是词的语法组合，只要符合语法规则，不合语义和逻辑的词组合在一起都能构成短语，如"五条边的四边形"，而搭配既涉及语法关系，又涉及语义关系，最重要的是涉及无法完全由语法和语义规律解释的习惯用法。例如，"小张嫁给了"，后面的宾语一般是个男的，语法上有这个限制吗？没有，语法上可以是任何名词。再举个例子，"遛"如用作及物动词，后面一定是个动物，如"遛狗""是骡子是马，拉出来遛遛"。他带个孩子在街上散步，你不能说"他遛孩子"。语法上有这个限制吗？没有，但用作及物动词的"遛"，习惯上只能带某一小类宾语。一个词对哪些成分、哪些词能与它同现，有一定的偏好，很难完全将之归为语法或语义因素使然。通过不同语言的比较，我们可以对搭配缺乏充分理据看得更为清楚。汉语中说"违法"，英文相应的词语是"打破法律"（break the law）；汉语说"刷牙"，英文中跟汉语一样 brush the teeth，但德语和意大利语用的动词是"polish"，磨光擦亮，波兰语是"洗牙"，俄语是"清洁牙"；汉语说"吃药"，而英语中的"药"medicine，可不是用来 eat 的，得说 take medicine，这其中并没有多少理据可言。词语和习惯与它同现的语言成分，构成我们所谓的搭配。对说母语的人来说，搭配是习以为常的现象，大概是太习以为常了，在语言学研究中长期没有受到应有的重视，语言学家大都没太拿它当回事情。

相比其他许多语言现象，搭配问题的研究历史不长。最早提出这种现象值得深入研究的人是英国首位普通语言学讲座教授、伦敦学派的代表人物 J. R. Firth，他在 1951 年发表的一篇文章"Modes of meaning"中建议使用 collocation 这个术语指称有关现象，并同时提出"搭配度""搭配性"（collocability）的概念（Firth 1951/1957）。

Firth 在文章中指出，有些词语因为惯常同其他某些词语连用，因此获得本身词义之外的其他意义。他首先举出的例子有 ass，因为前面最常用的形容词是 silly（蠢）、obstinate（顽固）、stupid（笨）、awful（糟糕），结果该词单独使用时也通常附着这些负面的意思。Firth 指出，因这种搭配而获得的意义是词语在横向组合平面上的抽象现象，与从概念或思维的角度研究词语意义没有直接关系（meaning by collocation is an abstraction at the syntagmatic level and is not directly concerned with the conceptual or idea approach to the meaning of the words（Firth 1951/1957: 196））。Firth 的传人 M. A. K. Halliday 1961 年发表的一文给出了更为系统和准确的定义：搭配涉及的是词语在横向组合平面上的联系，可以在文本中定量分析为，成分 a、b、c 等在与成分 x 相距 n 个词语的位置上出现的概率（...the syntagmatic association of lexical items, quantifiable, textually, as the probability that there will occur at n removes（a distance of n lexical items）from an item x, the items a, b, c ...（Halliday 1961/2002: 61））。该文发表五十多年了，我认为上面这段文字仍然是对搭配现象最言简意赅的定义之一，非常准确，操作性很强，同时引进了纵向聚合关系平面上的因素。我们现在有了许多大文本的语料库，研究词语的搭配及搭配性的强弱就更方便了。

如何确定词语与其他某个成分是否构成搭配？如何决定词语之间搭配性的强弱？我们只能根据"系统中的对立"来回答这些问题。首先，我们确定系统的范围，可以是包含各种文本的综合语料库，也可以根据时间、地域、体裁、作者、内容等划出有关文本的特定范围；呈对立的成分，一是词语 a 和词语 x 从单纯概率分布来看应该在一定间距内共同出现的次数，二是它们在文本中实际共现的次数。为了举例说明，我利用英国 Lancaster 大学的汉语语料库（Lancaster Corpus of Mandarin Chinese），研究"吃"和"粥"这两个词与其他词语的搭配关系。该语料库目前开放给公众使用的部分共有 100 万字，由 500 篇文本组成，每篇文本约 2000 字。"吃"在这 100 万字的语料库中一共出现了 478 次，"粥"出现了 18 次，我将共现间距定在前三个字或后三个字，结果请看下面的表 1：

表 1 "吃"和"粥"与其他词语搭配关系表

	总词频 total hits	预期搭配频次 expected collocate frequency	实际搭配频次 observed collocate frequency	对数似然值 log-likelihood（LL）
吃				
饭	100	0.286	45	390.42
亏	20	0.057	10	89.47
粥	18	0.052	6	47.445
面条	9	0.026	5	46.212
药	35	0.1	5	30.032
粥				
吃	478	0.052	6	45.607
喝	150	0.016	2	15.359

先看表1中给出的词频，"吃"在100万字中一共出现了478次，"饭"出现了100次；接着是预期搭配频次，指的是如果单纯根据概率，"饭"在"吃"前三个字和后三个字间距内出现的预期次数应该是0.286，一次都不到；再接着给出的是实际出现次数，高达45次，LL也高达390.42，说明预期同现次数和实际同现次数的差异绝对不是偶然现象，这组数据就是"吃"和"饭"构成搭配的坚实证据。正是文本中预期同现频次与实际同现频次的对立，决定了两个词语是否构成搭配，决定了它们搭配性的强弱。同理，"亏"在100万字的语料库中一共出现了20次，根据概率分布，"亏"在"吃"的前三个字和后三个字以内出现的次数应该是0.057次，0.1次都不到，但实际上出现了10次，LL为89.47，可见"吃"和"亏"也是搭配性很强的组合。其他三个与"吃"实际搭配次数最多的词分别是"粥""面条"和"药"。

根据该语料库的检查结果，与"粥"搭配性最强的有两个词，一是"吃"，二是"喝"，"吃粥"的搭配性反倒强过"喝粥"，这个结果同我的预想不一样。我的语感是北方人，尤其是北京人一般都说"喝粥"。我判断这个现象至少可能由两个因素造成，一是"喝粥"是个比较口语化的词语，该语料库所收文本以书面语语体为主，口语化程度不高；二是许多文本的作者为南方人。这再次提醒我们，分析系统中的对立成分时，该系统的范围和性质对于分析结果会有很大的影响。

搭配问题很值得我们深入研究，它有很高的实际应用价值，也有很重要的理论价值。先说实际运用价值，搭配在外语教学和计算机自然语言处理领域里占据十分重要的地位。我们读学生写的外语作文，只要五分钟便能看出他们语言水平的高低。一般不是看语法，现在有语法检查程序（grammar checker）能自动改正语法错误，主要看词语搭配，一般情况下，没有十年二十年的功夫，很难达到接近本族人语感的那个水平。研究搭配问题，应该会大大有助于我们的语言教学。

IBM 公司 20 世纪 80 年代投入大量资金，研究包括机器翻译在内的计算机自然语言处理。研究人员当时主要分两大类，一是语言学家，二是计算机技术专家。语言学家一般走的是自 1950 年代开始的老路，根据语法/语义/词汇的有关规则，将文本分解成词、短语、句子等语言单位进行加工处理。计算机技术专家大都熟悉数据库技术和统计学工具，对语言学家的语法规则不感兴趣，惯用方法往往是利用统计学工具分析海量的双语数据库，以词语搭配和对应频率等统计数据为基础进行语言处理。语言学家所用方法进展缓慢，而随着计算机储存和处理能力的突飞猛进，基于大数据统计方法的语言处理系统效率越来越高，现在成了该领域里的主流，而基于传统语言规则的处理方法则被许多人摈弃。据说 90 年代 IBM 负责机器翻译的 Frederick Jelinek 说过一句后来广为流传的话："我每解雇一位语言学家，系统表现都会有所改善。"当然，基于大数据统计方法的机器翻译系统有内在的局限性，发展到一定程度后进一步改善的余地不大，目前的趋势是将基于语言规则和基于统计两种方法结合起来。

迄今为止，语言学家所做的语言分析大都是集中在语法规则，如单位、切分、分布、层次、组合、结构，等等，侧重组字成词、组词成短语/句子/话语等逐层向上的规则。随着对搭配现象和其他语言现象（如构式语法 construction grammar 研究的许多问题）的深入研究，以及包括机器翻译、机器学习在内的计算机自然语言处理领域所取得的成果给我们带来的越来越多的启发，我们也许有必要对语言学传统的研究途径做深入的反思，我们研究了多年的基于由小及大、层层组合原则的大量语言规律，到底在第一语言习得、语言使用、外语学习、计算机自然语言处理等同语言有关的过程中起着什么样的作用，有许多问题值得我们重新思考。近一二十年来，包括从事语料库研究在内的一些语言学家提出所谓"惯用语原则"（idiom principle）及类似的观点，为语言研究提供了许多新的思路。

4. 句法分析

最后，我们来讨论"系统中的对立"是如何用在句法分析中的，我们的分析对象是汉语中的主题句，又称双项名词句。

语法研究领域里有一些核心问题，这些问题的研究结果有助于深入理解许多其他相关问题，或是引出新的重要研究课题。具体某个语言里基本句式（canonical clause）和非基本句式（non-canonical clause）的区别就是这类核心问题之一。例如，肯定句和否定句相比，肯定句是基本句式，否定句是非基本句式。英语中主动句和被动句相比，主动句是基本句式，被动句是非基本句式；基本句式和非基本句式的区分标准不止一条，各种语言也可以有所不同。一般来说，非基本句式往往能转换为相应的基本句式，而基本句式则不总是有相应的非基本句式。

英语主题化句（topicalized sentence 或 topicalization）指的是下列"NP+NP+VP"形式的句子（1）a 和（2）a：

    （1）a. This house, he likes very much.

        b. He likes this house very much.

    （2）a. That cake, Jack won't eat.

        b. Jack won't eat that cake.

英语主题化句是非基本句式，在纵向聚合关系平面上都有一个相对应的"NP + VP + NP"基本句式，即（1）b 和（2）b。在诸多语法理论模式里，主题化句由相应的基本句式转换而来，转换是个语法运作过程，所以有"主题化"这个术语中的"化"字。主题化句"NP+NP+VP"总是和一个相应的基本句"NP+VP+NP"呈对立关系，由此用来表示一些特殊的语义或话语功能，如对比等。

陈平（2004）一文指出，同英语"NP+NP+VP"不同，汉语"NP+NP+VP"是一种非常普通的句式，有的著作将其称为"主谓谓语句"，有的称之为"宾语倒装句"，我采用的是"双项名词句"这一不带强烈理论内涵、相对中性的术语。我将这类句子归为七类：

（3）a. 有的人，他活着别人就不能活。
　　　b. 这几本书你读得很仔细。
　　　c. 那几个人我见到了。
　　　d. 这笔钱你交学费。
　　　e. 那个角落我想放一盏灯。
　　　f. 啤酒你忘了付钱了。
　　　g. 小赵胆子大极了。

也有一些著作，尤其是用英文写的讲汉语的著作，把这类句子看作是汉语的主题化句，我不赞成这种观点。原因很简单，上面讲到，英语每一个"NP+NP+VP"主题化句都对应一个"NP+VP+NP"基本句，这种对立在汉语中基本不存在。上面例（3）中有哪几个句子第一个NP能够移到VP后面的？没有几个：a句不行；b句要移位就变成"你读得很仔细这几本书"，像初学汉语的外国人说的汉语，不合汉语语法；c句移位成"我见到了那几个人"可以说；d句移位成"你交学费这笔钱"，不通；e句要变成"我想放一盏灯那个角落"，不太像中国人说的话；f句变成"你忘了付钱啤酒了"，不能说；g句移位后变成"胆子大极了小赵"，不合语法。能说这七个典型的"NP+NP+VP"双项名词句是经过主题化转换而来的吗？显然没有任何直接证据能支持这种观点，现代汉语里基本上不存在与"NP+NP+VP"双项名词句相对立的"NP+VP+NP"句。

陈平（2004）一文报告的另一个发现是，汉语中虽然基本上不存在"NP+NP+VP"同基本句式"NP+VP+NP"的对立，但对双项名词句来说，存在"NP$_1$+NP$_2$+VP"和"NP$_2$+NP$_1$+VP"的对立，即第一个名词和第二个名词是否转换语序之间的对立。例（3）中除了两个NP同指的a句，其他六句，第一个名词和第二个名词顺序都能颠倒。这就是说，有"NP$_1$+NP$_2$+VP"，一般就有相应的"NP$_2$+NP$_1$+VP"，两种句式在纵向聚合平面上呈对立关系。同英语主题化句一样，对立带来了新的意义，主要是对比意义。以上面例（3）b、d、g三句为例：

（3）b. 这几本书你读得很仔细。→

　　　b.'你这几本书读得很仔细，那几本就读得不是太仔细。

　　d. 这笔钱你交学费。→

　　　d.'你这笔钱交学费，那笔钱零用。

　　g. 小赵胆子大极了。→

　　　g.'胆子小赵大极了，小李不怎么样。

两种句式比较，不带特殊意义的原句式是基本句式，带特殊对比意义的变换句式是非基本句式。另外一个重要的问题是，两个NP以什么顺序在VP前出现构成基本句式？什么顺序构成非基本句式？该文发现，汉语双项名词句这种句式本身可以是汉语中的基本句式，也可以是非基本句式，取决于两个NP的语义属性以及它们在下面这个优先序列上的相对位置。如果NP$_2$在这个序列上位于NP$_1$的左边，"NP$_1$+NP$_2$+VP"构成基本句式，否则构成非基本句式。

　　　　施事 > 感事 > 工具 > 系事 > 地点 > 对象 > 受事

我们用上面的b句来说明这条规律，原句式中，NP$_2$"你"是施事，NP$_1$"这几本书"是受事，在上面的序列中，NP$_2$施事位于NP$_1$受事的左边，因此原句式是基本句式。变换后的句子中，NP$_2$"这几本书"是受事，NP$_1$"你"是施事，NP$_2$受事在上面序列中位于NP$_1$施事的右边，因此变换后的句式是非基本句式。d和g的分析类此。我在该文中逐一检验了所有相关的双项名词句，全都符合这条规律。如前所述，双项名词句基本句式和非基本句式是纵向聚合关系平面上的对立成分，通过分析呈对立关系的两种句式及其相互关系，我们对汉语双项名词句的构成和使用特点有了进一步的认识。

5. 余论

总结一下，我们今天首先介绍了索绪尔结构主义理论的要点，用"系统中的对立"概括索绪尔理论思想的精髓，接着以确定系统中的对立成分和因素为主要分析方法，选取了词、搭配和语法结构三种语言单位，通过分析它们在横向组合关系和纵向聚合关系平面上有关成分和因素之间的对立，揭示这些语言单位的语法、语义和语用特征。我们分析的三种语言单位，都是语言本体成分。我们在结束之前，再用"系统中的对立"这个原则分析语言本体成分之外的两种现象，希望能对"大道至简，衍化至繁"的道理有更深一层的体会。

我们先看《第二次汉字简化方案（草案）》，简称《二简》。1977年，就是"文革"结束后的第二年，中国文字改革委员会将《二简》方案呈送国务院审批，当年年底，包括《人民日报》《光明日报》在内的从中央到省市的主要报纸正式发表《二简》简化字表，许多图书报刊同时开始用《二简》字排印出版。1978年3月，教育部发出通知，要求从当年秋季新学年开始，全国统编中小学各科教材一律采用《二简》字。但是，《二简》发表后，社会各界普遍表示不满，随着反对声音日益强烈，中宣部1978年7月通知各部门停用《二简》。1986年6月国务院发出通知，正式废止《二简》。《二简》失败的原因，周有光先生将其归结为同时犯了技术性错误和时间性错误，而许多学者都认为技术性错误是主要原因。1956年的《一简》字绝大多数早已以俗体字的形式普遍流行使用，《一简》只是将俗体变成正体，而《二简》字虽然许多也有民间来源，但并未普遍流行，所谓"约未定，俗未成"，当时的文改会仓促上马，试图利用行政力量强行推广，最后还是没有成功。

上面的观点无疑是有道理的。但是，我们可以继续追问下去：为什么《二简》字没有在民间普遍流行？我认为，这个问题可以用"系统中的对立"原则加以解释。任何文字系统都要同时满足书写和辨识两方面的要求。其他条件相同的情况下，对于书写来说，符号一般是越简单越好，极端的例子就是速记符号；但是，从辨识的角度来看，符号之间的区别以清晰易辨为宜。文字符号通过形体的不同，在文字系统中产生对立而彼此区别开来。这中间涉及一个"对立度"的问题，符号在系统中的对立程度得保持在一定的水平，不适当地降低对立程度必然会影响符号之间的辨识性，从而影响使用效率，这也是速记符号不能代替正常文字符号的原因（详见 Chen 1999：158）。以《二简》中 23 个轮廓字和 16 个草书楷化字为例（见图 1、图 2）：

图 1　轮廓字	图 2　草书楷化字

同未简化字相比，二简字的笔画是减少了，但带来的后果是有关汉字在系统里形状的区别特征明显不如以前清晰易辨，系统成分之间的对立降低到一定程度，不可避免地会影响信息传递效率。看到上面这些《二简》字，尤其是轮廓字第三列和草书楷化字第二列和第三列给出的简化字，我相信大多数读者同我一样，要认真多看几眼才能将它们同其他形近的汉字区分开来。这些由于形体过于简化而导致区别特征明显减弱的情况在《二简》中大量存在，从而降低了整个系统内文字符号之间的对立程度。基于同样道理，对弈双方棋子的颜色，一般都是红与黑，或黑与白，如果换成紫与黑，或灰与白，就会降低棋子之间的辨识度，从而带来不便。我认为，从笔画数目和字形对立的技术角度来看，整个汉字系统《一简》以后在易于书写和易于辨识两方面处于大致平衡的状态，而这种平衡状态乃是亿万人多年使用汉字过程中自然形成的，这个

过程中最重要的内在运行法则之一就是我们今天所讲的"系统中的对立"。如果不考虑其他因素而单纯从文字效率的角度来看,任何大规模地恢复繁体字或进一步大规模地简化汉字的举措,都是企图用人为的力量强行打破这种平衡,因而是不可取的,也可能是行不通的。

最后,我们谈谈"系统中的对立"如何用来说明音乐领域里的一个问题。Wang(2015)注意到音乐认知领域里所谓"旋律不变性"问题,就是一段曲子的旋律,无论是用低音、高音或是变调演奏,我们都能辨识这是同一支曲子。该文认为,我们感受一段旋律时,起决定作用的不是音符的绝对频率而是相对频率,即相邻两个绝对音高之间的相对音高,由十二平均律决定。文章提出假说,这种现象的根本原因是人们通过多普勒音响效应感知运动的方向和速度,而相邻音高的差比则对应于有关运动的特征。将该文提出的假说先放在一边,作者注意到的"旋律不变性"现象是客观存在的。作者认为:"一条时间线上的'节奏性相对音高',是旋律的本质,是音乐的本质。"在我们看来,"系统中的对立"原则能提供更具本质性和普遍性的解释。这儿涉及的系统范围,就是特定的一段曲子,其中对立的成分,就是曲子中相邻的音符,相邻音符由于音高上的区别而产生的对立,就是我们感知曲子旋律的认知基础。其实,语言学家对这种现象应该是十分熟悉的,同样一个上声字,男人、女人、老人、孩子发音基频可以有很大不同,只要调型是214,不会引起误解,语调发音也是同样情况,我们可以称之为"调型不变性"。音乐上的"旋律不变性"同字调和语调上的"调型不变性"基本上是一回事。Wang(2015)还将他的说明范围扩展到舞蹈,在我们看来,这是"系统中的对立"原则的又一次自然扩展,由此可以稍稍领略为何索绪尔结构主义语言学的理论原则,在语言学以外的领域也能得到广泛应用。

参考文献

陈　平,2004,汉语双项名词句与话题-陈述结构,《中国语文》第6期。
陈　平,2006,引进·结合·创新,《当代语言学》第2期。

陈　平，2013，从结构主义语义学角度看"荤（菜）"与 meat 的释义和翻译，《翻译研究与跨文化交流》，台北：书林出版社。

Chao, Yuen-Ren. 1934. The non-uniqueness of phonetic solutions of phonetic system. *Bulletin of The Institute of History and Philology*. Academia Sinica. Vol. IV, Part 4, 363-397.

Chen, Ping. 1999. *Modern Chinese: History and Sociolinguistics*. Cambridge University Press.

Firth, John Rupert. 1951/1957. Modes of meaning. *Papers in Linguistics 1934-1951*. Oxford University Press, 1957, 190-215.

Halliday, M.A.K. 1961/2002. Categories of the theory of grammar. *On Grammar*. edited by J. Webster. London: Continuum, 2002, 37-94.

Saussure, Ferdinand de. 1959. *Course in General Linguistics*. edited by Charles Bally and Albert Sechehaye. 3rd edition. New York: Philosophical Library.

Wang, Tianyan. 2015. A hypothesis on the biological origins and social evolution of music and dance. *Frontiers in Neuroscience*. Vol. 9, Article 13, 1-10.

（本文为作者 2014 年 12 月在上海复旦大学所做"光华人文杰出学者讲座"第一讲的整理稿，节本原载《当代修辞学》2015 年第 2 期。）

句法分析：从美国结构主义学派到转换生成语法学派

提　要　现代语言学思想萌生于语音研究和音系研究，句法分析在早期不受重视。美国"布龙菲尔德之后学派"将句法分析继音位分析和语素分析之后正式纳入研究范围，提出了基本原则和描写方法，其中以 Zellig Harris 的工作最为显著。以 Noam Chomsky 为代表的转换生成语法学派将句法分析在语言学研究中的地位提升到前所未有的高度，重新设定了分析对象，明确了分析目的，创建了新的表现手段。本文回顾了句法分析的这段历程，对美国结构主义学派和转换生成语法学派有关句法分析的理论、工具、手段做了分析和评价，并追溯两者的渊源。

关键词　现代语言学史　句法分析　美国结构主义　转换生成语法

1. 导论

在当代语言学研究的各个专门领域中，句法分析无疑占据举足轻重的地位。自 Chomsky 的《句法结构》(*Syntactic Structures* 1957) 问世以来，语言学基本理论方面的变革与创新，以及涉及语言学重大理论问题的研究与论战，大多围着句法问题打转。1970 年代之后，国际理论语言学界呈现各家纷争的局面，理论模式像春雨后的竹笋尖儿一样出现。仔细考察诸家的理论主张，可以发现，他们在句法单位、结构、关系以及句法在语言组织中所处的地位等问题上持有的观点，是这些语言学家意见统一或分歧的主要表现方面。除带"历史""音系"等区别词的分支学科外，当代语言学中所说的语言学理论大多数其实就是句法理论。

当然，我们也注意到，语义分析和语用-话语分析日渐成为语言学研究的"热点",其发展势头之猛,常常令人不禁想到句法分析在二三十年以前所处的状况。驱使语言科学向前发展的是该学科的内在逻辑以及社会生活与科技进步对语言学提出的要求,目前这种局面的形成有其深刻的内因和外因。有关详细情况,我们另文讨论。语义分析和语用-话语分析的对象、方法和目标到底是什么？有关这方面的问题,大家分歧很大。但是,大多数语言学家还是认为,各种句法单位、句法结构和句法功能,在语义分析和语用-话语分析时常常起着不可或缺的作用。一方面,它们往往是语义和语用-话语分析的起始点和参照物。另一方面,句法分析使用的种种方法,也常常被移植到语义和语用-话语分析中来。简而言之,虽然语言学的前沿领域有被其他分支学科占据的趋势,句法在当代理论语言学研究中仍然处于中心的地位。

倒退 80 年,句法分析绝对没有今日这样的"显学"地位。甚至在相当长的一段时期内,句法是否属于语言系统规则的一部分,还被打上一个大大的问号。美国语言学家 Charles Hockett 1988 年在中国社会科学院语言研究所一次演讲中回顾本世纪国际范围内语言学研究状况时指出,理论语言学界在 20 世纪上半叶取得的巨大成就主要表现在下面四个方面：

1）19 世纪的语言学研究传统中有两种相对独立的方法,一是历史比较语言学,一是哲理描写语言学。除此之外,随着西方经济、宗教、政治、军事、文化势力的向外扩张,一些传教士、殖民地官员和学者对于许多非西方语言做了大量具体的调查描写工作。到了 20 世纪,这三个方面的工作渐趋融合,互相促进；

2）经过 Ferdinand de Saussure、Edward Sapir 和 Leonard Bloomfield 等人的努力,语言学彻底摆脱了作为人类学、历史学、文学或其他学科的附庸地位,成为一门公认的独立学科,获得了在著名大学单独设系的地位；

3）发现了音位理论,并且不断得到充实和提高；

4）试图将语法描写和分析工作建立在如同音位学那样牢靠的基础之上,并且研制出一套与音位分析一样精确的研究方法。

从 Hockett 的总结中可以知道，语言学在这段时期内取得长足进展的是音位学理论，而包括句法分析在内的语法研究，还只是处在人们"试图"为其奠定基础的阶段。只要回顾一下本世纪初索绪尔（Saussure）对这个问题所持的态度，就不难体会句法分析在当时人们心目中所处的地位。

作为现代语言科学的创始人，Saussure 第一个指出语言（langue）和言语（parole）的区别，声称语言学应该以语言而不是言语为主要研究对象。这个主张在后世激起巨大的反响，影响至今不衰，几乎成为当代理论语言学中的"公理"。这种观点的是非正谬，我们不拟在此评说。我们只是想要知道，Saussure 语言观中的"语言"到底包含哪些内容。关于这一点，他在《普通语言学教程》中说得十分明白：

"构成语言的符号不是抽象的东西，而是实在的物体。语言学的研究对象是符号以及符号之间的关系。它们是语言学中有形的实体。……只有符号能指与符号所指两者结合在一起时，才得到上面所说的语言实体。符号能指与符号所指两者缺一，语言实体便不复存在，我们面对的便只是一个抽象概念而不是有形实体。"

（Saussure 1916: 102–103）

至于句法关系，如词序，在 Saussure 的眼里是抽象实体。他认为，作为结构段（syntagm）典型代表的句子属于言语范畴而不是语言范畴。他的理由是：句子在组合方式上可以有许许多多的可能性，虽然其中有时也有一定之规，但在许多情况下，其组合方式全由说话人自行决定。因此，他得出结论，取决于集体用法的语言因素和取决于发话人个人自由的言语因素在结构段中纠缠在一起，无法截然分开。我们分析的结构段实例大多是两种因素混合作用而造成的结果，语言学如果以揭示语言的系统性为其主要目的，那么，显然不适合把句法列为主要研究对象（详见 Saussure 1916: 124–125）。从 Saussure(1916) 整本书的内容安排上也可以看出，他的兴趣集中在语音和音位问题上，对词法不够重视，对句法更为漠然，有关内容大都轻描淡写，一笔带过。

Saussure 对待句法分析的态度和处理方法，反映了语言学在当时的发展水平。今天，回过头来看 Saussure，他在句法问题上的局限性是明显的。这除了使我们更深刻地认识到本世纪理论语言学惊人的发展速度，也使我们想到，在对一类语言现象缺乏深入了解，也不具备有效的研究手段时，人们常常径直宣布这些不属于语言学研究范围。这种态度很干脆，但往往失之狭隘。从本世纪语言学发展史来看，句法是第一类受到这种待遇的语言现象，后面依次是语义现象和语用-话语现象，限于篇幅，我们另文讨论后面两类现象。

Saussure 之后相当长的一段时期内，语言学家的研究重点始终不离音位学和音系学。句法现象渐渐进入人们的视野，继而被当作头等重要的研究对象来对待，则主要是以 Franz Boas、Edward Sapir 和 Leonard Bloomfield 为代表的美国结构主义学派兴起之后的事。

2. 美国结构主义学派

从研究对象来说，欧洲语言学家处理的毕竟大都是他们向来熟悉的现代和古代语言，即使碰到一些稀有语种，也几乎全都由传教士在这之前整理出了一套语法和基本词汇。换句话说，这些语言学家研究的基本上都是已有文字记录的语言，一般不再有必要进行田野调查。美国语言学家则没有这么现成的材料可资利用。他们大多数早期受的是人类学训练，面临的是没有文字记载而且很多已濒临灭绝的美洲印第安语言文化。对于这类研究对象来说，当务之急就是对各种语言进行准确的观察，把它们忠实地记录下来。这样的客观环境和现实需要，在很大程度上决定了美国结构主义学派的特色。人们有时以其主要研究目的为标志，称之为描写语言学派（Descriptivists）。

描写的前提是要有一套行之有效的描写方法，因而，美国结构主义学派认为，理论语言学的主要任务就是发明一套分析方法，凭借这套方法，可以对语流进行分解，辨别各个平面上的基本单位，确定它们的功能、类别和组织方式，最后得到一个由低层次到高层次的分类系统。人们有时又以其所得结果为标志,称之为分类学派(Taxonomists)。就句法研究来说,就是要提炼出一套句法分析方法,凭此可以确定各种句法单位、句法结构和句法关系。一本1950年代十分流行的描写语言学教科书对句法研究的定义是这样的:

> "句法是词或语素组成形形色色较大的结构时所遵循的组织原理,而句法研究的基本问题,就是确定一种分析方法,根据这种方法能够找出任何特定语句的最佳组织方式。另外,这种分析方法还必须具有一定的普遍性。"(参见Gleason,1961:128-132)

确定上述研究目标并且建立一套行之有效的分析方法,对于美国结构语言学派来说,也有一个从不自觉到自觉的发展过程。一般将这一学派分为前后两期,前期的代表人物有Franz Boas、Edward Sapir和Leonard Bloomfield,以Bloomfield的影响为最大。后期的代表人物主要有Zellig Harris、Charles Hockett、Kenneth Pike、Rulon Wells、Bernard Bloch、William Twaddell等,又称布龙菲尔德之后学派(Post-Bloomfieldians)或布龙菲尔德学派(Bloomfieldians)。在对待理论语言学研究目标等问题上,后期的态度比前期明朗,在具体描写方法上,后期建立的模式也远比前期精确和全面。下面,我们以他们就语言理论和具体语言事实两者关系所持立场为例,说明前期与后期的某些差异。

美国结构主义学派形成初期,因受19世纪欧洲语言学研究传统的影响,将理论探讨和原始事实的发掘与描写紧紧地结合在一起。包括Sapir和Bloomfield在内的元老人物,都不愿说他们研究工作的唯一目的就是发展新的语言学理论。他们发表的论文从内容上来看主要分为两大类,一类描写印第安土著语言或其他罕见语种,一类解析历史比较语言学中的具体问题。专门以理论上"出新"为目的而作的论文实不多见。1939年,美国语言学会举办讲习班,邀请Bloomfield和Sapir讲课,课题自选。结果,Bloomfield讲了Algonquian语比较研究,而Sapir则讲了Tocharian(吐火鲁)语和闪语中的一些问题。从整体上来看,Bloomfield和Sapir的研究重点是音位学、形态学和历史比较语言学,并不是句法学。从他们各自的代表作Bloomfield(1933)和

Sapir（1925）中句法部分所占的篇幅上，可以看出他们对句法问题并不看得太重，所用分析方法也还相当简单粗糙。但是，不可否认，同Saussure相比，Bloomfield和Sapir对于句法问题重视多了，尤其是Bloomfield，在他的论著中为句法研究开辟了一块正式的园地。美国结构主义学派进行包括句法分析在内的语法研究时最常用的直接成分（immediate constituents 简称IC）分析法，就是由于Bloomfield的宣传和实践，才得以在美国语言学界流传，成为广泛运用的描写工具。

自觉地将理论探讨作为自己的主要使命或唯一使命，是布龙菲尔德之后学派区别于前期学者的一个重要特征。自1940年代起，以布龙菲尔德之后学派为主体的美国语言学界意见渐渐趋向一致，认为语言学研究的主要目的，就是建立一个能够说明语言结构特征的描写模式，该模式必须具有普遍意义，并且在表现方式上必须十分明确（explicit）。在许多人眼里，衡量一个模式明确与否的标准是视其形式化程度的高低。布龙菲尔德之后学派中，相当多的人几乎把精力完全放在研制一套符合标准的描写方法，或称描写模式。大学聘请这类语言学家任教，并不是看重他们对某一种或几种语言的具体知识，而是欣赏这些人的理论水平，在当时来讲，就是看重他们手中掌握的一套语言分析方法，利用这套方法，可以描写古往今来的所有自然语言。同前期相比，后期学者的论著开始有意识地追求理论上的出新，而不是原始事实的发现。他们的论文有时也讨论具体的语言事实，但着眼点却是理论阐述，语言事实只是用作辅助性的证据而已。甚至有人完全利用别人现成的语料，换个表现方法，借以试验各种结构模式。在这种学术气氛的笼罩下，由于目标明确，力量集中，布龙菲尔德之后学派在这期间内取得了很显著的成绩。研究范围扩大了，1940年代开始，描写和分析的对象从音系扩大到了词法，后来又扩大到句法，甚至涉及话语。研究方法成熟了，提炼出不少行之有效的分析方法和结构模式，并且总结出了一些带有普遍意义的理论原则。所有这些，都为句法分析在1950年代末和1960年代进入一个蓬勃发展的新时期奠定了必要的基础。参见 Hymes & Fought（1975）。

下面，我们详细讨论美国结构主义学派进行句法分析时所依据的理论原则和由此衍生的具体方法。

上面说的直接成分是该学派最重要的理论概念。词或语素相合而造成结构，结构与结构相合而造成更大的结构，如此层层向上，最后构成复杂的话语。结构的组成部分叫作成分，低层结构本身又是高层结构的成分。所谓直接成分，指的就是直接相合构成上面一层结构的两个或两个以上的组成部分。句法分析的过程，主要就是确定各个层次上的直接成分的过程，确定直接成分如何逐层组合为更大的结构，描写直接成分之间的各种关系，同时，也附带分析一些非直接成分之间的关系。这种研究方法，称作直接成分分析法，它是美国结构主义学派进行句法分析时采用的主要研究方法。

为了确保在各个层次的结构体中准确无误地切出有关直接成分，大家试探了许多操作程序。到目前为止，虽然还没有发现一套理想的控制方法可以解决所有的切分问题，但就陆续提出来的几套标准来看，有一些作用还是相当大的。下面，我们略加说明。

首先谈语法标准。这是直接成分分析法所依靠的主要标准，其中最重要的当推替代法。由 ABC 三个成分构成的结构里，如果 AB 能用 D 替换，所得 DC 与 ABC 功能相同，则 ABC 的直接成分应为 AB 和 C。例如，"我们马上就去"，其中"马上就去"能用"去"代替，所得"我们去"在功能上与"我们马上就去"相同，因此，可将原句切分成"我们｜马上就去"。

其次有概率法。在其他条件相等的情况下，所得组合使用范围较广的两个成分有较大可能属于同一层次。例如，ABC 三个成分中，如 AB 的使用范围和出现频率超过 BC，则 ABC 切分为 AB｜C 的可能性较高。

虽然从理论上来说语义和语音标准不能用作切分的主要依据，但是，它们对语法标准起着重要的辅助作用，意义标准规定，切出的直接成分各自必须具有意义，例如，"他就来"应为"他｜就来"，而不会是"他就｜来"，因为"他就"没有意义。另外，直接成分彼此在意义上必须可以搭配，所得意义等于原组合的意义。例如，"一片大好形势"应为"一片｜大好形势"，"一片大""好形势"虽然都有意义，但彼此在意义上无法搭配,所以不可能是直接成分。语音标准则包括停顿的位置、重音的配置以及语调的类型,等等。这些标准本身并不足以保证我们得到满意的切分,但是,它们配合语法标准一起使用,其辅助作用必不可少。

同样的成分由于组合层次不同而造成的歧义结构,利用直接成分分析法可以得到较好的说明。例如,"几个纺织厂的工人",可以是"几个纺织厂的 | 工人",也可以是"几个 | 纺织厂的工人"。"研究整理古籍",可以是"研究整理 | 古籍",也可以是"研究 | 整理古籍"。

对语句进行句法描写时,除了最基本的直接成分结构,又称层次结构(hierarchical structure)以外,还有其他三个方面的因素需要考虑。它们分别是:1)形式,2)语序,3)语法关系。

"大黑狗咬了小明"不同于"大黑狗咬着小明",差别在于动词"咬"后面的词语形式不同。

"大黑狗咬了小明"不同于"小明咬了大黑狗",差别在于"大黑狗"和"小明"在动词前后的语序不同。

"炒年糕"是个歧义结构,造成歧义的原因不在于直接成分的切分而在于"炒"和"年糕"之间的语法关系。两者可以是述宾关系,如"他正在炒年糕呢",也可以是偏正关系,如"他最爱吃炒年糕"。

除了上面这种显性语法关系,有时还必须考虑到隐性语法关系。"鸡不吃了"是一个有歧义的结构,直接成分"鸡"和"不吃了"显性语法关系是主谓关系,而从隐性语法关系上来看,则可以是施动关系,意为"鸡不吃食了",也可以是受动关系,意为"不吃鸡了"。涉及隐性语法关系,同语义分析的联系就益发密切了。有关句法分析和语义分析的关联,我们另文讨论。

结构的组织方式称作为结构模式,出现在同一结构模式中,基本上可以相互置换的各种成分称作为成分类别。基本结构模式和成分类别构成句法的基本单位。

美国结构主义学派,尤其是布龙菲尔德之后学派,多年孜孜以求的就是发现一套分析方法,或者说是分析程序,遵照这套程序亦步亦趋地去做，便能够从一堆原始语料出发，依次得出下面四个平面的结构描写：

  音位平面

  语素平面

  句法平面

  话语平面

这一学派的语言学理论，集中地表现为具备这种功能的一套语言描写和分析方法，或称描写模式。他们对于句法分析所做的最大贡献，就是将音位分析和语素分析中行之有效的方法，做必要调整后用于描写句法平面，以确定上面所讨论的各种句法单位和句法关系。

  根据 Hockett(1954)的观点，理想的模式应该符合五条标准：

  1）必须具有普遍性（general），即不仅适用于某些类型的语言，而且适用于所有的语言；

  2）必须具有特定性（specific），运用该模式分析一种语言以后会得出什么样的描写结果，完全取决于该模式的性质和分析对象的性质，不能由分析者主观随意决定；

  3）必须具有包容性（inclusive），用来分析一种语言时，所得结果不仅仅能够概括所有已经观察到的语料，而且能够适用于大多数尚未观察到的语料；

  4）必须具有能产性（productive），可以根据所得结果造出无数新的合法的语句；

  5）必须具有高效性（efficient），用最少的步骤，便能得到所需的结果。

  美国结构语言学派之前的传统语法中，有所谓的词和词形表（word and paradigm）模式。美国结构语言学派于本世纪上半叶创建的模式中，较重要的有项目与配列（Item and Arrangement 简称 IA）模式和项目与过程（Item and Process 简称 IP）模式。用 Hockett 的五条标准来衡量这三种模式处理句法平面的效果，没有一种是完全令人满意的。

  词和词形表模式将所有形态相关的词语罗列在一起，排成词表，不加或少加概括或说明。这种模式资格最老，在语言教科书里十分普遍，尤其常用来处理不规则变格变位现象。例如，在动词 to be 项下附有词形表，罗列各种变化形式（如 is，am，are，was，were...），以供学习者死记硬背。理论语言学家通常对这种模式不太重视，认为它缺乏概括性，无法揭示语言结构内在的规则。但近年来随着词库（lexicon）在各种语言理论模式中所居地位的不断提高，人们对这种模式的兴趣正渐渐转浓。

IA 模式的基本思想出自 Bloomfield，后由 Harris、Bloch、Hockett 等人做了进一步的充实和改进。IA 模式将所有结构都看成是由两种或两种以上的成分排列而成，这里所说的成分可以有很多种类，包括语素、词、短语等各个层次上的语言单位。各种成分根据其语法特点而分属某个成分类别（constituent class），描写语句结构，就是描写这些组合成分以及之间的配列关系。例如，worked 这个英语动词过去式就是由词根 work 加词缀 {-D} 构成。

IA 模式又有两个变式，一个称作为次选择模式（subselection model），另一个称作为调整模式（adjustment model）。次选择模式对语言结构进行描写时，先说明如何从有关成分类别中各选择一个语素担任直接成分，然后从属于同一语素的几个语素变体中再次进行选择。例如，表示过去式，选择语素 {-D}，该语素包含几个语素变体 /-d/、/-t/、/-ɪd/，在另一个直接成分为 work 的情况下，再选择其中的 /-t/。

在调整模式中，各个语素都有一个基本形式，如过去式语素 /-d/，同另一个直接成分构成结构段时再根据有关语素音位规则（morphophonemic rule）做适当调整，在 work 后，/-d/ 调整为 /-t/。

IP 模式主要由 Sapir 提出，后期 Paul Newman、Mary Haas 等人又对它做了一些补充和修改。IP 模式把一些形式看作为基本形式，另一些形式看作为经过某个过程得来的派生形式，基本形式是派生形式的直接成分。例如，walk 是基本形式，英语语法中有一个过程叫作过去时构成（preteritization），基本形式经过过去时构成，便得到派生形式 walked。IP 模式概括一种语言的结构模式时所用的办法是列举各种过程，并在各种过程的项下列举涉及的各个位置，列举出现在每一个位置上的词根，并且列举能使各种形式在该位置上出现的各种变化。IA 模式中的结构关系，在 IP 模式中由各种变化来体现。例如，有两个词 John 和 saw，如在 IA 模式中为主谓关系，在 IP 模式中则由一种变化"述谓"（predication）来概括，在"述谓"项下，两词的排列顺序只能是 John saw。动宾关系在 IP 模式中由变化"支配"（resolution）概括，排列顺序是 saw John。所有这些都是由该模式事先规定的。

IA 和 IP 两种描写模式都有前面说的五个方面的某些优点，同时也都有自己的缺点。各种模式都有使用起来最方便的场合，又都有显得笨拙和累赘的时候。例如，IP 模式处理不规则动词如 run~ran 时非常有效，但碰到规则动词如 walk~walked 在表述上又显得啰唆。而 IA 模式在这儿情况正好相反。两种模式在普遍性等方面不尽如人意之处还是比较多的。

这两种描写模式在美国结构主义学派中的影响互有消长。1930 年代和 1940 年代，用得最为普遍的是 IA 模式。其中的一个重要原因是 IA 模式的形式化程度较高。到了 1950 年代，IA 模式的缺陷暴露得比较明显，人们在多方另辟蹊径的同时，对 IP 模式又渐生好感。IP 模式中的一些原理在转换规则的外壳里得到了充分的发挥。

讨论句法分析理论和方法在美国结构主义学派的努力下所取得的进展时，不能不详细介绍在这个过程中起了十分重要作用的 Zellig Harris。布龙菲尔德之后学派的研究特色，在 Harris 身上得到最充分的体现。

前面谈到，美国结构主义语言学派的着力点，是确定一套精确的、一步不逾的语言描写方法。Harris 把这种思想发挥到淋漓尽致的地步。描写模式的形式化也在他手里被提高到一个空前的高度。同时，他开拓了研究领域，把句法全面纳入他的描写和分析范围，并进而向话语平面发展。在原有描写手段不敷使用的情况下，他又引进了新的转换方法。Harris 的学术思想和研究方法，对当时和后代都产生了很大的影响。

Harris 的代表作《结构语言学方法》（*Methods in Structural Linguistics*）成书于 1946 年，时二次大战方息，缺乏出版资金，延至 1951 年才出版。书中展示了一整套语言分析的操作方法，利用这套方法进行机械式操作，就能从一堆语料出发渐次对音位、语素、句法和话语四个平面进行分析，辨析各个平面上的结构单位和结构关系。当时美国语言学界将这类描写方法称作为发现程序（discovery procedure）。很多人认为，如果计算机上配备了一套这样的程序，那么，一种语言的语料从机器这头进去，它的语法描写便能够从那头出来。Harris 研制的描写方法最大的特点就是高度的形式化，即数学符号化。《结构语言学方法》一书满纸数学符号和运算程式，与同类著作中的文字表述迥然相异。当时的风尚，就是在设立描写模式时追求机械式的谨严，而形式化成了一个公认的衡量标准。如 Hockett 所述，这种做法的本意，是想尽量排除描写分析工作中人的主观随意性。与同时代语言学家相比，Harris 在形式化方面走得最远，做得也更为地道。无怪乎 Harris 该书出版后，博得美国结构语言学界一片赞扬之声。普遍认为，Harris 已经为大家提供了一套十分精密严谨的描写工具，余下的事是怎么去付诸实践了。

这套方法确实有许多人叫好，但并不盛行。因为 Harris 企图完全排斥语义在结构描写中的作用，结果整套方法显得既抽象又繁琐，真要用来分析自然语言会碰到许多麻烦，因而实际上没有什么人采用 Harris（1951）的全套模式去研究实际语言。人们称赞这套体系，实际上是在追求语言结构描写形式化给予的一种美学的满足。Harris 研制的系统代表了当时所能达到的最纯正、最完整的程序，至于是否合用，那是另外一回事。

高度重视句法分析，是 Harris 有别于同代学者的又一特点。自 1940 年代起，美国结构主义学派的研究范围逐渐由音系扩大到语素，但真正把句法作为语言结构分析一个不可或缺的部分，则自 Harris 开始。结构主义学派研制的描写模式中，各种语言单位的分布状况是进行音位分析和语素分析的基础。Harris 将研究范围扩大到句法和话语平面后，逐渐发现，仅靠原有的描写手段无法胜任句法分析和话语分析工作。音位和语素的变体毕竟数目有限，查清它们在语料中的分布状况并不是件太复杂的工作。但是，同一句句子在表层话语中可以有多种表现形式，例如"小王打伤了小李"还可以有下面种种说法：

小王把小李打伤了。
小李被小王打伤了。
小王打伤的是小李。
打伤小李的是小王。
被小王打伤的是小李。
小李是被小王打伤的。
……

这些句子各自可以有形形色色的分布语境，单靠分布状况确定这些句子的相关性恐怕很难奏效。Harris从IP模式中汲取灵感，提出了转换规则的概念。在IP模式中，基本形式经过过程变化得出派生形式。Harris将一类句子定为核心句，核心句经过转换而得出派生句。仍以上面的句子为例，"小王打伤了小李"是核心句，经过"把"字句转换而得到"小王把小李打伤了"，经过被动式转换则得到"小李被小王打伤了"，其余类推，核心句和派生句之间的关系有如基本形式walk和派生形式walked之间的关系。后一种场合，有一个过去时构成过程在起作用，将walk变成walked。前一种场合，有各种转换规则在起作用，将核心句转换成派生句。Harris就是用这种方法，来统摄有关句子之间的联系。

Harris于1960年代进一步充实了他的理论构想，正式提出一个新的、比较完整的句法分析模式，称作为"语符列理论"（String Theory）。他根据这套理论，把句子分解为一个中心语符列（center string）和数个附加语符列（adjunct string）。附加语符列依附于中心语符列或其他附加语符列。Harris发现，句子或者附加语符列的中心语（head），本身又可以构成一个句子或附加语符列，其出现语境与原句或原语符列的出现语境有密切关系。两种语境可以相同或十分相近，例如"天黑了，我慢慢地走回家去"，"我走回家去"是"我慢慢地走回家去"的中心语，出现语境与原句相同："天黑了，我走回家去"。Harris认为，他的语符列理论，能够对这类现象做出圆满的说明。另外，他早期提出的转换规则也被纳入他的新理论模式之中。他把句子分为句子和操作（operation），即转换，两个部分，转换规则能把句子分解为更基本的初级句（elementary sentence），以此说明相关句子之间的有机联系。参见 Harris(1962，1965)。

Harris 围绕《结构语言学方法》提出的一系列理论观点和方法，在当时受到普遍的重视。Harris 的学生 Noam Chomsky 在创建后来在语言学领域里导致一场革命的转换生成语法的过程中，也从老师那儿得到借鉴。"转换"这个术语，就是直接来自 Harris，但是，由于各种原因，Harris 于 1960 年代提出的语符列理论，却被理论语言学界完全冷落在一边。不过。这套模式在计算语言学界却颇受欢迎。原因是这套分析方法将注意力集中在表层语句，为描写表层句法结构提供了很好的框架。对相互间有密切关联的语句，该模式有相应的处理手段，从而使它具备相当强的描写和概括能力。

3. 转换生成语法学派

到了 Chomsky，句法分析进入了蓬勃发展时期，分析对象、分析手段、分析目的以及句法分析在整个语言研究中所占的地位，都经历了巨大的变化。

Chomsky 是 Harris 的学生。Harris 写《结构语言学方法》时，Chomsky 还不到 20 岁。Chomsky 的父亲同 Harris 既是同行，又有私交。父亲把儿子托付给 Harris，Harris 交给他做的第一件事就是校阅 Harris（1951）的校样，Chomsky 作为语言学家的生涯于是开始。正是由于此人的天才思想和不倦努力，句法分析正式取代了以前音位分析和语素分析的地位，成为现代语言学理论研究的中心。

Chomsky 认为，人类语言的最大特点就是它的创造性。人们能够说出以前从来没有说过的句子，能够听懂以前从来没有听过的句子，能够分辨歧义句、同义句等。造成这种现象的原因是人们拥有与生俱来的语言能力。语言研究的目的，在于揭示人们的这种语言能力。以前的语言学研究旨在描写一段一段的语流，在 Chomsky 看来，这是选错了研究目标。语言学家面对的实际语料，是人们运用语言能力造成的结果。在语言运用的过程中，不可避免地会受到非语言因素的干扰、影响和限制，所得结果自然夹杂了许多不反映语言本质的现象。如果语言学家将自己的工作限制于描写这一类语料，那便无法说明语言的本质，无法解释作为创造性源泉的人类语言能力。

必须指出，区分语言能力和语言运用，并且主张将语言能力作为语言学研究的主要对象，这样的学术观点并非 Chomsky 首创。在此之前，德国语言学家 Wilhelm von Humboldt 和 Saussure 早就明确地提出过类似的主张，虽然侧重点稍有不同，但基本原则是一样的。另外，语言能力与生俱来这样的命题，在西方思想史上也早有论述。至于语言理论必须能够说明人类语言的创造性，则 Hockett 于 1954 年提出的衡量语法模式是否理想的五条标准中，第四条有关能产性的要求已经明白无误地设下了这方面的规定。Chomsky 的实质性贡献在于：1）他选定句法作为实践他的理论构想、达到他最终目的的研究领域；2）他创建了转换生成语法，作为表现语言能力的有效工具。

Chomsky 之前的美国结构语言学界，热门领域是音位分析和语素分析，至于句法研究，虽然有布龙菲尔德之后学派中的一些人，尤其是 Harris，做了一些拓荒性的工作，但局面没有展开。Chomsky 的崛起，改变了这种局面。Chomsky 的两部成名作是《句法结构》（1957）和《句法理论要略》（1965），从书名可以看出，他毫不犹豫地以句法分析作为阐述自己理论主张的主要途径。他认为，人类语言的创造性特征，在句法方面表现得最为显著，句法分析可以揭示语言能力中负责句法结构的那一部分知识，确定它的表现形态和组织原理；如果能够成功地完成这项任务，那便为全面阐释语言能力打下了坚实的基础。

经过以 Chomsky 为首的美国转换生成语法学派近 30 年的努力，尽管在基本理论和具体技术问题上仍然存在着很大的分歧，但是句法分析在语言研究中占据着一个极其重要的地位，句法分析应该以语言能力为主要研究对象，这些思想无疑已经成了大多数当代语言学家的共识。一本初版于 1970 年代末，至今仍十分流行的语言学教科书，对于句法和句法分析做了如下的定义：

"操一种语言的人能辨认出自己语言中合乎语法的句子，并且知道在合乎语法的句子中语素必须遵循的排列方式。所有说话人都能说出或理解无数以前从未说过或听过的句子。他们也能够辨别歧义，能够知道哪些句子虽然形式不同，表现的却是相同的意义，并且能够正确无误地识别句子中的语法关系。所有这类知识，以及其他更多的知识，都由语法中的句法规则部分加以说明。"
（Fromkin & Rodman，1983：238）

　　对比 Gleason（1961）对句法分析的定义，可以体会这二三十年来，围绕着句法分析的问题，语言学界经历了多大的思想转变。

　　Chomsky 的又一重要贡献是创建了以句法分析为核心内容的转换生成语法，并主张以此为模式，表现人们的语言能力。顾名思义，转换生成语法有两个特点，一是转换，一是生成。我们先来讨论生成的概念。

　　"生成"这个词是 Chomsky 从数学中借来的，用以指称他创建的语法模式。这完全是一个数学领域中的概念。兹举例说明。有函数式 X^2+1，X 可以在自然数集合 {1，2，3，4，5...} 中任意取值，得到一个相应的自然数集合 {2，5，10，17，26...}，在这种情况下，我们说公式 X^2+1 生成自然数 {2，5，10，17，26...}。X^2+1 所能生成的自然数是无穷无尽的，因为 X 取值为任何自然数 n，都存在着另一个自然数 n^2+1。但是，并非所有的自然数都在 X^2+1 生成的自然数集合之中，如 {3，4，6，7，8，9，11...} 就不属 X^2+1 生成的自然数之列。所有由 X^2+1 生成的自然数构成一个完美定义（well-defined）的类。就 X^2+1 而言，某个自然数如果能由该公式生成，我们称之为完美形式（well-formed）成分，如果不能由该公式生成，则称之为非完美形式（ill-formed）成分。拿上面的例子来说，2、5、10 等是完美形式成分，3、4、6 等则是非完美形式成分（参见 Wall 1972）。

　　Chomsky 认为，生成这个数学概念正好可以借用来描写人们在语言能力方面表现出来的创造性。人们能说的句子是无穷无尽的，但是并非所有的语素排列都是合语法的句子，有的排列能说，有的排列不能说。Chomsky 提出，合乎语法的句子也是一个完美定义的类，与上述由

X^2+1 生成的自然数集合相似。语言学家的任务，就是找出类似函数式 X^2+1 这样的规则系统，它能生成所有合语法的句子，而将不合语法的句子全部排除在外。

给定一个函数式，某个自然数是否可以由它生成，是能够推衍出来的。同理，给定一套规则系统，也能判断某个语素排列是否是全体合语法句集合中的一个元素。在前一种情况下，我们拿有关自然数代入该公式，检验能否生成一个与受测数配应的数字。在后一种情况下，我们利用有关规则进行各种推衍，检验能否生成一个与受试句配应的句子。如果得到成功，则将推衍过程赋予受试句，作为后者的结构描写。能由这套规则系统生成的句子称作为完美形式句，否则称为非完美形式句。具有这种功能的规则系统，我们称之为生成语法。作为理论语法模式，生成语法必须能够生成一种语言中所有合乎语法的句子，而且只生成合乎语法的句子，将不合乎语法的句子全部排除在外，同时赋予所有生成的句子结构描写。由此可见，生成语法的功能，就是以数学方法，严谨地规定和描写一种语言中无穷无尽的合乎语法的句子。具备这种功能的语法，一定是一种高度形式化的公理规则系统，即一般所说的形式语法。

Chomsky 提出用生成语法描写人的语言能力时，有几种现成的生成语法模式可供他选择。Chomsky（1957）考察了有限状态语法（finite-state grammar）和短语结构语法（phrase structure grammar），结论是它们都不够理想。

Chomsky 先研究了有限状态语法。这是通讯工程中的一个理论模式。从起始状态开始，经过一连串状态转换，最后到达终止状态。每经过一个状态转换都产生一个词。由于闭合循环（loop）的作用，有限状态语法能生成无限多的句子，同时赋予结构描写。但是，自然语言中存在着嵌套结构，试以下面三组句子为例：

（ⅰ）If S_1, then S_2

（ⅱ）Either S_3, or S_4

（ⅲ）The man who said S_5 is arriving today

其中，逗号两边的成分有依存关系，如 if-then, either-or, man-is。如果将（ii）代入 S_1，将（iii）代入 S_3，便得到：

If, either(iii), or S_4, then S_2

这样，相互间有依存关系的成分便被嵌套成分隔开，造成镜像（mirror image）结构：

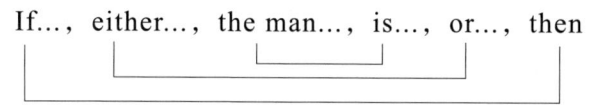

If..., either..., the man..., is..., or..., then

这样的结构中，依存关系呈镜像存在于非相邻成分之间，哪怕中间隔着许多层次的嵌套结构。尽管如此，人们还是知道哪些成分之间有依存关系，哪些成分之间没有依存关系。有关这方面的知识是人们语言知识的一部分，而有限状态语法只能由左到右地处理单一平面上的成分，无法表现这方面的知识，因此，不适宜用作表现人们语言能力的理论模式。

Chomsky 接着讨论了以直接成分分析为基础的短语结构语法。有限状态语法束手无策的地方，对于短语结构语法来说却是不成问题。例如，简单两条短语结构规则便能说明上面谈到的镜像结构：(i) S →（S）；(ii) S → X。但是，单靠短语结构语法生成所有的合语法句，就英语来说，虽然不是办不到，但果真照此办理，则整个句法模式会变得极为复杂和累赘，不具科学分析应有的概括特征。为了对付一些特殊的结构，无论它们与其他结构有无内在联系都需要专门加上许多并无普遍意义的短语规则。采取这种因神设庙的做法，显然无法使语法描写达到以简驭繁的目的。另外，有许多句子，表层结构相异，但语义关系密切，如主动句和被动句，肯定句和否定句，等等。在短语结构语法中，都只能把它们看作互不相关的句子，由数套不同的规则生成。这样的语法模式显然内藏着许多描写上的浪费。Chomsky 最后的结论是，短语结构语法无法满足切应性（adequacy）条件，不是理想的生成语法模式。

指出现有模式的不足之处以后，Chomsky 提出了他自己主张的转换生成语法。

转换一词也有多种定义。自然语言中有很多句子表面形式不同，但语义上有紧密联系，或者是表面形式相同，但语义上差别很大。为了解释这种现象，一些语法模式在生成句子时分两步走，先由基础规则生成底层结构，再由另一套规则作用于底层结构，得到表层结构。一般说来，第二套规则便称作为转换规则，设有这种机制的语法模式，我们称之为转换语法。

Chomsky 的语法模式兼有转换和生成两种性质，最早由《句法结构》一书提出的模式共有三个部分：

Σ: Sentence:

$F: X_1 \rightarrow Y_1$
$\quad\ \ \vdots$ } 短语结构，由短语结构规则生成
$\quad X_n \rightarrow Y_n$

T_1
$\ \vdots$ } 转换结构，由转换规则生成
T_j

$Z_1 \rightarrow W_1$
$\quad\ \ \vdots$ } 语素音位部分，由语素音位规则生成
$Z_m \rightarrow W_m$

短语规则生成底层终端语符列（underlying terminal string），其数目有限。转换规则分强制性和随意性两种，将底层终端语符列转换为其他形式的语符列，然后再由语素音位规则将所得到的语符列转变为音位序列。

　　实际上，我们不难看出，Chomsky（1957）创建的转换生成语法模式中的三个部分，没有一个是 Chomsky 的专利品。短语结构规则是离散数学形式语法理论中的现成概念，Chomsky 之前已经有人将它移用于自然语言分析。Chomsky 所做的是大大限制这些规则的应用范围，而将生成全部合语法句这项工作的很大一部分移交给语法模式中的其他部分去完成。转换规则是从 Harris 那儿借用来的，语素音位规则则是 IA 模式中的常规工具。Chomsky 的独特贡献是将三部分结合在一起，构成一个完整的语法模式，并赋予它一个具有特殊意义的功能——表现人们的语言能力。

30年来，Chomsky 的学术思想几经演化，其转换生成模式也屡有修改。他在新著（Chomsky 1986a，1986b）中向外界展示的理论模式，同 Chomsky（1957，1965）相比，几乎是面目全非。与此同时，在 Chomsky 语言学思想的推动和刺激下，理论语言学界出现了一个学派蜂起、异彩纷呈的局面。有关 Chomsky 本人提出的转换生成语法理论所经历的嬗替演变，以及各家各派的异同，我们另文分析。

句法分析发展到转换生成语法阶段，可以说是进入了它的巅峰时期。它获得了一套精确的形式化的描写手段。不仅如此，它在整个语言学研究中的地位也被提升到一个前所未有的高度。Chomsky 之前，为了构筑一个能全面说明语言结构特点的模式，语言学家们四处探索，甚至把注意力扩大到人格、文化模式、行为规范、通讯交际等各个方面。而 Chomsky 在 Harris 的影响下，独独把主要精力放在句法分析方面，通过探索这个以前被许多人忽视的领域，揭示语言的本质。另外，Chomsky 提出，生成语法模式所展现的句法规则，应该提到人类语言共性的角度加以认识。尽管自然语言中的词语从单纯排列组合的观点来看可以有无数的可能性，但只有其中的一部分是合语法句，如果成功地建立一个生成一切合语法句而将不合语法句排除在外的生成语法模式，那便有力地证明人类语言在句法结构方面具有共性——合语法句都可以由某种生成语法模式加以描写和说明。

4. 结语

80年来，句法分析从语言研究的边缘，进入了无可争议的中心，这反映了现代语言学取得的巨大进步。在这个过程中，美国结构主义学派，尤其是布龙菲尔德之后学派，为以后的飞速发展奠定了比较坚实的基础。但是，做出关键性贡献的还是转换生成语法学派的创始人 Chomsky。他提出以探索人的语言能力作为语言学研究的主要目标。研制转换生成语法作为表现这种能力的理论模式，同时选定句法作为实践其理论主张的最佳领域。他崭新的思想和不倦的实践，给了语言学界极大的启发与刺激，直接促成 1960 年代和 1970 年代语言学研究的一片繁荣。

  Chomsky 在句法研究上所取得的成就，其意义远远超出句法领域本身。它以辐射形式激发了许多语言学研究部门的活力，并且开辟了许多新的研究领域。随着转换生成语法理论的不断发展，句法同语义的分界与联系，句法同语用-话语的分界与联系一个个地被提到研究日程上来，并且取得可喜的研究成果。正是在这个意义上，我们说句法分析成了当代理论语言学研究的核心。

参考文献

Bloomfield, Leonard. 1933. *Language*. New York: Holt.
Chomsky, Noam. 1957. *Syntactic Structures*. The Hague: Mouton.
Chomsky, Noam. 1965. *Aspects of the Theory of Syntax*. Cambridge: The MIT Press.
Chomsky, Noam. 1986a. *Knowledge of Language*. New York: Praeger.
Chomsky, Noam. 1986b. *Barriers*. Cambridge: The MIT Press.
Fromkin, Victoria and Robert Rodman. 1983. *An Introduction to Language*. New York: Holt, Rinehart and Winston.
Gleason, Henry Allan. 1961. *An Introduction to Descriptive Linguistics*. New York: Holt Rinehart and Winston.
Harris, Zellig. 1951. *Methods in Structural Linguistics*. University of Chicago Press.
Harris, Zellig. 1962. *String Analysis of Sentence Structure*. The Hague: Mouton.
Harris, Zellig. 1965. Transformational theory. *Language* 41(3):363-401.
Hockett, Charles. 1954. Two models of grammatical description. *Word* 10:210-234.
Hymes, Dell and John Fought. 1975. *American Structuralism*. The Hague: Mouton.
Sapir, Edward. 1921. *Language*. New York: Harcourt, Brace.
Saussure, Ferdinand de. 1916. *Course in General Linguistics*. New York: McGraw-Hill, 1966.
Wall, Robert. 1972. *Introduction to Mathematical Linguistics*. Englewood Cliffs: Prentice-Hall.

（本文原载《外语教学与研究》1988 年第 2 期。）

话语分析说略

提　要　话语分析（discourse analysis）是一种语言研究方法，自1960年代末、1970年代初以来，日益受到国际语言学界的重视。话语分析的最大特点，就是紧紧结合语言的实际应用，探索语言的组织特征和使用特征，同时，从语言的交际功能和发话人与受话人双方的认知能力等角度出发，对有关特征做出合理的解释。

关键词　句法与话语　计算机自然语言处理　语境　篇章结构

　　结合实际应用来研究语言，这在心理学、社会学、修辞学、文艺批评等涉及话语篇章的学科中，是一种具有悠久传统的研究方法。在很多情况下，话语分析是解决问题的唯一研究途径。在纯语言学（linguistics proper）研究中，这种分析也有先例可循。1920年代崛起于欧洲的布拉格学派一直以其注重语言的交际功能而著称于世。这个学派的代表人物如V. Mathesius等人敏锐地抓住话语传递连续信息的特点，根据句子成分负载话语信息的典型格局，把句子分为主位（theme）和述位（rheme）两大部分。一般情况下，主位在前，标明发话人待传信息的出发点，述位在后，代表发话人对主位部分所做的评述。这种以信息传递功能为着眼点，把句子分成两大块的分析方法，又称作为"句子的功能视角"（Functional Sentence Perspective），最鲜明地体现了布拉格学派在句法研究上的特色。

　　英国现代理论语言学的奠基人J. R. Firth也高度重视结合语言的实际应用来研究语言。他多次强调，语言从本质上来看是一种行为，因此，语言学家必须把语言置于实际使用环境之中，研究话语的生成与理解过程，这样才能把握语言的实质。不过，Firth本人在这方面说得不少，做得却不多，他的许多主张主要是通过他的传人M. A. K. Halliday

的大力实践才得以流传开来。Halliday 创立的系统功能语法（Systemic Functional Grammar）把语言的语法特征与功能特征有机地结合在一起，在对语言事实的描写广度和解释深度方面，超过了许多同类的语法理论。参见 Halliday(1985)。

结构主义美国学派也做过一些话语分析工作。L. Bloomfield 本人对他加禄语（Tagalog）的篇章结构做过比较详细的调查，布龙菲尔德后学派的 Zellig Harris 于 1952 年发表了一篇专论话语分析的文章，目的是把替换和分布那一套方法用于比句子大的篇章材料，试图比照音位、语素等，找出话语平面上的类似结构单位，从而确定篇章的结构组织（参见 Harris 1952）。不过，Harris 的尝试进展不大。主要原因是那套方法本身具有较大的局限性。不积极利用语义因素，分析单句尚且费力，要研究主要是依靠语义关系联为一体的话语段落，就更难奏功了。

以上谈到的学派或人物所从事的话语分析工作，虽然也取得了高低不一的成就，但是，就 1970 年代以前国际语言学界的主流来看，话语分析方法被淹没在崇尚机械式操作、脱离上下文对孤句进行研究的大潮之中。这股大潮的源头起自 Saussure 创建的结构主义理论。Saussure 主张明确区分语言和言语的观点，对本世纪语言学理论的发展有着深刻的影响。自 Saussure 以后，一个普遍流行的观点认为，话语中包含了大量的与语言本身无直接关系的因素，语言是可以脱离使用环境独立存在的实体，要掌握语言系统中各个组成部分的性质及其相互关系，可以把句子从实际应用环境中抽象出来进行研究。这种看法是否符合 Saussure 的原意，语言学界仍有不同意见，限于篇幅，本文暂不讨论。

自 1960 年代末开始，话语分析的重要价值逐渐为越来越多的语言学家所认识。许多人开始有意识地摒弃脱离语境以孤句为唯一分析材料的语言研究方法，转而结合语境研究"活"的语言。语言学家们的大量实践，不断地充实和发展了话语分析的理论与方法。在今天，话语分析已经卓然成为一种有系统、有理论、有广泛应用领域并且已经取得了可观成果的语言研究方法。许多重要的国际语言学刊物和国际语言学会议论文集，都经常登载话语分析的研究报告，以及对话语分析这种研究方法本身进行理论探讨的论文。不止一家出版社推出了话语分析研究的丛书。这一领域里的专著已经出了好几十种。

话语分析这段时期发展迅猛，主要是来自两个方面力量推动的结果。一股力量源出理论语言学内部，1950年代起理论语言学自身的发展演变，势所必然地导致话语分析方法受到更多的语言学家的高度重视。另一股力量来自同语言学密切相关的一些交叉学科研究领域，主要是计算机自然语言处理领域对语言学研究提出的要求。出于解决实际问题的需要，越来越多的语言学家投身到以前为大多数人所忽略的话语分析工作之中。

先说第一方面的推动力量。1950年代末和1960年代初，以美国的Chomsky为主帅的转换生成学派在同当时雄踞欧美语言学界的结构主义学派的论战中一步一步地占得上风，赢得越来越多的语言学家，尤其是少壮语言学家的青睐。1965年，Chomsky正式出版了《句法理论要略》(Aspects of the Theory of Syntax)，1968年Chomsky和Halle合著的《英语音系》(The Sound Pattern of English)定稿付印。这两部大著的出版，标志着转换生成学派正式取代了结构主义学派，成了语言学论坛上的主导力量。从某种意义上来说，这是一场库恩（Kuhn）理论中所说的范式革命。语言学界的指导理论、主要研究方法以及热门研究课题，大都经历了急剧的变化和更新。以前认为语言学的研究对象是具体的语言，现在则认为应该是人类有别于其他动物的、与生俱来的语言能力。因此，为描写具体语言而研制出来的一整套语言分析方法，包括切分、替换、分布等原则，以前被认为是代表了整个语言学理论的实质，现在则被不无讥消地比作为家庭主妇的烹饪指南，而布龙菲尔德后学派的语言学理论也由此获得了一个"菜谱语言学"的绰号。不敬之词，随处可见。以前大家倾注了巨大的热情反复讨论辩难的问题，到了现在，则大都弃若敝屣。与结构主义学派在这场动荡中的衰微成鲜明对照的是转换生成学派的影响日益强大。《句法理论要略》一书被许多语言学家奉为圣经，成了多数语言学系学生的必读书。在句法、语义、音系等问题上，Chomsky的几乎所有观点都得到人们的高度重视，以麻省理工学院为中心的一批语言学家，所有的精力都集中在 Chomsky 提出的语法理论上面，孜孜不倦地对他的观点加以进一步阐明、发展和完善。当时的转换生成语法学派，其内部基本上是团结一致的。大家认为，照现在的这条路子走下去，把 Chomsky 提出的问题一一解决，把这套转换生成语法理论进一步完善，理论语言学就可以与牛顿的经典力学理论和爱因斯坦的相对论媲美了。

从 1966 年开始，转换生成学派内部围绕着句法与语义的关系问题展开了激烈的争辩。持对立意见的两派互不相让，结果便造成这个学派的第一次大分裂。原来意气相投的同志现在分成对立的生成语义学派（Generative Semanticists）与词汇解释学派（Lexical Interpretivists）。

Chomsky 在《句法理论要略》中规定，每个句子的表层形式都对应着一个深层结构，句子的意义在深层结构上得到解释。这个所谓深层结构的具体性质是什么，成了这场争论的焦点。按《句法理论要略》的观点，深层结构应该有下面四种性质：

1）最基本的句法成分的基础；
2）规定共存限制和选择限制的场所；
3）规定基本语法关系的场所；
4）词库中所含词项插入句子的场所。

George Lakoff 和 John Ross 等人认为，上面讲的前三种性质实质上是语义表现部分体现出来的性质。同时，他们还指出，有些词类不同的成分在语义和语法特征上表现出相当大的相似性，例如：

（1）a. I regret that.（我对此感到遗憾。）

b. I am sorry about that.（我对此感到遗憾。）

regret（感到遗憾）和 sorry（感到遗憾）在这儿语义相同，但前者为动词，后者为形容词。要是因为词类不同就把上面两个句子看成分属两个深层结构，那就得规定两条语义映射规则，一条用于动词谓词句，一条用于 be+ 形容词谓语句，尽管这两个句子的意思是一样的。如果直接把深层结构规定为语义表现，那么，我们就可以说这两个句子实际上出自同一个深层结构，sorry 在深层结构中是动词，只是在句子由深层结构向表层结构派生的过程中才转换成了形容词。Lakoff 和 Ross 等人主张，既然句子的语义解释由深层结构规定，那么，倒不如明确宣布，所谓深层结构，就是语义表现，所有的句子都以最深层的语义表现为其基本形式，通过种种转换机制一步一步地得到表层形式。持这种观点的人被称作为生成语义学派，在 1960 年代末十分活跃，除了 Chomsky 等少数人之外，当时的美国语言学界几乎全都服膺这一学派的观点。

　　Chomsky 本人对此独持异议。以《句法理论要略》中有关深层结构的观点为参照点，我们可以看到，生成语义学派一步一步地把深层结构往语义表现方面拉去，最后干脆将两者合而为一。而 Chomsky 则反其道而行之，把深层结构往句法表现方面靠拢，认为转换规则不能改变深层结构上规定的词类，句子的语义由表层结构和深层结构共同确定，这样一来，使深层结构距离语义表现更远，同时使用 X Bar 理论和语义解释规则等手段来说明各种语法和语义现象（参见 Chomsky 1973）。持这种观点的人被称作为词汇解释学派。对立的两派在一个时期内争执十分激烈，1970 年代初一度达到白热化的程度。后来，由于种种原因，生成语义学派的势头逐渐减弱，以 Chomsky 为代表的词汇解释学派慢慢地又占了上风。

　　经过数年的论争，Chomsky 又恢复了他在以麻省理工学院为中心的转换生成学派内部的领袖地位。但是，就美国和欧洲整个语言学界的情况来看，他在 1965 年左右那种几乎是一呼百应的盛况已难再现。虽然生成语义学派中也有一些人后来皈依 Chomsky 的阵营，但大多数人却化整为零，各自在自己感兴趣的研究领域里勤奋耕耘，给语言学领域带来一派多元化的局面。正是在这些人当中，出现了一批埋头致力于话语分析工作的语言学家，大大地推动了话语分析理论和方法的发展。

　　上面谈到，生成语义学派的基本出发点是试图用语义规律来统摄句法现象，一切句法特征分析到最后都被归结为语义因素使然。但是，分析到语义这一层次时，许多人自然而然地发现，语义特征本身同语言的实际应用密切相关，许多错综复杂的句法和语义现象，只有联系发话人和受话人双方的认知特征，联系语言本身的交际功能特征，才能得到满意的解释。而要准确地判定这些认知特征和功能特征，就一定要把研究对象放到使用环境中去进行分析。今天，大家对于语法特征与话语特征的相互关系仍有许多不同意见。有人认为有所谓的句子语法与话语语法，两者自成系统，有些句法现象受话语因素的控制，也有些句法现象起源于人类先天的语言本能，同话语因素没有关系。持这种观点的主要是以 Chomsky 为首的转换生成语法学派。有人则认为句法现象的本质是话语功能的凝结，话语分析是从根本上解释语法现象的最可靠、最卓有成效的研究方法。持这种观点的主要属于功能学派的一些语言学家。在两种截然对立的态度之间，还有一些倾向性强弱不等的其他观点。时至今日，语言学界已经几乎没有人再会否认话语因素对于句法和语义现象的重要制约作用，虽然各家各派在这种制约的程度和方式上仍有这样那样的意见分歧（详见陈平 1987）。

　　话语分析的另一股推动力量来自需要语言学家提供帮助的其他研究领域。尤其是被新技术革命浪潮推到科学研究前沿的计算机自然语言处理，迫切要求语言学家更多地注重话语分析，以满足实践向人们提出的具体要求。举一个大家比较熟悉的例子。美国麻省理工学院的 Terry Winograd 于 1971 年左右设计了一个名叫 SHRDLU 的人机对话系统，供人利用自然语言向计算机发出指令或提出问题，模拟控制一只机械手，搬动外观各不相同的八块积木。Winograd 在这个系统中把句法分析、语义分析和知识推理有机地结合在一起，取得了令人瞩目的成果。这个系统里专门有一个推断程序，称作为 SMIT，用以分析指代词所在的上下文，以便确定它们的所指对象。同当时计算机自然语言处理领域里研制的其他系统相比，SHRDLU 的话语分析工作是它的一大特色。Winograd（1972）谈道，如果没有话语分析程序，有些句子便无法生成或理解。例如，在实验中，Winograd 先命令计算机把一块大的红色方块积木、一块大的绿色方形积木以及一块小的红色方形积木依次相叠，计算机遵命完成任务之后，

　　Winograd 发问：
　　　How did you do it?（你是如何完成的？）

计算机回答：

By putting a large red block on the table, then letting go of it. Then putting a large green cube on it; then letting go of that cube. Then putting the red cube on that cube, then letting go of that cube.

（抓一块大的红色积木摆在桌子上，然后把它放开。然后抓一块大的绿色方块积木摆在它上面，然后把那块方块积木放开。然后把那块红色方块积木摆在那块方块积木上面，然后把那块方块积木放开。）

Winograd 指出，要是计算机不用 it 和 that，答话将是以下面这种形式出现：

By putting a large red block on the table, then letting go of a large red block, then putting a large green cube on a large red block, then letting go of a large green cube, then putting the red cube on a large green cube, then letting go of the red cube.

（抓一块大的红色积木摆在桌子上，然后把一块大的红色积木放开，然后抓一块大的绿色方块积木摆在一块大的红色积木的上面，然后把一块绿色方块积木放开，然后把那块红色方块积木摆在一块大的绿色方块积木的上面，然后把那块方块积木放开。）

这样一来，光听这段话，在堆叠积木的过程中，机械手到底搬到了几块积木，我们很难讲得清楚。显然，没有以话语分析为基础的指代词研究，无法指望 SHRDLU 系统能圆满地完成预定的任务。

Winograd 的成功，给了从事计算机自然语言处理工作的人工智能专家和语言学家很大的启发与促进。我们在使用自然语言时，不是仅仅涉及狭义的语法知识，而是动用了储存在我们头脑里的各式各样的语言知识和非语言知识，这个观念从此以后更加深入人心。要确定和处理这些形形色色的知识，把握这些知识内部的关系，话语分析工作是必不可少的。今天，在研制任何稍具规模的计算机自然语言处理系统时，话语分析工作都在其设计思想中占据一个极为重要的地位（参见 Winograd

1983，Brady & Berwick 1983）。例如，1970 年代美国斯坦福国际研究所（SRI International）研制的语言理解系统，1980 年代美国信息科学研究所（Information Sciences Institute）研制的文本生成系统等，都具备话语处理功能，在设计过程中有许多话语分析的专家参与其事。从工程角度提出的许多问题，都要求从事话语分析的语言学家给出理论上有说服力、实际操作中又切实可行的解答。

同大家熟悉的结构主义学派或转换生成学派所做的传统语法分析相比，话语分析有以下四个特点：

1）从分析语料上来看，传统语法分析研究的是孤立的句子，可以是自造的，也可以是经过一番剪裁改编的实例。话语分析则一般要求分析对象是从书本材料或录音材料等自然素材中选取的实际用语。根据 Lyons 的归纳，在进行传统语法分析时，如果从书面或口头材料中选取例句，照例要做一些整理改造的工作，把那些所谓属于语言行为（performance）的因素尽量地排除在外。例如，请看下面的三个句子：

  （2）a. 小王才来过。

    b. 小王……嗯……才来过。

    c. 小王吗，才来过。

如果是传统语法分析，一般都是把上面的三句话（utterance）看作为同一个句子（sentence）。句（2）b 中主语同谓语之间由于犹豫而造成的时间间隔，句（2）c 中主语后面出现的"吗"，这些都被视为说话时的非语言因素造成的现象，因此不能体现语言本质，在语法分析时应该忽略不计。但是，在进行话语分析时，这些语言现象均属调查研究之列。从事话语分析的研究人员普遍认为，这些现象往往是我们推断发话人语言心理过程的重要依据，同语境中其他有关因素结合在一起考虑，它们很能说明话语的组织和展开过程。参见 Walker（1978）。

2）传统语法分析的注意力集中在类型（type）的异同上面，对各种类型所含实例（token）的多寡则一般不予理会。话语分析在研究类型异同的同时，十分关注实例的多寡，认为定量分析是定性分析的基础。传统语法分析的结果一般表现为规则（rule），例外容许量很小，而话语分析既定性又定量的分析结果则更多地表现为一种规律性（regularity），或者表现为一种以百分比的形式出现的倾向，同时认为，这种分析结果正是折射了这样一个客观事实：无论在语言系统里还是在语言运用中，对立的成分、格式、过程或者环境等，很少表现为非黑即白、截然分明的两个范畴，在绝大多数情况下，它们呈现为一个由此向彼逐渐过渡的连续体（continuum），对立的两极之间存在着数量不一的中间阶段。

3）传统语法分析把研究对象看作为一个静态的成品（static product），而话语分析除此之外，更注重把它作为一个动态过程（dynamic process）来考虑。因此，除了分析语句的组成成分和相互关系，更重要的是联系发话人和受话人的语言认知策略，剖析同语言行为有密切关联的记忆的表现、储存、提取，以及短期记忆容量的限制、最佳信息传递程序等内容。传统的描写手段，如句子成分、关系、结构层次等，显然已不足以准确地说明这些动态过程的全貌。于是，语言学家和人工智能专家又设计出了诸如转移网络（transition network）、程序语义学（procedural semantics）等动态模式，广泛地应用于语言理论研究和计算机自然语言处理等领域里。

4）传统语法分析往往脱离语境来研究词语句子，而对于话语分析工作来说，密切联系语句的使用环境是它在方法论上最重要的特征。可以说，脱离了话语环境，也就谈不上话语分析。这儿所说的语境，一般可以分为三种：一是局部的上下文环境，限于同分析对象前后毗连的语句；二是话语的微观使用环境，包括整段话的主题、目的、当时当地的情景、对话双方的关系，等等；三是话语的宏观使用环境，指的是范围更为广泛的社会和文化背景。这三种语境中的有关因素都会对话语的组织、生成和理解产生这样那样的影响。因此，从原则上讲，进行话语分析时得将这三类语境因素全都考虑在内。不过，在实际研究中，往往依具体分析对象的不同而对某一类语境有所侧重。例如，在主动句式与被动句式的选择问题上，我们的注意力较多地集中在第一类语境上面。在重音的配置、调型的选择等问题上，须同时注意第二类语境。

下面，我们讨论在语言学领域里，人们运用话语分析方法时想要达到的主要目的以及典型的研究课题。

从语法研究主要目的这个角度来观察，可以把话语分析分成两大类：一类着眼于对有关现象的静态特征和动态特征做出深入细致的描写；一类则侧重于对这些语言特征的根源、演变过程和制约因素做出合情合理的解释。与主要研究目的不同相关联的是这两类话语分析工作在典型课题的选择上表现出来的差异。

主旨在于描写的话语分析，其主要研究课题是那些同语境密不可分，不用话语分析方法就很难讲得透彻的一些词语用法、句法特征、语义概念、篇章组织，等等。我们下面分别举一些例子，说明这种话语分析中最典型、成绩最显著的研究课题。

个别词语的用法。例如，"也""连""再""就""都""还"等副词或连词的用法，是话语分析的常见对象。这些词语一般都有一个共同的特点：它们与预设（presupposition）、焦点（focus）、蕴含（implicature）等语用概念有着密切的关系，词语的基本用法和派生用法大都建筑在这些语用因素之上，并依赖这些因素来沟通其间的联系。脱离了语境提供的信息，脱离了对语境使用者的语言心理分析，很难指望能把这些词语的用法讲清楚。

指代成分的用法。任何语言中都有特定的语言手段，可以用来指示或者代替语境中的某个成分。可以用于指代的语言手段往往不止一种，因此，在具体场合中发话人要对某个成分进行指代时会出现选择哪一种指代形式的问题。另一方面，在具体场合中往往不只有一个事物存在，受话人在碰到一个指代词语时也有一个确定其所指对象的问题。这类指代成分的选择和理解问题，主要得通过话语分析来寻求答案。在计算机自然话语处理工作中，这类问题是阻碍我们取得突破性进展的难题之一。虽然近年来在这方面陆续取得了一些成绩，但是，要比较圆满地解决这些问题，还有相当长的一段路要走。

句子的主位结构（thematic structure）。我们可以从句子各种成分在推进话语展开的过程中所起作用这个角度出发，分析句子的主位结构。句子的主位结构一般有两个组成部分：主位（theme）和述位（rheme）。两者的区分一般通过语序或者特定的句式表现出来。通过分析话语句子的主位结构，我们可以阐明整段话语的主题及其展开方式。

信息结构（information structure）。透过连续话语的表面形式，我们看到的是自发话人向受话人传递的一股连续的信息流。为了便于发送和接收，这股信息流是以各种信息单位（information unit）的形式组织起来的。根据受话人对于单位成分所负载信息的熟悉程度，发话人把各个单位成分所传的信息归为新信息和旧信息两大类。如果发话人认定受话人对该信息毫无了解，或者认定该信息同受话人的预期不合，或者想引起受话人对于该信息的特别注意，他便把它作为新信息传给对方，否则，便作为旧信息处理。话语成分在信息结构中的地位，直接影响到它的表现方式。在具体语言中，一般利用重音、语调、特定词语或句式来指示话语信息结构中的种种特征。这类指示信息结构特征的语言手段，是话语分析的一个重要课题。

篇章结构。话语分析最典型的研究材料是超出单句长度的语段。由前后相连的句子构成的段落，如果在语言交际中表现为一个相对独立的功能单位，我们便称之为篇章（text）。句子在篇章中的组织遵循着一定的原则。有的句子连用时表现了一个连贯的意思，如下面的句（3）和句（4）；有的句子单用时语义十分清楚，但连在一起则令人莫名其妙，如下面的句（5）和句（6）。

（3）假若祥子想不起孔圣人是什么模样，那就必应当像曹先生，不管孔圣人愿意不愿意。

（4）他的跑法可不好看：高个子，他塌不下腰去，腰和背似乎是块整的木板。

（5）一个队员倒挂金钩将球打入网内，吐一口痰罚五毛钱。

（6）他外出总带着保镖，花棚里到处都是萝卜味儿。

探索句子在篇章结构中的组织方式以及指示这种组织特点的语言手段，也是话语分析的一个重要研究方面。

主旨在于解释的话语分析，研究领域更加广泛。其主要研究课题一方面也包括上面所说的那些话语成分和话语组织特点，但侧重点是从语言的交际功能和语言使用者的认知特征来解释有关特征的起因和制约因素。另一方面，一般认为纯粹属于句法领域的许多语言现象，也都在这种话语分析的研究范围之内。研究者试图通过话语分析，找出相关的人类心理认知特征和语言作为交际工具的功能特征，为种种语法现象提供解释。这方面的研究近年来相当活跃，并且取得了不少很有价值的成果。下面，我们举一个英语中的例子。

篇章范围内，一个代词与另一个名词性成分是否指称同一个所指对象，涉及的一般是语义因素和语用因素，语言学家在这个问题上没有什么争议。另一方面，大家普遍认为，同一个句子里出现的代词与另一个名词性成分两者是否有同指的可能，一般取决于这两个语言成分在句法结构中的相互关系，是一个句法问题，与语义因素和语用因素无关。Chomsky、Howard Lasnik 等学者认为，如果代词在句子结构中位于名词之前，并且在结构上统御（command）后者（可以以树形图的形式显示），那么，两者不可能同指，请看下面的例句：

（7）*It surprises him that John is so well liked.（him≠John）
约翰如此招人喜爱使他感到很惊讶。
（8）That he was unpopular was finally realized by Oscar.（he=Oscar）
奥斯卡终于意识到他不受人欢迎。

句（7）中，代词 him 在句法结构中既在名词 John 之前，又统御后者，所以，这两个成分不能指称同一个人物。而在句（8）中，代词 he 虽然在名词 Oscar 之前，但是从句法结构关系上来看对后者没有统御关系，因此，两者可以指称同一个人物。在这类句子中，代词和名词是否可以同指，完全由句法结构因素决定（参见 Lasnik 1976）。

但是，Dwight Bolinger 等人则认为 Lasnik 的这种观点只是一种皮相之谈。类似句（7）这样句子之所以不能说，根本原因并不是有关代词和名词在句法结构中的相互关系。要证明这一点并不困难。代词和名词的句法结构关系保持不变，但在其他方面对句（7）稍加改动，代词完全可以与后面它所统御的名词指称同一个人物，下面的三句句子（9）、（10）和（11）都是支持Bolinger观点的例子：

(9) It surprised him that John was so well liked.(him=John)
从前，约翰如此招人喜爱使他感到很惊讶。

(10) It obviously surprises him that John is so well liked.
(him=John)
约翰如此招人喜爱显然使他感到惊讶。

(11) Does it surprise him that John is so well liked?(him=John)
约翰如此招人喜爱使他感到惊讶吗？

（7）、（8）、（9）、（10）和（11）五句句子的句法格式相同或相近，但个别词语或者使用语境相异的句子，在意义上是有差异的。尽管这种差异有时表现得十分精细微妙，非目光敏锐者不辨。对于这类现象，Bolinger具有独特的辨析入微的审察能力。他详细分析了句（7）至句（11）这类代词在前、名词在后的句子，令人信服地说明，在这种情况下代词与名词能否同指，与它们在句子组织中的结构关系没有必然联系。实际状况是，发话人用了代词之后，在同一句中再次提及该所指对象时，根据语境中的种种因素（Bolinger把它们归为四大类）考虑，决定是用名词形式指称，还是用代词形式指称。因此，归根结底，句（7）至（11）这类句子能说不能说，起决定作用的是语用因素。这是利用话语分析的手段来解释语法现象的一个著名例子（详见Bolinger 1979）。

如上所述，近20年来，话语分析发展势头日益迅猛，运用领域不断扩大，同音位分析、语素分析、句法分析等一起，成了语言研究不可或缺的一个方面。与此同时，话语分析领域里有许多争议很多的问题，主要表现在以下几个方面。

在话语分析与句法分析的关系问题上，语言学界众说纷纭。有人似乎把话语分析看作为万应灵药，认为它完全可以取代句法分析，也有人主张句法分析和话语分析实际上是相辅相成的，不应有所偏废。如何分工划界，没有让人普遍接受的指导性原则。话语分析能够解决什么问题，不能够解决什么样的问题，有待进一步研究。

不少从事话语分析的语言学家对语言研究中的抽象化、形式化持强烈反对态度，有时不免走向另一个极端。实际上，任何有一定深度的科学研究都不可避免地要对研究对象进行某种程度的抽象，话语分析工作本身也不能例外。一方面要紧密联系语境，另一方面要具备一定的理论抽象，两者之间的关系应该如何把握，是一个不容易处理好的问题。有些话语分析工作似乎过分夸大语句对所在语境的依赖，忽略了长时期约定俗成的社会存在赋予它们的相对独立性，难免有时会给人一种随文释义、主观立说的不良印象，不仅使所得结论缺乏普遍意义，在理论上也往往无法自圆其说。

话语分析领域里存在许多问题，不是件坏事，而是任何研究领域里的常态现象。它使话语分析工作更富有挑战性，更能激发人们的研究热情，并且吸引更多的研究人员投身到该领域中来。我们认为，话语分析要进一步发展，有两方面的工作尤其需要倾注更多的关注。

第一，话语分析工作需要加强同其他语言分析方法，尤其是句法分析之间的联系，深入探讨它们在研究对象方面的分界与重叠，以及在研究角度方面的对立与互补，使话语分析更好地发挥自己的作用，在其他研究方法收效甚微的问题上大显身手。

第二，话语分析需要加强理论建设。最有希望为话语分析提供理论基础的是语用学。事实上，大家常常将两者自然地联结在一起，合称话语-语用分析（参见 Brown & Yule 1983，Coulthard 1977，Beaugrande 1980 及 van Dijk 1985）。就目前的研究情况来看，话语分析中的许多工作原理，都可以从语用学的基本原则推衍出来。语用学本身也是一个不断深化的研究领域，同认知心理学、社会语言学和社会行为方式研究的联系日益密切，随着语用学的进步，它会为话语分析提供更为丰富的理论资源。

参考文献

陈　平，1987，描写与解释：论西方现代语言学研究的目的与方法，《外语教学与研究》第 1 期。

Bolinger, Dwight. 1979. Pronouns in discourse. In: Givón, ed., *Syntax and*

Semantics, Vol. 12. *Discourse and Syntax*, New York: Academic Press, 289-309.

Brady, Michael and Robert C. Berwick. eds. 1983. *Computational Models of Discourse*. Cambridge: The MIT Press.

Brown, Gillian and George Yule. 1983. *Discourse Analysis*. Cambridge: Cambridge University Press.

Chomsky, Noam. 1973. Conditions on transformations. In: Steven Anderson and Paul Kiparsky, eds., *A Festschrift for Morris Halle*. New York: Holt, Rinehart and Winston, 232-286.

Coulthard, Malcolm. 1977. *An Introduction to Discourse Analysis*. London: Longman.

Beaugrande, Robert de. 1980. *Text, Discourse and Process*. London: Longman.

Halliday, M. A. K. 1985. *An Introduction to Functional Grammar*. London: Edward Arnold.

Harris, Zellig. 1952. Discourse Analysis. *Language* 28(1):1-30.

Lasnik, Howard. 1976. Remarks on coreference. *Linguistic Analysis* 2:1-22.

van Dijk, Teun A. ed. 1985. *Handbook of Discourse Analysis*. London: Academic Press.

Walker, Donald. ed. 1978. *Understanding Spoken Language*. New York: North-Holland.

Winograd, Terry. 1972. *Understanding Natural Language*. New York: Academic Press.

Winograd, Terry. 1983. *Language as a Cognitive Process*. Vol. 1. Syntax, Reading: Addison-Wesley.

（本文原载《语言教学与研究》1987年第3期。）

话语分析与语义研究

提　要　话语分析有两个最重要的特点，一是将语言形式研究与其使用语境紧密结合，二是典型研究对象是超句组织。正是因为这两个特点，话语分析既弥补了基于结构主义传统的语义研究的不足之处，同时也拓宽了语义研究范围，加深了我们对许多语义问题的认识，从而大大地增进了我们对语言本体各个组成部分及其使用特点的了解。本文分别从话语分析的这两个特点出发，详细讨论话语分析在语义研究方面的工作和成果。

关键词　语言哲学　结构主义　话语与语义　语境　超句组织

1. 引言

语言是语言学、修辞学、文学等诸多学科的重要研究对象，而语言学家的主要任务，是描写与解释语言形式和语言意义各自的基本属性，以及两者之间的对应关系。要达到这个目的，我们分析种种语言形式的特征以及它们所表现的意义，或是从相反角度出发，考察有关语义在语言中的表现手段，前者从形式到内容，后者从内容到形式。语言形式可以通过语音、词汇、词法、语序、语法标记、语法结构等显性或隐性的手段表现出来，而语义内容相对而言则更为繁复、更为抽象，从而更难把握。我们可以凭借自己的眼耳鼻舌身，感知周围大千世界的万事万物，我们的思维和想象能力，更是无远弗届，无微弗至。我们在日常生活中有许多体验、知觉或感觉，其精细微妙之处，往往很难用语言恰如其分地表现出来。这种所谓只可意会、不可言传的境况，想必大家都很熟悉。不可言传的原因，主要是我们能感知到内容，但找不到相应的语言表现形式。这充分说明，就语言而言，意义要比形式丰富得多，也复杂得多。从语言科学发展史上来看，对语义问题的系统和深入研究，要晚于语音、词汇和语法研究。继20世纪上半叶在语音、音位和词法研究领域里取得很大进展以后，语言学家从1950年代中期开始将研究重点逐渐转到句法，从1960年代末、1970年代初开始，语义也日渐成为语言学家的重点研究对象。据我个人的观察，过去二三十年来，国际语言学界在意义研究方面所取得的进展尤为显著，主要体现在话语分析（discourse analysis）、语用学、认知语言学等研究领域里。本文要侧重讨论的是话语分析对于语义研究的贡献。

我们这儿所用的"话语"（discourse）这个术语，以及相关的术语"篇章"（text），要而言之，表示的主要是一个语言形式的概念，与音素、音位、词、短语和句子相对应。作为语言形式单位，话语同其他形式单位的主要区别有两点：首先，它不是单纯的词语形式组合，而是词语形式与具体使用环境的结合体，简单地说，就是形式加语境；其次，它的长度一般超出单句。因此，话语分析区别于语音分析、音系分析、词法分析和句法分析的地方，主要在于它有两个相对独立的特点：一是密切联系语言使用的具体情景对语言形式进行研究；二是典型的分析对象往往是超出单句的语言单位，可以是句群、段落，乃至整篇文章甚至整本著作。话语分析的这两个特点，对于语言意义的研究尤为重要。正是因为这两个特点，话语分析既能弥补传统语义研究的不足之处，同时也拓宽了语义研究范围，加深了我们对许多语义问题的认识，从而大大地增进了我们对语言本体各个组成部分及其使用特点的了解。

2. 密切联系语境

我们先从话语分析的第一个特点来看它对语义研究的影响。

所谓结合实际使用环境研究语言，就是将语言形式之外的许多因素考虑进来，如发话人和受话人各自的知识背景和相互关系，他们当时所处环境和认知状况，语言行为的时间、地点、方式、目的，等等。与之相对立的研究方法是脱离具体使用环境，像处理实验室里的动植物标本一样，将词语句子等语言成分作为孤立的现象加以研究。这后一种研究方法，正是很长一段历史时期内许多语言研究工作者的常规做法。

2.1　结构主义语义研究的局限性

传统语义学研究的主要对象是语言的词汇成分，重点关注的是词语语义的历史演变。自19世纪末、20世纪初逐步发展起来的现代语言学理论研究，早期阶段将语义问题基本排除在外。现代结构主义理论的创始人 Ferdinand de Saussure（1858-1913）严格区分语言和言语，在其理论研究体系中，最受重视的是音系和词法。在 Saussure 看来，句法属于言语现象，无法用严谨的语言科学方法加以研究（参见 Saussure 1959）。Saussure 的这种态度影响了包括美国 Leonard Bloomfield（1887-1949）在内的一代语言学家。同句法相比，语义问题更是被当时占统治地位的结构主义学派所忽视。语义研究，尤其是结合语言运用的语义研究，在语言学研究领域里的进展十分缓慢。这种情形一直延续到1960年代。1950年代后期开始，以 Chomsky 为代表人物的转换生成学派渐渐成为主流。在转换生成理论早期发展过程中，语义研究一直处于边缘地位。语言结构和语言运用中的语义问题，在1960年代以前主要是逻辑学、哲学、心理学、人类学、修辞学、文学等学科关心和研究的问题，他们的研究成果和研究方法，给了后来成为语义研究主力的语言学家很大启发，其中逻辑学家和哲学家所做贡献尤为突出。可以说，主要是从事语言哲学研究的逻辑学家和哲学家为现代语言学领域里的语义研究打下了基础，当代语义学研究中的基本理论和概念，许多都起源于逻辑学家和哲学家的研究论著。语言学家与逻辑学家和哲学家的不同之处，主要在于后者关注的重点是语言现象背后的哲学问题，语言研究的目的是探讨人们思维和认知等精神活动的起源与过程，并通过语言研究了解世界，而语言学家的主要兴趣在于语言本身，研究焦点是人们的语言能力、语言行为以及语言本体各个组成部分的本质属性。

现代语义学研究的早期推动力量，主要来自语言哲学界相互对立的两大阵营，一是以 Gottlob Frege（1848-1925）、Bertrand Russell（1872-1970）等为代表的形式分析学派，二是以后期的 Ludwig Wittgenstein（1889-1951）、Peter Geach（1916- ）、Peter Strawson（1919-2006）、John L. Austin（1911-1960）等为代表的牛津日常语言哲学（ordinary language philosophy）学派，后者自第二次世界大战后至 1970 年代主要活跃于英国牛津大学，所以又称"牛津学派"。概括地说，逻辑学家、语言哲学家如 Frege 认为，句子的组成成分是词项，词项的符号形式表现的内容是其意义（Sinn），所指对象（Bedeutung）是外界存在的个体，句子的意义是命题，所指对象是命题的真假值，复合成分的意义由组成成分的意义和组合规则决定。拿句子来说，根据句子组成成分的意义及其在句中的位置，通过运算规则，赋予其真值或假值，这便是所谓真值函数语义理论（truth functional semantics）以及意义组合性原则（principle of compositionality）。Russell 等人的理论在架构和细节上各有许多不同，但在句子的意义是其真值函数以及意义组合性原则等基本理论问题上持相同或相似的观点。

Frege 和 Russell 等逻辑学家和哲学家提出的形式语义理论，吸引了当时和后来许多学者的兴趣，有力地推动了基于语言形式的意义研究。这些理论同时也遇到了许多问题，既有理论体系内部的问题，也有非常重要但当时的形式语义理论无法处理的其他问题，大多数同语言成分的使用语境这个外在话语特征有关。后期的 Wittgenstein 以及牛津大学的 Geach、Strawson、Austin、Paul Grice（1913-1988）等人针对这些问题提出了许多新颖的理论观点。以这几位学者为代表人物的牛津学派，在很大程度上正是在同 Russell 等人反复辩难过程中形成和发展起来的。他们就许多问题提出了不同于形式学派的处理方法和理论观点，给了后来的语言学家很大启发。我们今日熟知的话语分析、语用学、语言行为理论等研究领域里的许多理论概念和分析方法，最早大都是在这样的学术背景下提出来的。例如，针对真值函数语义理论，John L. Austin 等人指出，许多以陈述句形式出现的句子，发话人的目的并不是单纯地表述某个事实，而是实施一项行为，例如"我答应年底带你去英国"或"我年底带你去英国"，说话人通过所说的这句话，向对方做出了一项承诺。这种性质的所谓施为（performative）句，它的意义是实施一项行为，同真值分析并不相干，由此可见真值函数语义理论的局限性。

2.2. 话语特征对准确解读句子语义的重要性

许多词语和句子的语义特征，只能通过话语分析才能得到准确的描写与解释，下面，我们举三个例子，分别是直指（deixis）成分、指称（reference/anaphora）现象以及信息结构（information structure）对句子真值条件的影响。

1）直指

所谓直指，是语言的基本语义属性之一，发话人以自我为中心，在人称、时间和地点上为其他物体和时间定位。语言的直指属性可以表现在词语上，也可以表现在语法范畴上。例如，人称代词"我""你""他"都是直指成分，离开具体语境，无从知道代词的所指对象为何。指示代词"这"和"那"，表示时间和地点的词语"昨天""今天""明天""前后左右"等也都是直指成分，所指物体和时间地点都得有语境中的其他成分作为参照点才可以理解它们的意思。例如，主人离开办公室前在门上留张纸条"一个小时后回来"，如果不加注留言时间，访客无法知道得等多久主人才能回来。另外，语言的直指属性还可以表现在其他语法范畴如时态上，以现在时、过去时和未来时等指示动作发生的时间，以哪种时态出现取决于该动作与发话时间或另外一个参照时间之间的相互关系。直指词语在语言中使用范围很广，出现频率很高，据 Bar-Hillel（1954：366）估算，日常语言中90%以上的陈述句含有直指成分。要确定这类句子的语义真值条件，离不开结合语境的话语分析。

2）指称

指称（reference/anaphora）是语言学理论中的核心概念，同指称相关的现象，包括有指无指、回指前指、有定无定等，以及指称形式、人们的认知系统以及外部世界三者之间的关系等，自古希腊罗马时代起直至当代都是理论语言学研究中的重点研究对象。

Chomsky 形式学派先前的管约理论和后来的最简理论中，句中两个语言成分能否同指，是理论分析最重要的依据之一。形式学派认为，句子中的两个语言成分能否同指，主要由句法因素决定，并由此提出了一些重要的理论建构。例如，例（1）和例（2）就是两个反身代词的例子：

（1）老李把小王锁在自己的屋子里。

（2）老李把自己的照片给了小王。

许多研究者认为，例（1）中"自己"可以指"老李"，也可以指"小王"，而（2）中的"自己"只能指老李，不能指小王，造成这种差别的关键因素是有关语言成分的句法位置。但是，大量的话语分析研究证明，在这个问题上，句法结构因素只是表象，背后起决定作用的实际上是话语因素。详细论证可参考 Chen（1992）。

再举一个例子，例（3）是文献中大家都耳熟能详的句子：

（3）他想娶一位挪威姑娘。

该句有歧义，"一位挪威姑娘"可以有具体所指，也可以没有具体所指，到底是哪一种用法，只有发话人知道，要确定这句句子的语义，离不开对具体语境中发话人的意图进行分析。过去几十年中，越来越多的语言学家认为，指称问题同语境密切相关，许多十分常见的指称现象，从根本上来说取决于发话人的意图，话语分析为相关问题的研究提供了有用的理论和方法。详细讨论可参考 Chen（2009）。

3）信息结构

同样的所指对象，往往可以用多种语言形式表现。大致相同的命题意义，除了在口语中可以有不同的韵律特征之外，还可以用多种句式来表现。不同形式表现出来的语义特征，反映了有关语句的信息结构。请看例（4）：

（4）a. 小王把你的杯子打破了。

b. 你的杯子被小王打破了。

c. 打破你的杯子的是小王。

  d. 小王打破的是你的杯子。

  e. 是小王打破了你的杯子。

  f. 你的杯子是小王打破的。

发话人采用例（4）中的哪一种句式，取决于他的发话意图，以及他对受话人的知识背景和当前认知状态所做的判断。发话人可以选择将句子中的某一部分信息作为不必强调的预设处理，而将另一部分信息作为重点传递给对方。发话人根据具体语境，以这些方式调整命题的表现方法，或是便于受话人理解，或是强调自己的侧重之处。同一命题采用什么样的信息结构表现出来，完全由发话人掌控。信息结构的特点和表现方法，也是话语分析的重要研究内容。

  1950年代语言哲学界的一场重要辩论，使得许多哲学家和语言学家认识到，某些句子的真值条件，有时会取决于句子的信息结构。这场辩论起源于 Russell 早年提出的所谓限定摹状词理论（Theory of Definite Descriptions）。Russell（1905，1919）认为，例（5）和例（6）这两句句子，虽然从语法结构上看来都是主语谓语句，但从逻辑语义的角度看来是很不一样的：

  （5）Scott is the author of *Waverley*.

    司各特是《威弗利》的作者。

  （6）The author of *Waverley* was Scotch.

    《威弗利》的作者是苏格兰人。

其间的主要区别是，例（5）的主语是专有名词，而例（6）的主语是 Russell 所称的摹状词（definite description），以专名为主语的例（5）是个单纯的主谓命题，语法主语与语法谓语分别就是逻辑语义上的主语和谓语，而例（6）则不同，虽然从表层语法关系上来看是主谓句，但从逻辑语义上来看，该句实际上是由三个命题组成的：

  （7）a. At least one person wrote *Waverley*.

    至少一个人写了《威弗利》。

   b. At most one person wrote *Waverley*.

    最多一个人写了《威弗利》。

c. Whoever wrote *Waverley* was Scotch.
　　　写了《威弗利》的人是苏格兰人。

例（7）a/b/c 中只要有一个命题为假，例（6）的真值条件就无法得到满足，结果整句为假。与例（6）同类的另一个例子是例（8）：

　　（8）The present King of France is bald.
　　　当今法国国王是个秃头。

Russell（1905，1919）认为，当今不存在法国国王，因此例（8）的命题意义为假。

　　到了 1950 年代，牛津学派代表人物之一哲学家 Peter Strawson 对此提出不同意见。Strawson（1950）认为，例（8）表达的命题，因为所涉对象当今法国国王并不存在，所以无法对该句的真假问题做出判断，因此，该句的命题意义既非真，亦非假。Russell 著文为自己的观点辩护，语言哲学界的许多人随后也加入了这场大讨论，双方都发表了不少论文。美国哲学家 Willard Van Orman Quine（1908–2000）称例（8）所表现的这种现象为真值空缺（truth value gap），这个提法后来广为人知，成为文献中的习用说法。John L. Austin 则称之为"无指造成的虚空"（void for lack of reference）。Strawson（1964）后来修改了先前的观点，认为句子如果含有如"当今法国国王"这类所指对象不存在的词语，在逻辑语义上有两种可能，一种可能是如 Russell（1905，1919）所说，其命题意义为假，第二种可能为真值空缺，其中的决定因素是该词语是否用作句子的话题（topic）。如果该成分是句子的话题，如例（8），则该句比较自然的语义解释是真值空缺。但如果该成分不是句子的话题，如例（9）：

　　（9）The exhibition was visited yesterday by the King of France.
　　　昨天参观展览会的有法国国王。

则最自然的理解是其意义为假。这种观点后来为许多哲学家和语言学家所接受。值得强调的是，此处区分两种语义解释所用的关键概念"话题"，正是语言信息结构的基本概念之一，语言成分是否用作话题，只有通过话语分析才能确定。这就证明，句子真值条件在某些情况下取决于该句的信息结构，由当时的语境因素所决定。由此可见，即使是形式化理论和方法占据优先地位的研究领域，都不能无视话语分析的重要作用。

值得我们注意的是，随着有关研究的不断深入，话语特征对于语义分析的重要性，已经不仅是牛津学派以及后来的功能语言学派的共识，也为许多形式学派的语言学家所接受，许多形式语言理论，将话语部分作为理论架构的重要组成部分，早期可以 Heim 等人的著作为代表，近来形式学派对于焦点等问题的研究，也大都将话语特征作为除了句法结构以外的重要因素加以考虑。

将语言形式与语境因素紧密结合的话语分析对于语义研究的贡献并不局限于上面讨论的这些方面。许多研究表明，词语除了词典定义之外，在使用过程中受种种语境因素的影响会获得一些附加语义，有些学者将之称为情景意义（situated meaning），或是潜在的情景意义（potential situated meaning）（参见 Gee 2001）。词语由于经常用在某些场合中而获得的附加意义，往往会带到其他使用场合中来，这也是所谓"互文"（intertextuality）研究的一个重要方面。例如，日常新闻报道中常常听到"国际社会"（international community）如何如何，这儿所用的所谓"国际社会"，从字面上来理解，似乎指的是亚非欧美大洋洲所有大国小国强国弱国组成的国际群体，如果真这样理解，那就未免太天真了。将这个词语天天挂在嘴边的，基本都是牢牢掌握国际上主要话语权的几个西方大国的政府发言人和外交官，因为在媒体上使用这个词语的，主要是这些西方大国的代表人物，因此"国际社会"这个词的情景意义，往往就等同于西方发达国家。另外，同一个词语的潜在情景意义对于不同地域、社会和历史背景的人群来说，可以很不相同。例如，"工会"这个词的实际意义，相信长期生活在中国大陆、中国台湾、中国香港、新加坡以及其他海外华人社区的人们，对它的理解可能很不一样。结合语境进行话语分析的另一项重要任务，就是尽可能全面、准确地确定词语的潜在情景意义，探究这些意义的来源，并且对不同的潜在情景意义加以比较研究。

3. 以超句组织为研究对象

话语分析的第二个主要特征是，其典型分析对象是比句子大的语言成分。研究这类语言成分不同于单句的主要特征，以及这些特征的语言表现手段，是话语分析的另一项主要任务，也是话语分析对语义研究不可或缺的贡献所在。

3.1 超句组织的特点

典型的话语单位是由句子由少到多依次组成的各种集合体，可以分别称之为"句群""段落""章节""文章"，等等，另外会话中还有话轮等组织单位。呈线性顺序排列的多个句子是否可以看作为一个更高层次的话语单位，关键因素是这些句子是否构成一个意义上具有连贯性（coherence）的组合。话语组成单位之间的连贯性是如何实现的呢？首先，这个大的语言单位必须有一个中心思想，拿一篇文章来说，文章的标题往往就体现了它的中心思想。所谓写文章不能跑题，说的就是所写的内容要围绕着这个标题来展开，以确保文章整体的连贯性。其次，相邻的句子、句群和段落章节之间也要彼此连贯，符合一般的思路和逻辑，不能前言不搭后语，也不能有太大的跳跃或缺省。前面谈到，逻辑语义内容相同的命题，可以不同句式出现。这些句式的重要功能，就是使得有关内容更顺利地同上下文衔接，便于受话人领会话语的意思。

语言中有许多词语或语法和修辞手段，其主要作用就是增进话语的连贯性。所谓话语标记词语（discourse marker），就是这类语言手段中的一种。话语标记词语，又称作话语小词（discourse particle）、语用小词（pragmatic particle）等，例如英语中的 well、but、so、you know、now、anyway、after all，汉语中的"那么""反正""好""这个""我说""不过"，等等。这些词语有两个特点：一是它们与所在句子的真值语义条件无关，用或不用一般都不会影响句子的真假值；二是它们的主要功能是增强有关句子成分在上下文中的连贯性，便于受话人理解，有的也同时反映发话人的主观态度和看法。除了典型的话语标记以外，其他还有许多语言形式也起着同样的作用，例如各种连接词、代词，以及省略、重复等语法手段，Halliday 和 Hasan（1976）将它们统称为衔接手段（cohesion），在其专著中对英语中的衔接手段做了详细的描写。过去几十年里，随着话语分析的深入发展，话语标记词语成了许多语言学家的研究对象，汉语语言学界也有很多高质量的研究论著发表。

话语结构研究中，有两个重要的理论特别值得我们关注，一是 Mann 和 Thompson（1988）提出的修辞结构理论（Rhetorical Structure Theory）。修辞结构理论的主要目的是描写相邻句子的逻辑语义联系，将它们归纳为二十多种关系，用来说明话语中的语句是如何由低到高在各个层面上相互联系在一起的。另一个是有关主题结构（thematic structure）的种种理论表述，说明话语中有关人物和事物如何引进、如何在下文中继续出现等。同一对象如果在话语展开过程中反复出现，就构成所谓的话题链（topic chain），是体现话语结构连贯性的重要方面。有关这两种理论的详细讨论，请参看徐赳赳（2010）。

3.2 百科知识在话语组织和理解中的作用

发话人利用种种词汇、语法或语音手段来组织话语成分，目的是便于受话人掌握话语单位的修辞结构、主题结构等，从而将整个话语单位理解为一个语意连贯的组合，并且掌握它的中心思想。我们要强调指出的是，这儿所说的种种语言手段，固然在语言交际过程中起了重要的作用，但同时，对话双方对所涉事物的一般知识或专业知识，包括有关日常生活和社会历史文化等方面的常识，也在话语组织的理解过程起了非常重要的作用。请看下面三组句子：

(10) a. 他上星期买了辆旧车，轮胎都磨平了。
　　 b. 他上星期买了辆旧车，鞋底都磨平了。
　　 c. 他上星期买了辆旧车，锯齿都磨平了。

要理解例（10）a，需要对车子有最基本的了解，这对一般人都不成问题。例（10）b可能稍稍有些费解，在假定发话人逻辑思维一切正常的情况下，读者会揣测这两句句子之间的连贯性从何而来，一种可能的理解是，他为了买这辆车，去了很多地方，走了许多路，结果把鞋底都磨平了。例（10）c最为费解。笔者所在城市的市政工程局和园林管理公司有一种修剪树枝的专用工程车，上面配备了两把长臂电锯，如果发话人在谈到这种专用工程车时说出这组句子，对方应该不难理解。但离开了这个特殊的语境，缺少这样的专门知识，一般读者无法理解这两句句子，因为不明白其间的连贯性，所以不会将它们看成一个话语单位。在话语分析中，如何处理这类非语言类的普通知识或专门知识，是一个很具挑战性的问题。前人提出的诸如情景（scenario）、框架（frame）、架构（schemata）等理论概念，主要就是为了将这类知识纳入语言理解的理论架构。

4. 结语

现代语言学研究肇始于20世纪初Saussure的结构主义语言理论，Saussure以及后来几位结构主义代表人物的理论观点和研究方法，长期在现代语言学研究领域里起着主导作用，许多基本原理和方法，几乎为所有语言学家所接受。同音系、词法和句法相比，语义研究相对滞后，结构主义理论和方法的某些局限性，是造成这种现象的一个重要原因。话语分析在过去几十年间的发展，从某种意义上讲，弥补了早期结构主义理论的某些局限。话语分析介入语义研究，既是语义研究对象自身的属性使然，也是语义研究深入发展的逻辑必然。随着研究范围的拓展、研究深度的推进，话语分析会不断增进我们对语义问题的了解。

参考文献
徐赳赳，2010，《现代汉语篇章语言学》，北京：商务印书馆。
Bar-Hillel, Yehoshua. 1954. Indexical expressions. *Mind* 63: 359-379.

Chen, Ping. 1992. The reflexive *ziji* in Chinese: Functional vs. formalist approaches. In: Thomas Lee, ed., *Research on Chinese Linguistics*, Hong Kong: The Linguistic Society of Hong Kong, 1-36.

Chen, Ping. 2009. Aspects of referentiality. *Journal of Pragmatics* 41（8）: 1657-1674.

Gee, James P. 2001. *An Introduction to Discourse Analysis: Theory and Method*. London and New York: Routledge.

Halliday, M. A. K. and Ruqaiya Hasan. 1976. *Cohesion in English*. Longman.

Mann, William and Sandra A. Thompson. 1988. Rhetorical structure theory: Toward a functional theory of text organization. *Text* 8（3）: 243-281.

Russell, Bertrand. 1905. On denoting. *Mind* 14: 479-493.

Russell, Bertrand. 1919. *Introduction to Mathematical Philosophy*. London: George Allen & Unwin.

Saussure, Ferdinand de. 1959. *Course in General Linguistics*. New York: Columbia University Press.

Strawson, Peter. 1950. On referring. *Mind* 59: 320-344.

Strawson, Peter. 1964. Identifying reference and truth values. *Theoria* 30: 96-118.

（本文原载《当代修辞学》2012年第4期。）

从现代语言学经典论著看语言学论文的写作与发表

提　要　本文分两部分。第一部分选取 1925—2000 七十五年间 *Language* 杂志发表的所有论文中引用率最高的 20 篇，对它们的背景和主要内容略加解说，着重讨论这些经典论文的分析论证方法，以及对研究成果理论意义的挖掘和引申，以便读者从这些论文中学到一些从事语言学研究的基本原则和方法。第二部分以这 20 篇经典论文作为参考对象，讨论语言学研究论文的撰写与发表，重点放在选题、文献述评与材料处理。

关键词　现代语言学史　语言学研究方法　论文选题　文献述评　语料搜集与整理

　　我这次在复旦大学的系列讲座，是祝克懿教授和徐赳赳教授 2013 年一起倡议和筹划的。今天祝老师把我的老朋友徐赳赳教授从北京请来，主持讲座的第三讲，也是最后一讲。徐赳赳教授平时工作很忙，这次不远千里，专程到上海来主持今天的讲座，我非常地感谢。征求了几位老师的意见，考虑到在座各位的研究兴趣，我们第三讲谈一个比较宽泛的题目，就是从分析现代语言学一些经典论著开始，通过这些优秀论著看语言学论文的写作和发表，着重谈谈论文的选题定位、文献述评，以及语料搜集和分析等过程中应该重点关注的问题。我们平时读到的语言学论著都已经是成品，其成文和出版过程背后的原则、方法及技巧等，大都是研究者群体内部不言而喻的共识，初学者如果没有人指点，单从文章表面不一定看得很清楚，我今天打算将自己在这方面的一些体会拿出来与大家分享。古人有两句诗："鸳鸯绣取从君看，不把金针度与人。"记得 1970 年代恩师吕叔湘先生给我们上课的时候说要改一个字："鸳鸯绣取从君看，还把金针度与人。"岁月如水一样流去，将我们承接的学术传统一代一代地传下去,这是我们应尽的责任。

1. 现代语言学经典论文分析

现代学术研究是群体性活动。钱锺书先生曾说过,"大抵学问是荒江野老屋中,二三素心人商量培养之事",请注意他说的是"二三素心人商量培养之事",不是孤寂一人苦思冥想之事。从事学术研究工作,第一要务就是了解和尊重前人和时贤的相关研究成果。今天演讲的第一部分,是选取一些现代语言学经典学术论文,对它们的背景和主要内容略作解说。

首先有个定义问题:什么叫经典学术论文?语言学家对自己所用的每一个关键词、每一个重要术语都要给出尽可能精确的定义,读者可以赞成,也可以不赞成,但一定要让大家知道我们说的是什么。如何定义所谓现代语言学经典学术论文,很不容易,一定程度上的随意性是不可避免的。美国语言学会的机关刊物 *Language*,是世界上最负盛名的语言学杂志,我想这应该是没有太多争议的。该杂志 1925 年创刊,至今已有 90 年了,我根据 Google Scholar 提供的数据,选取 1925—2000 这 75 年间该杂志发表的论文中引用率最高的前 20 篇作为我们今天讲解的内容。当然,对于什么是经典论文还可以有许多其他的判断标准,引用率本身也是一个很有争议的问题,科技界对此争辩尤为热烈,可以参看科学网上的有关讨论。不能单纯根据引用率的高低决定论文的优劣,认为引用率最高的就是好文章,这是学界共识;但从另一方面来看,比较有影响的论文,引用率一般来说应该是比较高的,就像说猴子都爱吃香蕉,但爱吃香蕉的并不都是猴子。当然,说到引用率,还要考虑到年代的因素,其他条件相同,新近发表的文章引用率往往不如几十年前的论文高也是很自然的事情。今天选取的这 20 篇论文,我建议每一位有志于语言学研究的同学不妨把它们仔仔细细读一遍,能读懂多少是多少,主要可以学到两方面的东西:一是对现代语言学,尤其是西方语言学过去 90 年间的主要发展历程以及部分重要研究成果，我们可以获得大致的了解；二是从这些经典论文的选题、立论、文献综述、语料搜集和分析论证方法、对研究成果理论意义的挖掘和引申等方面，我们可以从作者那儿学到一些从事语言学研究的基本原则和方法。下面，我对这 20 篇论文的作者、理论背景和主要内容做扼要的介绍和点评（文章标题后面括号中是该文的总引用次数）。

（1）Sacks, Harvey, Emanuel A. Schegloff and Gail Jefferson. 1974. A simplest systematics for the organization of turn-taking for conversation. In: *Language* 50（4），696-735.（6191）

这篇论文引用率最高，三位作者都是社会学家，是加州大学洛杉矶分校社会学系的教授。Sacks 因为参与洛杉矶预防自杀热线咨询电话服务，接触到大量的电话录音记录。他和同事对这些原始录音材料进行了详细的分析，研究对话在语言结构方面的特点，包括话题的组织方式，对话开始、推进和结束过程的惯用词语，插话的语言特点，指称成分的引进和展开等，得到大量原创性的发现。这类研究社会学家称之为会话分析（conversation analysis），而语言学家则一般称之为话语分析，是最近几十年的热门研究领域之一。徐赳赳教授是这方面的专家，发表了大量的研究论著，值得大家研读。

话语篇章可以分出不同的体裁，如故事、议论文、辩论文、会话，等等，这篇文章主要研究会话结构中的一个重要方面，即所谓"话轮（turns）"，就是两个或数人对话，轮流发言，或中间有人插话等语言现象。有关话轮的许多概念，包括它的结构模式和语言表现特点等，都是由这篇文章第一次提出来的，所以它堪称会话分析的开山之作。我们注意到，这篇文章的引用率比下面一篇高出近两倍。这中间可能有几个原因。我在 2014 年 12 月 9 日的第一讲中讲过，语言学研究对象在索绪尔《普通语言学教程》中，几乎就是只限于音位，加上一点词法，扩展到句法主要是乔姆斯基以后的事。但乔姆斯基的研究对象基本上限于单句，不承认更大的语言单位也有自己的结构特点和使用规律。Sacks 等这篇文章发表在1974年，可以说是开风气之先，把研究对象从单句扩展到话语，选取一种特殊的话语类型——会话进行分析，从中找出大量的带有规律性的语言特点。无论从研究对象还是研究方法上来说，这在当时都是非常新颖的。该文揭示，表面看来似乎杂乱无章的随意对话、聊天，实际上在语句组织和惯用词语等方面都有自己的特点，遵循相当严整的规律。这篇论文的影响力并不局限在语言学界，社会学家、心理学家、教育学家等都从这篇论文中受到很大启发，纷纷开始以会话分析或话语分析为工具，研究各种专业话语篇章的结构和词语特点。可惜的是，第一作者Sacks于发表这篇论文后的第二年便不幸在车祸中丧生，终年40岁。Schegloff和他的其他同事则继续在会话分析领域里辛勤耕耘，不断有新的研究成果面世，Sacks生前所搜集的大量语料也都无偿提供给其他同道自由使用。

（2）Dowty, David. 1991. Thematic roles and argument selection. In: *Language* 67（3），547-619.（2164）

引用率排第二的这篇文章，主要内容可以分成两个方面：一是对所谓语义格的属性做了深入分析；二是对选择语义格成分充任句子语法成分，就是所谓"论元选择"（argument selection）过程中一般遵循什么样的原则，提出了自己的理论。

语义格研究从1960年代起就是语法学的主要内容之一，所谓施事、受事、对象、目的等语义格概念，几乎每个从事语法研究的人都要用到。语义格和句子语法成分的关系，更是语法研究的核心问题之一。用吕叔湘先生《汉语语法分析问题》的话来说：

"一个名词可以在入句之前做动词的宾语，入句之后成为句子的主语，可是它和动词之间原有的语义关系并不因此而消失。不但是宾语可以分别为施事、受事、当事、工具等等，主语也可以分别为施事、受事、当事、工具等等……似乎不妨说，主语只是动词的几个宾语之中提出来放在主语位置上的一个。好比一个委员会里几个委员各有职务，开会的时候可以轮流当主席，不过当

主席的次数有人多有人少，有人老轮不上罢了。"（吕叔湘1979：72—73）

论元选择研究的就是语义格入句过程中的遴选机制。Dowty这篇文章提出，施事、受事、工具等语义格不是初始概念，而是有关特征的组合。类似的观点在音位学研究中早就存在，音位不是最小成分，而是由区别性特征组合而成，一直是音位学的常识。Dowty借鉴将音位分解成区别性特征的方法来分析语义格，提出：最基本的语义角色有两个，原型施事和原型受事。原型施事的五个主要区别性特征分别是自主性、感知性、使动性、位移性和自立性；原型受事也有五个主要特征，分别是变化性、渐成性、受动性、静态性和附庸性。句子中同时具备所有五个特征的施事和受事并不多见，一般所说的施事和受事只是分别具有五个特征群中的大部分特征而不是所有特征，因此有施事性和受事性强弱的问题。正是因为语义格由更小的基本特征组成，其特征成员的种类和数量，决定了某个具体语义成分是比较典型的施事或受事，还是不太典型的施事或受事。其他语义格也可以重新理解为有关语义区别性特性的不同组合，甚至可以出现两种语义格的特征兼而有之的情况，如某个论元同时具有施事和工具特征或受事和地点特征。Dowty文中同时提出挑选语义格成分充任有关句子成分时所遵循的优先序列，例如，若动词同时带有施事、工具、受事几个语义格成分，在选择主语时，施事格成分比工具格优先，而工具格成分又比受事格优先。

这篇论文对我本人启发很大。我1970年代跟吕先生读研究生，汉语语法课用的主要教材就是那时刚出版的《汉语语法分析问题》，先生在课堂上提出来要我们思考的，大都是汉语语法研究中的核心问题。我自己在汉语语法研究方面的问题意识，相当一部分就是从那门课上开始形成的。语义格成分和句法成分在配位方面有许多非常有意思的现象，例如，分别位于动词前后的两个名词性成分，大多数情况下，语序颠倒后意思完全不一样。"人咬狗"和"狗咬人"意思正好相反。但是，也有不少例外，"人参泡酒了"和"酒泡人参了"，"砖头垫墙了"和"墙垫砖头了"，"杠子顶门了"和"门顶杠子了"，"竹签穿糖葫芦"和

"糖葫芦穿竹签",等等,动词前后的两个成分位置可以互换,但表示的命题意义却基本相同。什么情况下动词前后的成分可以互换,什么情况下不能互换,一直找不到令人满意的解释。Dowty 的理论给了我豁然开朗的感觉,我随后写了一篇论文,发表在 1994 年《中国语文》的第 2 期上,利用 Dowty 提出的理论架构,谈了我对上述问题的一些思考。当然,语义格成分和句子成分的配位是一个十分复杂的问题,光靠一两篇论文远远不能解释所有问题,但至少可以说,1994 年这篇论文,为我们理解同论元选择有关的语言现象提供了一条思路。

(3) Hopper, Paul and Sandra A. Thompson. 1980. Transitivity in grammar and discourse. In: Language 56 (2), 251-299. (2113)

两位作者是功能语法和话语分析领域里极有影响的大家,他们另外还有一篇重要论文 The discourse basis for lexical categories in Universal Grammar,要从事功能语法和话语分析方面的研究,Hopper & Thompson 这两篇论文是必读的。

我们都知道,"transitive"就是"及物动词"里"及物"的意思。带宾语的动词是及物动词,不带宾语的是不及物动词,这是传统语法里的内容。"transitivity"是形容词"transitive"派生而来的名词,是"及物性"的意思。这篇论文有几个主要观点特别值得我们重视。从及物性这个概念的传统定义来看,它指的是动作从一个成分出发,"抵及"另一个成分。由这个定义推论,及物性不单是动词的属性,更是整个句子的属性。该文提出,动作从一个成分抵及另一个成分的过程,涉及十个方面的因素。句子在这十个方面展现出来的特征,决定了它及物性的强弱。动词是带两个名词还是带一个名词,即传统语法所说的及物和不及物,只是决定句子及物性强弱的一个方面,其他九个方面的特征也非常重要。例如,表示动作的句子及物性较强,而非动作句(如表示状态的句子)及物性较弱。及物性是整个句子属性的观点,能够解释一些以前很难说清楚的语言现象。我在 2014 年 12 月 10 日的第二讲中讲到,无定名词做主语,有的句子能说,有的就不太能说。例如,"一个小孩很聪明"，一般不能说，得在前面加个"有"字，但是，"一个小孩慌慌张张地冲了进来"，几乎所有人都认为是合法句。用 Hopper & Thompson 的理论，很容易解释这种语言现象：及物性强的句子，无定名词可以做主语，及物性弱的句子，无定名词不能做主语。也就是说，无定名词能否做主语，并不是单纯取决于动词或主宾语本身，而是由整个句子的及物性强弱所决定。这个规律不仅适用于汉语，也适用于英语和其他语言。

从 Hopper & Thompson 上面这个观点，可以自然推出该文的第二个主要观点，就是所谓及物和不及物都是程度问题。程度强弱的概念，即渐进的概念是功能语法和话语分析核心理论思想的一部分。语言分析涉及的各种单位、各种属性之间，一般不存在断然两截、黑白分明的楚河汉界，由 A 到 B 是一个渐进发展的连续体，中间可以有一个过渡阶段，非此非彼、亦此亦彼的情况十分常见，如何处理这类现象，取决于研究者的视角和目的。从研究者的角度来说，观察介乎于两者之间的过渡阶段，往往更容易抓到事物的本质特征。举个例子，有个孩子问你为什么会有白天和黑夜，你回答说这是由太阳与地球的相对位置造成的，太阳在我们这一边，就是白天，太阳到了地球的那一边，就是黑夜。证明这一点的最好时机，不是最能代表白天的中午 12 点钟，也不是最能代表黑夜的午夜 12 点钟，而是清晨和黄昏，太阳慢慢升起和落下的时候，也就是说介乎白天和黑夜之间的两个时段，这时候解释白天和黑夜现象，能拿到最为清晰的证据。

Hopper & Thompson 文中提出的另一个主要观点是，决定句子及物性强弱的这十个方面，它们的根源不在于句子的句法和语义属性本身，而在于句子在话语中的功能，语法特征的最根本解释出自词语的话语功能特征。文中提出的这些观点对此后几十年中的语法和话语分析研究都产生了深刻的影响。

（4）Katz, Jerrold J. and Jerry A. Fodor. 1963. The structure of a semantic theory. In: *Language* 39（2），170-210.（2025）

20世纪上半叶欧洲索绪尔结构主义和美国 Bloomfield 结构主义语言学的特点之一，是对语义问题基本上不作深究。客观地说，索绪尔和 Bloomfield 等人都是资深语言学家，不可能不知道意义是语言研究不可或缺的一个重要环节，事实上他们在自己的著作中对此也有所表述。之所以对语义问题存而不论，主要是认为研究条件还不够成熟。如 Bloomfield 就直白地说，对于语义问题，我们缺乏必要的科学分析手段，因此只能将研究对象主要限制在音位、语素、法位（tagmeme），等等。乔姆斯基 1950 年代创立的转换生成语法理论也有这个特点。乔姆斯基 1957 年出版《句法结构》（*Syntactic Structures*）一书，在此前后还发表了几篇很有影响的论文，最具独创性的贡献是提出应该重新思考语言研究的根本目的：为什么孩子都能在较短时间内熟练掌握母语？为什么人们能够说出无数别人以前从来没有说过的句子，能够听懂无数以前从来没有听到过的句子？乔姆斯基提出，语言研究的根本目的就是要描写和解释这种语言能力，他创建转换生成语法理论主要就是为了达到这个目的。

在 Katz & Fodor（1963）这篇论文之前，乔姆斯基及其同道的注意力主要集中在句法结构方面，很少涉及语义问题。就乔姆斯基本人来说，他从 1950 年代到现在，一直坚持所谓的句法中心主义，主张语言理论实质上就是语法理论，语法研究独立于语义研究，语义学、语用学等都不属语言研究的核心研究领域。Katz 和 Fodor 两人是哲学专业科班出身，1960 年同在普林斯顿大学哲学系获得博士学位。Katz 和 Fodor 接受乔姆斯基转换生成语法理论的基本构想，但同时提出，语义理论应该是转换生成语法理论框架中不可或缺的部分，否则无法说明人们是怎么能理解句子意思的。Katz & Fodor（1963）一文的主要内容，就是设定转换生成语法理论模式中该由语义理论部分处理的语言现象的范围，提出它们的下限和上限，讨论词典在语义理论架构中的地位，以及语义理论部分和句法理论部分的关系，等等。这篇论文将语义理论引入转换生成语法理论架构，在转换生成语法理论发展史上是一篇拓新之作。自此之后，乔姆斯基的学生们纷纷跟进，对语义研究的兴趣越来越浓。随着研究的不断深入，在语义理论部分与句法深层结构两者之间的关系问题上，出现了很难调和的意见分歧，形成解释语义学派和生成语义学派两大阵营，造成了转换生成语法学派的第一次大分裂。Katz & Fodor 这篇文章对于我们了解转换生成语法理论早期的历史发展很有帮助，但文中提出来的问题和解决方法，基本上都是属于所谓"理论内部"（theory-internal）的问题，也就是说要放到当时的转换生成语法理论模式中去看才有意义。现在除了研究语言理论发展史的人以外，其他人已经不会去关注这篇论文的细节了。

（5）Schegloff, Emanuel, Gail Jefferson and Harvey Sacks. 1977. The preference for self-correction in the organization of repair in conversation. In: *Language* 53（2），361-382.（1780）

这篇论文的三位作者就是 Sacks 等（1974）的作者。会话中出现口误，大都由说话人自己纠正，有时候由他人纠正，自纠或他纠有什么规律，是这篇论文的主要研究内容。这篇论文不妨与 Sacks 等（1974）合起来读，两篇论文都是会话分析或称话语分析的重要文献。我想索绪尔要是读到这些论文恐怕会大为惊讶，因为在他看来语法都无严整规律可言，更何况话语单位。话语分析领域几十年来揭示了大量的语言规律，充分反映了现代语言学这门学科所取得的进步。

（6）Chomsky, Noam. 1959. A review of B. F. Skinner's *Verbal Behavior*. In: *Language* 35（1），26-58.（1143）

这是一篇在某种程度上改变了 20 世纪下半叶美国学术界生态的文章。

斯金纳（B. F. Skinner）是 20 世纪最具影响力的美国心理学家之一，是行为主义理论的代表人物，《言语行为》（*Verbal Behavior*）一书是他的代表作，主要研究外在条件对言语行为的影响。行为主义不仅是美国心理学界 1970 年代之前的主流理论，也是美国结构主义语言学理论基础的重要组成部分。Bloomfield 十分信奉行为主义理论，读过他

Language 一书的都应该会记得他所举的 Jill 和 Jack 两人的例子：Jill 和 Jack 从一条街上走下来，Jill 很饿，看见树上的苹果，用喉头、舌头和嘴唇发出声音，Jack 翻过围栏，爬上树，摘下苹果递到 Jill 手中，Jill 吃苹果。Bloomfield 将这一系列的事情分成三个部分：

  A. 言语行为之前发生的事情

  B. 言语行为

  C. 言语行为之后发生的事情

  从行为主义的角度来看，A 是刺激，B 是反应，C 是后果，刺激和反应的方式可分两大类，事件/动作和言语，Bloomfield 用 S 和 R 指非言语行为的刺激和反应，用 s 和 r 指以言语形式呈现的刺激与反应，言语是事件/动作的替代物，在起因和后果上有许多共同之处（详见 Bloomfield 1933/1973：21-41）。同为行为主义理论大家，斯金纳与 Bloomfield 在基本理论观点上是一致的，都主张对事件/动作/言语行为起决定作用的是外部因素，没有必要使用心智、意向等涉及内心因素的概念。斯金纳的研究重点是行为造成的后果对于未来行为所起的作用，即所谓的"行事条件作用"（operant conditioning），可以是正向作用，也可以是反向作用，如笼子里的老鼠，如果按动棒杆会有食物滚出，它们便会不断重复这个行为，但如果按动棒杆会受到电击，它们便不会再碰棒杆。斯金纳认为，人们的言语行为同其他行为并没有本质的不同，根据行事条件作用理论，语言的习得和使用，主要是外界因素强化和自我强化作用的结果。他 1957 年《言语行为》一书，详细阐述了他在涉及语言研究方面的主要理论观点。以刺激-反应-后果为基本内容的行为主义理论在 1970 年代以前是心理学和语言学领域里的主流理论，对于语言教学也有极大的影响，"听说领先法"及《英语 900 句》之类的教材曾经大行其道，其理论背景就是一度占据主导地位的行为主义学说。

  乔姆斯基在这篇长达 32 页的书评中对《言语行为》及行为主义理论做了严厉的抨击。从如何看待知识的起源，即哲学认识论的角度看，乔姆斯基坚定信奉理性主义（rationalism）及先天论（nativism），认为人类的理性是人们心智的根本属性，是包括语言能力在内的知识的重要来源，而这些最能代表人类本质属性的能力和知识是与生俱来的，是人之所以为人而不是其他动物的根本决定因素。理性主义在西方哲学史上的主要代表人物包括柏拉图、Descartes、Spinoza、Leibniz，等等。与理性主义相对立的主要是经验主义（empiricism），主张人出生时头脑是一块"白板"（tabula rasa），他们的能力和知识主要来自与外部世界接触过程中所获得的知觉和经验，主要代表人物包括斯多葛学派（Stoics）、Hume、Locke，等等。源自古希腊时代的理性主义与经验主义这两种对立思潮，在两千多年中相击相荡，争论从未止息。乔姆斯基1959年对斯金纳的这场论争，可以看成是自古希腊时代起理性主义与经验主义两种对立思潮在当代的延续。

乔姆斯基驳斥《言语行为》一书所用的主要论证方法是，孩子不需专门教授就能在较短时间里熟练掌握母语，仅凭周围生活环境给他们的影响，远远不足以说明他们语言能力的由来；同时，人们具有创造性运用语言的能力，能够说出别人从来没有说过的句子，能够听懂以前从来没有听到过的话，这在主张刺激–反应的行为主义理论中无法得到合理解释。乔姆斯基在文中承认，孩子的语言能力和非语言能力，有不少是通过对周围成人和孩子不经意间的观察和模仿而获得。但是，同他们最终掌握的系统而又复杂的语言能力相比，他们从周围环境得到的刺激显得很是贫乏，知识和经验之间存在巨大差距，要说前者主要源于后者，道理上是站不住脚的，这就是后来大家熟知的所谓"刺激贫乏"（poverty of the stimulus）论。这种论证方法可以直接追溯到两千多年前的柏拉图。柏拉图问道，没有别人教过、无法经由周遭环境获得的知识到底是哪儿来的？乔姆斯基后来将这个问题命名为"柏拉图难题"（Plato's problem）。柏拉图对此的回答是，这类知识与生俱来，是从前世带来的，归根结底是神灵赐予的。柏拉图的这个观点此后成了天赋论（innatism）和先天论（nativism）的基本思想，1900余年后的德国哲学家Leibniz就说，除了前世和神灵的观念无法接受，柏拉图提出问题和解答问题的方法都对。乔姆斯基认为，要解答"刺激贫乏"论的问题，只能认为人类语言能力最重要的属性是天生的，是人心智的重要部分。乔姆斯基在书评中没有直接提到他的转换生成语法理论，但我们都知道，他创建转换生成语法理论，主要目的就是描写和解释人类天生的语言能力，就是所谓的"普遍语法"（Universal Grammar），表现为成套的规则，该能力与生俱来，位于人的大脑之中，专门负责语言，独立于记忆、模仿、推理等其他认知能力。孩子出生时大脑中已经有了一套学习语言的机制，乔姆斯基称之为"语言习得装置"（Language Acquisition Device，简称 LAD）。主要是因为有了这套 LAD，所以孩子虽然处在刺激比较贫乏的环境中，还是能毫不费力地获得母语能力。

对于乔姆斯基这篇书评，语言学界基本持赞成态度，转换生成语法理论在 1960 年代迅猛发展，这篇书评起了重要作用。关于心理学界对这篇书评的反应，陈国华和杨华（2013）的文章"批判与沉默的背后——解读斯金纳的《言语行为》与乔姆斯基的书评"做了详细的介绍和分析，值得一读。简要地说，心理学界很长时间保持沉默，据上文分析，主要有三个原因：一是大多数斯金纳学派的人认为他们的行为主义不是书评中批驳的行为主义，不值得为此自辩；二是非斯金纳学派的行为主义心理学家觉得事不关己，没必要烦神；第三个原因也许最重要，认为《言语行为》并没有否认心智在语言习得和语言运用中的作用，而这篇书评却以偏概全，火药味十足，文风欠佳，不是平心静气进行学术探讨的好对象。

乔姆斯基这篇书评公允与否暂且不论，一个不争的事实是，1960 年代以后，美国语言学界以 Bloomfield 为代表的结构主义、心理学界以斯金纳为代表的行为主义以及哲学界的实用主义影响力渐渐消退，取而代之的是渐渐兴起的以心智、认知为研究重点的热潮，至今不衰，cognition、cognitive、cognitivism 等词 1970 年代以来在文献中出现频率大大超过以往。当然，这些词语的内涵和外延在各家各派之间有极大的差异，不是我们今天有时间说得清楚的。我认为，乔姆斯基和斯金纳的分歧，从西方学术史的角度来看，只是"本性还是教养"（by nature or nurture）这一持续了两千多年的历史长剧在 1950 年代出演的一幕，双方各自将典型化的角色阐释到极致的同时，难免都会招来矫枉过正、立论偏颇的指责。凡是涉及人的几乎所有领域里，这部剧目都在不断地上演。理性主义和经验主义的对立无疑还将会继续下去，争论双方永远不会放弃自己的根本理念，原因或许是他们的中间地带可能更接近真相。在这个问题上，亚里士多德的立场相对而言就显得比较全面和平允。最近几十年来，心理学家、遗传学家等在有关智力、性格同遗传的关系方面做了大量的研究，感兴趣的同学不妨将西方哲学史和现代科学领域里的有关著作找来读一读，对于打开我们的眼界、增强我们的辨识能力很有好处。

（7）Jeanette K. Gundel, Nancy Hedberg and Ron Zarcharski. 1993. Cognitive status and the form of referring expressions in discourse. In: *Language* 69（2），274-307.（977）

这是信息结构和话语分析研究领域里的一篇重要文献。大家对话语分析比较熟悉，那什么是信息结构呢，就是英文的 information structure。我 1980 年代初将一篇讲 information structure 的论文翻译成汉语介绍给国内语言学界，发表在《国外语言学》上。当时身在海外，无法及时读到国内有关论著，找不到这个词语的现成翻译，就自己动手了，也不知道我是不是第一个将它译为"信息结构"人。什么是语言的信息结构？下面抄录我 2004 年一篇论文中的一段话：

"发话人话语中涉及的有关事物以及同它们相关的内容，受话人一方是否了解，熟悉程度如何，是否是对方目前的关注焦点，在这些问题上，发话人都得有自己的估量，并以此为根据，决定自己采用的语言形式，以便与上下文顺畅相连，使受话人容易理解，取得最佳的语言交际效果。信息结构所表现的就是具体语境中发话人在这些问题上的判断、预设及意向。语言信息结构方面的内容一般表现在两个主要方面，一是事物的指称形式，二是句子的语法组织形式。同一个事物，可以用不同语言形式指称，如

各种名词短语、代词或者零形式,等等;同一个命题,可以用不同的句式表现出来。"(陈平 2004:493)

Gundel 等这篇论文的研究对象是信息结构的第一个主要方面,即发话人为同一事物选择不同指称形式的时候,起决定作用的是哪些因素。如上文所说,对于某一具体事物在受话人当时脑海中的认知状态如何,发话人必须得有自己的判断。信息结构研究的重点之一,就是探讨相关认知状态的属性、相互关系以及同语言形式的对应。例如,哪些信息是新的,哪些是已有的,哪些是对方知道的,哪些是不知道的,哪些是对方知道而没有想到的,哪些是刚刚提到的,等等。这些属性有的与受话人的工作记忆(working memory)有关,有的与长期记忆有关。有关文献中常用术语林林总总,如"新信息(new information)""旧信息(old information)""确定(given)信息""未知(unknown)信息",等等,各家的用法往往不完全一样。Gundel 等这篇论文用"确定性"(givenness)这个概念总括所有同认知状态相关的特征,将有关状态归纳为焦点(in focus)、触发(activated)、熟悉(familiar)、个体定指(uniquely identifiable)、有指(referential)及类型定指(type identifiable)六类。这六类状态构成一个"确定性层级系统"(Givenness Hierarchy),位于前面的认知状态蕴涵位于后面的所有状态,例如,呈个体定指状态的成分同时为有指和类型性定指。就英语中种种指称形式而论,这六种认知状态分别与 it、this/that/this N、that N、the N、无定 this N 及 a N 六种指称形式相对应,特定认知状态是选用对应指称形式的必要和充分条件。除了英语以外,该文还同时研究了日语、汉语、俄语和西班牙语中分别与六种认知状态对应的指称形式。因为位于前面的认知状态蕴涵于后面的状态,所以同前面状态对应的指称形式也可以被后面的指称形式取代。面对两种或更多的可选指称形式,发话人如何决定,受话人如何理解,作者利用 Grice 的数量准则(Grice's Maxim of Quantity)来解答这些问题。文章同时利用话语分析的方法,从五种语言的真实语料中得出有关统计数据,从指称形式的分布角度说明相关指称形式同六种认知状态的对应关系。例如,该文根据语料发现，英语用 it 的场合，日语用零形式，汉语、俄语和西班牙语则用零形式或人称代词。

这篇论文的特点之一是相对独立于特定的语法理论模式，不同理论背景的研究者都可能从中找到对他们有用的东西，在这一点上，它同信息结构研究领域里最重要的专著之一 Knud Lambrecht 所著 *Information Structure and Sentence Form* 有某些相似之处。

（8）Fillmore, Charles J., Paul Kay and Mary Catherine O'Connor. 1988. Regularity and idiomaticity in grammatical constructions: The case of *let alone*. In: *Language* 64（3），501-538.（957）

这篇论文是构式语法（Construction Grammar）早期发展阶段的一篇重要文献。

美国语言学界近半个世纪以来有两个主要的对立学派，一是以乔姆斯基所在的麻省理工学院为中心的转换生成语法学派，一是功能／话语／认知学派，其代表人物早期主要在美国西海岸的几所大学工作，其中以加州大学伯克利分校人数最多，影响力也最大。转换生成语法学派和其他一些形式语言学学派研究重点之一是建立一个高度形式化的、严整的、系统的语法理论模式，既是语言研究的描写工具，也是解释工具。功能学派的代表人物如 Wallace Chafe、George Lakoff、Talmy Givón、Sandra Thompson、Paul Hopper 等人则大都专注于具体研究领域，如功能语法、认知语法、话语分析中的具体语言现象，对构筑覆盖整个语言系统的抽象语言理论模式，尤其是形式化的语言理论模式没有多少兴趣。也有例外，主要是加州大学圣地亚哥分校的 Ronald Langacker 创建的认知语法（Cognitive Grammar），以及加州大学伯克利分校的 Charles Fillmore 及其同事从 1980 年代开始创建的构式语法。两者都是有形式化表征体系的语言理论模式，其中构式语法的研究范围更广、系统性更强，在理论模式的架构设计上可以包容词汇、句法、语义、语用、信息结构、话语组织、交际互动等种种属性。

构式语法理论起源于 George Lakoff 提出的"认知语义学"（Cognitive

Semantics）和 Fillmore 早期提出的"格语法"（Case Grammar），格语法后来发展为"框架语义学"（Frame Semantics），是 Fillmore 构式语法理论模式中的一个组成部分。构式语法的基本单位是所谓的构式（construction），构式是个理论概念，定义为语言形式同对应的语言意义/功能集合为一体的符号。构式在语言表现形式上可以是单词、词组、小句或是句子，具有种种词法、句法或韵律方面的形式特征，而构式的意义/功能则包括有关该词语的语义、语用、信息结构、话语结构、交际环境等各个方面的知识。构式语法理论认为，一种语言的语法从本质上来看，就是该语言所有构式的集合体，构式与构式之间通过由交叉、互补等各种关系形成的网络联系在一起。判断某个语言成分是否是构式，最重要的标准是语言形式和意义/功能之间的联系必须是约定俗成的关系，而不是其组成部分的简单加合，换句话说，就构式而言，整体大于部分之和，不是部分的简单相加。最能体现这个特征的是我们平时所说的成语或惯用语，如"吹牛""老油条""七上八下"，等等。惯用语在语言学研究中一向处于边缘地位，相对而言数量少，结构、意义和用法方面很难找到普遍规律，属于语言单位中的特例，学习和使用中一般作为不加分解的整体单独处理。而其他的所谓普通（regular）词语，则有能产性特征，遵从带有普遍性特征的规律，在词法和句法上可以分析为最小成分根据有关规则，如短语结构规则（phrase structure rule），逐层生成，在语义分析上则主要遵循所谓的组合性（compositionality）原则。

这篇论文和下面要讨论的 Kay 等（1999）所做的主要工作之一，就是颠覆这种根深蒂固的传统观点。它最具独创性的思想是，惯用语和普通词语两者之间在本质上是相同的，不应该有边缘和中心之分，我们可以用同一套理论原则和描写方法说明包括惯用语和普通词语在内的所有语言单位。构式语法理论的这个观点主要有两个方面：(a) 所谓的惯用语，在结构组织、语法特征和使用特征方面，表现出来的性质在许多地方同普通词语相差无几。Fillmore 等这篇论文的主要分析对象是英语中的惯用语 *let alone* "更不用说"，文中花了大量篇幅证明这一观点。

（b）所谓的普通语句结构，就其最基本和最重要的属性来说，它们在形式与意义／功能两者之间关系问题上，本质上同惯用语是一样的，起决定性作用的并非是组合性关系，而是一种约定俗成的关系。以英语中"形容词＋名词"为例，该结构的意义／功能是形容词将名词的所指范围限制在符合形容词描写属性范围之内的事物，形式和意义／功能之间的这种关系是约定俗成的，是说英语的人语言知识的一部分，并不能从形容词和名词这两个组成部分本身的属性推衍出来。既然如此，惯用语分析时所用的原则和方法，应该同样适用于普通词语。

构式语法理论过去二十年中发展很快，以前是 Fillmore 等理论模式的专称，现在同时成了许多相关语法理论和研究方法的统称，原来大写，现在也常常小写了。除了 Fillmore 和同事提出的理论模式以外，Adele Goldberg、William Croft 等人也分别提出了自己的构式语法理论模式，研究范围从原来的以句法研究为主扩展到语言习得、语言演变、语言类型学及计算语言学等新的领域。

（9）Fromkin, Victoria A. 1970. The non-anomalous nature of anomalous utterances. In: *Language* 47（1），27-52.（874）

这篇论文的研究对象是口误。利用分析口误现象，为许多语言特征、语言单位以及语言使用过程的心理存在提供证据。作者和她的同事用三年的时间，搜集了600多个口误实例，文章的结论就是根据对600多个实例分门别类进行分析而得出。

语言研究中的一些常用理论概念，如语音区别性特征、音位等，单从语言的表面形式看不出它们的实际存在，这些抽象概念有无心理基础，是一个有待证明的问题。不仅如此，就是音节、语素、词等语言单位，如果只是根据普通语流形式，并不容易证明它们是否是独立单位（discrete unit）。英语书写时词与词用空格隔开，只是一种人为的书写手段，连续语流中这种分隔并不明显。我做学生时参加过一个计算机自然语言处理研究项目，设计一个英语声文转换系统，对语言单位之间边界的模糊性深有体会。汉语中语素、字、词等概念的区别与联系，一直是个很复杂的问题，主要原因就是发音、书写和心理等因素相互缠绕。Fromkin 这篇论文详细分析了 600 多个口误实例中所涉及的语言单位，从有关语言单位的替代、增加、省略和换位等现象出发，提出只有认为区别性特征、音位、语素结构、音系规则以及一些句法和语义规则实际存在于说话人心理之中，才能为这些口误现象提供满意的解释。

  Fromkin 是心理语言学家，信奉乔姆斯基的转换生成语法理论，但她的这篇论文与转换生成语法理论或其他特定的语言学或心理学理论模式没有直接关联。文章对搜集到的口误实例条分缕析，给出了详尽的讲解，所有结论都是来自分析材料，是一篇相对而言"理论中立"（theory-neutral）的研究报告。但另一方面，这篇论文同时证明，语言中的许多单位、结构和规则，光从语言的表层形式不一定看得出来。罗素、乔姆斯基等人都为一些语言现象设定了不同于表面形式的底层结构，包括 Fromkin 这篇论文在内的研究成果为他们的理论立场提供了某些心理语言学上的证据。

  （10）Jones, Lawrance G. 1956. Review of *An Outline of English Phonetics*, by Daniel Jones. 8th Edition. In: *Language* 32（3）, 546-549.（866）

  这篇书评的对象，是英国著名语音学家 Daniel Jones 所著 *An Outline of English Phonetics*《英语语音纲要》的第八版。这部著作初版于 1918 年，内容主要是记录英国英语的所谓"标准发音"（Received Pronunciation），主要目的是供外国人学习英语发音之用，也是本族人纠正自己口音的常用参考书，曾几何时被教育界许多人看作为英语语音教学的"圣经"，而 Daniel Jones 则成了标准英语发音的同义词。Daniel Jones 之所以有名，还同一部戏剧有关。爱尔兰剧作家萧伯纳 1912 年写了一部戏剧《卖花女》（*Pygmalion*），讲的是一位贫穷的卖花姑娘，语言粗鄙，举止低俗，伦敦一位语言学教授 Higgins 同朋友打赌，用自己的方法对她进行语音和仪态训练，结果六个月内将她变成一位操一口标准上流社会语言、仪态万方的公主，在社交场合大受欢迎。该剧本后来被好莱坞改编成电影《窈窕淑女》(My Fair Lady)搬上银幕，由奥黛莉·赫本（Audrey Hepburn）主演，一时红遍天下，所讲故事也成了社会语言学课堂上的最好例子。萧伯纳剧本中 Higgins 教授的原型便是此书的作者 Daniel Jones 教授。

　　对于这部在英语教育界享有盛誉的著作，这篇书评对它贬多褒少。书评认为，Daniel Jones 对于英语词语的发音，观察细致入微，用国际音标给出了详细而准确的标注，这无可置疑地是这部著作最值得称道的长处。但是，在对这些语音材料进行分析和讲解时，书中出现了许多不尽如人意的地方。例如，将语音转写为书写符号，有所谓的严式和宽式之分，Daniel Jones 在解释两者区别时往往将音位特征和形位特征混为一谈，没有足够专业知识的读者不太容易明白作者的意思。Daniel Jones 书中注意到，英语中长元音及双元音在清辅音前比在浊辅音前或词尾时发音略为短促，在非重读音节中又比在重读音节中短促，接着又提到短元音的发音也有同样的现象。书评认为，将英语元音受邻近语音环境影响而展现的这些非区别性特征说成是长和短的区别，不够准确，根据它们的物理和生理学属性将它们定为"松"（lax）和"紧"（tense）的区别更为贴切。更重要的是，书评认为，书中关于元音发音长短的表述重复和混乱之处不少，完全可以运用音位学上对立的概念，将语音环境对元音实际发音的影响讲得更加简洁、更加透彻。Daniel Jones 一书还用了很长篇幅讲英语重音和语调，书评认为，材料收了许多，但在整理和分类方面错漏不少。该书评一个比较尖锐的观点是，Daniel Jones 这部著作中出现的问题，大都可以归结为作者在当代语言科学，尤其是音位学和实验语音学方面学养不足。这个评价对 Daniel Jones 是否完全公平另当别论，但对于只抱着《英语语音纲要》这样的教科书而不重视相关学术研究最新进展的语言教师来说，书评中的观点或许值得大家深思。

　　（11）Labov, William. 1969. Contraction, deletion, and the inherent variability of the English copula. In: *Language* 45（4），715-762.（761）

这是一篇早期社会语言学研究领域里的重要论文。社会语言学研究语言与社会的关系和相互影响，主要涉及语言发音、词汇和语法的种种变体与相关的社会因素之间的关系，所谓的社会因素则包括种族、地域、年龄、性别、教育程度、经济收入、语言环境和功能，等等。对语言和社会两者之间关系的研究兴趣由来已久，但社会语言学作为一个比较系统的研究学科从迅速兴起到很快成为显学，则是从1960年代开始的事情。西方各国从1960年代起，掀起了一场大规模的影响深远的社会进步运动，主要目的之一就是为长期以来处于被压迫、被漠视状态的所谓"弱势群体"（disadvantaged groups）争取平等权利，从而推动社会公平正义，社会语言学的迅速发展就是在这样的时代背景下发生的。社会语言学早期的代表人物主要有英国的 Basil Bernstein，美国的 Charles Ferguson、Joshua Fishman 及 William Labov 等人。Bernstein 是社会学家，主要研究教育问题，第一次系统阐述劳工和农家出身的孩子在日常所用语言方面同中产阶级子弟的差别，前者所用语言的特点往往是信息量较为浓缩，需要具备大量的背景知识才能理解，比较适合小范围人群之间的交流，Bernstein 称之为"局限语码"（restricted code），与局限语码相对立的是所谓的"复杂语码"（elaborated code），表述明晰详尽，不需要太多的背景信息就能理解，学校课堂讲课、教科书、考试等所用的语言一般都是这种所谓复杂语码。Bernstein 认为，工农子弟在学校里的语文成绩常常不如中产阶级子弟，他们各自熟悉的语码不同是重要原因，因此政府和学校有必要采取措施，为工农家庭出身的孩子有的放矢地提供帮助，以促进社会公平发展。美国拉波夫（Labov）的社会语言学研究动机与 Bernstein 相似，其研究重点是美国英语中的变异现象与有关种族和社会阶层的种种变量之间的共变关系，1960年代以研究美国黑人英语以及纽约各社会阶层的语言使用特点成名，后来将研究兴趣扩展到语言演变和美国方言学，是美国社会语言学的主要代表人物。

这篇论文研究的语言现象是非标准黑人英语（non-standard Negro English，简称 NNE）中"BE"的省略。同标准英语（standard

English，简称 SE）不同，NNE 中主语与表语之间有时会省略系词 BE，主语与动词"-ing"之间有时会省略助动词"BE"，同汉语某些句式相仿，如"小张（是）北京人"。这篇论文的目的，是探讨 NNE 中"BE"的出现或省略有无规律可循，以及如何在当时处于主流地位的转换生成语法理论模式中表述有关规律。

作者及其团队多年来对纽约城哈莱姆区 6 个黑人青少年集群，以及同一地区 20 位属于劳工阶层的成年人在自然环境中所用的语言进行了详细的观察和记录，该论文所用的语料，都是来自这些观察和记录；作为对照，作者同时研究了纽约上曼哈顿地区两组白人青少年劳工阶层集群所用的语言，他们说的是另外一种非标准英语，作者称之为非标准白人英语（White non-standard English，简称 WNS）。首先，作者发现，NNE 中的系词/助动词"BE"省略与否，是有严整规律可循的。SE 中的"BE"有时可以缩写形式出现，如"he is → he's, I am → I'm, you are → you're"，对比 SE 和 NNE，"BE"在 SE 中可以缩写形式出现的场合，NNE 可以删除"is"和"are"；"BE"在 SE 中不能以缩写形式出现的场合，NNE 不能删除"BE"，几乎没有例外。该文还注意到，NNE 可以删除"BE"的场合，并非所有说 NNE 的人都将"BE"删除，有人用完整形式"he is"，有人用缩略形式"he's"，有人将其删除，相比之下，说 SE 和 WNS 的人最常用的是缩略式。

作者重点讨论的是这些语言事实在当时的转换生成语法理论模式中应该如何处理，包括应该用什么样的转换规则表现这些语言事实，涉及的转换规则应用次序是什么，如何用同一套规则说明 NNE、WNS 和 SE 在这些语言现象上的异同，如何将定量关系在转换规则系统中表现出来，等等。作者将描写 NNE 中缩略和删除现象的定量分析纳入转换生成语法模式架构中，在有关转换规则的运用次序上认为必须是缩略规则在先，删除规则在后。

现在来读这篇论文，当时流行的转换生成语法理论模式早已过时，因此文中讨论的许多技术细节也失去了主要价值。但是，作者在语法理论模式如何处理定量关系问题上的看法，现在依然能给我们很多启发。作者认为，定量关系不是指示某个理想语法系统的近似值，而应该是语法形式自身属性的一部分，语言理论应该也能够说明存在于使用者之间的语言变异现象，如何选择使用变异形式是人们语言能力（competence）的一部分，不宜将它们全部扫入所谓的语言使用（performance）范畴——所有这些观点至今依然具有一定的理论意义。

（12）Traugott, Elizabeth Closs. 1989. On the rise of epistemic meanings in English: An example of subjectification in semantic change. In: *Language* 65（1），31-55.（692）

这是一篇讲语法化的论文，作者是该研究领域里最有影响的人物之一，她同 Hopper 合著的 *Grammaticalization*（2nd edition），2003，Cambridge University Press 是语法化研究领域里最常用的教科书。

"语法化"这个术语是法国语言学家 Antoine Meillet 1912 年在一部研究语法形式历史演变的著作中提出来的，1970 年代以后北美语言学界越来越多人开始关注语法化问题，从事这方面研究的大都是功能/话语/认知语言学阵营里的语言学家。语法化所指的现象，主要是表示实在意义的词语或结构渐渐虚化，成为表示语法意义的成分，在这个过程中，该词语结构原来的实词意义逐渐弱化以至于消失，语音形式渐渐弱化，如失去原有的重音等，语法形式上的独立性渐渐削弱。在欧洲语言里典型的演变途径是：实词→语法虚词→附着成分→屈折词缀。语法化研究主要属于历史语言学研究范畴，但其中的理论、方法、概念也用来描写和解释共时状态中的许多语言现象。我在 1986 年发表过一篇论文，就是用语法化的概念解释英语中一个共时语言现象（Chen 1986）。

Traugott 语法化研究重点是语义和语用方面，这篇论文探讨英语中某些词汇或语法成分如何演变成为表示认识意义（epistemic）的词语，以及在这个过程中起决定作用的普遍原则。所谓认识意义，作者指的是说话人对有关命题真实程度高低所持的态度，最常用来表示这种意义的词语有"也许""肯定"等。Traugott 在此之前，提出词语的语义和语用演变经过三个阶段，从命题概念（propositional, ideational）意义，到表示话语篇章中起连贯作用的意义，再到表现预设和其他语用现象的意义。这篇论文进一步深化了作者以前的观点，提出了语义演变三大密切相连的趋向：

1）描写外部状态的意义趋于演变为描写内部（评判、知觉和认知）状态的意义；

2）描写外部或内部状态的意义趋向于演变为表示话语篇章意义和元语言学意义；

3）语言成分的意义会渐渐趋向于表示说话人对于命题所持的主观意见和态度。

三个趋向的共同点是，后起的意义以语言所表示的物体和状态为先决条件，进而表示不能脱离语言而独立存在的评价和关系意义。Traugott 这篇论文重点研究第三个演变趋向，用来说明这个趋向所用的例子，是英语发展史上表示认识意义的有关词语，共有三个主要来源，分别是情态助动词（modal auxiliary）如"must"，断言性言语行为动词（assertive speech act verb）如"insist"，以及情态副词（modal adverb）。作者追溯了这些词语从上古英语，经由中古、近代直至现代英语的演变过程。Traugott 文中最后提出，就她目前掌握的材料来看，语义演变遵循整齐的规律，可以通过跨语言的研究，找出适用于任何语言的演变规律。

（13）Haugen, Einer. 1950. The analysis of linguistic borrowing. In: *Language* 26（2），210-231.（681）

这篇论文研究语言中的借用词语，主要语料来自操英语/挪威语、英语/瑞典语、英语/德语、英语/葡萄牙语，以及英语/美国印第安语等双语人的话语记录。作者 Haugen 出生于美国一个挪威移民家庭，小时候回挪威住过几年，对于会说两种语言的人表现出来的语言特点，作者本人从小就有比较深切的体会。会说双语的人说话时有一种常见的现象，以一种语言为主，但时时借用另一种语言的词语，这就是语言研究中的所谓借用现象。该文对借用现象进行了系统的分析，涉及词语的拼写、语音、语素、语义、语法、社会属性等各个方面，提出了借用现象的主要类别以及它们各自的特征，为后来的研究者所广泛采用。该文还讨论了双语不同习得阶段在借用现象方面展现出来的不同特征。早在 1881 年 William Dwight Whitney 就注意到，借自外语的语言成分，其出现频率同它们的属性有关，名词最常见，其他词类次之，词缀、屈折变化又次之，最少借用的是语音成分。Haugen 文中根据自己和他人搜集的英语/挪威语和英语/瑞典语的材料发现，借词中名词比例最多，达 72%-75% 左右，动词次之（18%-23%），形容词又次之（3%-4%），副词/介词及感叹词各占 1% 上下，未见冠词和代词。作者指出，借词的这种分布状况同语言的一个规律有关：语言特征的惯用性越强，在意识里潜伏得越深，就越不容易受外来影响而改变。

（14）Harris, Zellig S. 1952. Discourse analysis. In: *Language* 28（1），1-30.（641）

作者 Zellig S. Harris 是美国结构主义 Bloomfield 之后学派的代表人物，也是乔姆斯基的老师，主要著作有 1951 年出版的《结构语言学方法》等。美国结构主义学派的着力点，是确定一套精确的、一步不逾的语言描写方法。Harris 把这种思想发挥到淋漓尽致的地步，描写模式的形式化也在他手里被提到一个空前的高度。他的这篇论文，就是将音位分析、语素分析和句法分析中所用的，以切分、替换和分布为基本手段的研究方法扩展到比句子大的话语平面。首先，他把句子的组成部分根据它们分布环境上的相同或相等归为等值类（equivalence class），然后将句子分解为间隔（interval），分解出来的每个间隔都由相连的等值类组成，在其组成成分上尽可能同话语中其他有关间隔相似，然后研究相连间隔中等值类的分布，找出它们在分布上的规律，以这种方式揭示具体话语结构的特征。前后相连的句子之间有许多关系，通过分析这些句子中等值类的出现规律，可以揭示这些关系，而依靠主语谓语这些概念的句子分析则对此无能为力。Harris 的话语分析方法同他的音位分析、语素分析和句法分析一脉相承，将语义因素基本排除在外。后来从事话语分析研究的人采取的是一套完全不同的方法，语义、语用和信息结构方面概念在话语分析中起着关键的作用。因为种种原因，Harris 的话语分析方法语言学界赞扬的人很多，但跟进的人很少。他后来对他的语言分析方法做了进一步充实和改进，提出了"语符列理论"（String Theory），理论语言学界几乎无人关注，但在计算机自然语言处理领域得到实际运用。

（15）Bolinger, Dwight. 1982. Intonation and its parts. In: *Language* 58（3），505-533.（591）

20 世纪下半叶，乔姆斯基革命开创了语言学研究的新时代。但也有一种说法，乔姆斯基光芒四射，遮盖一些本应在语言学界发挥更大影响的优秀语言学家，这些人中包括英国语言学家 M. A. K. Halliday 和美国语言学家 Dwight Bolinger。实际上，追随 Halliday 的人一直不少，尤其是在英国、澳大利亚和中国，但 Bolinger 1980 年代以后就很少有人再提到他了，这是很可惜的事情。Bolinger 不是太喜欢抽象的语言理论模式，但作为一个语言学家，他对语言问题的直觉非常好，观察和分析问题的角度和方法反映出他对语言现象尤其是语义学问题有非常深刻的理解。他的文集 *Form and Meaning* 充分展现了他在意义问题上高超的分析能力，有形式区别就一定有意义区别，就是他信奉的基本原则之一。他还写过一本普及性著作 *Aspects of Language*，没有太多的术语，很容易读。

语言学家认为，除了表示如疑问、肯定等语法意义之外，语调还可以有自己独特的语汇意义。Bolinger 这篇论文研究的是英语中一种特殊调型，大致可以分成三个部分：开头高平或微升，中段逐步下降，句末微升，句子重音落在整个句调的最低点或其附近。Bolinger 之前几位语言学家认为这是一种表示"抗辩"意义的调型。Bolinger 赞同语调调型有自己的意义，独立于句子的语法或词汇意义。但是，他在文章中对这种调型提出另外一种分析方法。首先，他认为说话人的主观情绪由轻松快乐到惊慌恐惧两端之间存在一个连续体，这种特殊调型表现的是这个连续体上的一个点或一小段。它由两个基本成分组成，升调和降调，分别表现说话人情绪上的紧张和放松,形式和意义之间是一种"象似性"(iconic)的关系,本质上相同于肢体语言。两个基本组成部分连续排列组合,同时在速率和程度方面受到种种调控,构成了这种特殊调型。至于其他语言学家所认定的"抗辩"意义,Bolinger 认为不应该看成是这种调型的基本意义,而是受话人自己根据上下文做出的推断。文章提出,将语调认定为发话人主观情绪的形式体现,更能揭示语调的本质特征,具有普遍意义。该文还提到句子信息结构的两个重要概念,广域焦点(broad focus)和狭域焦点(narrow focus),并讨论它们同语调的关系。文章同时举例分析其他语言中的相关调型。同 Bolinger 的其他著作一样,该文没有使用很多专门术语,而是用普通学术语言对许多精细微妙的语言现象进行剖析和阐发,充分展示作者在语义分析方面洞幽烛微的深厚功力。

(16)Kay, Paul and Charles Fillmore. 1999. Grammatical constructions and linguistic generalizations: The What's X doing Y construction. In: *Language* 75(1), 1-33.(589)

这篇论文是构式语法发展史上的又一篇重要文献。上面讨论的 Fillmore 等(1988)论文最后一段中说,希望以后能够证明,用来说明惯用语 *let alone* 所用的原则、方法和工具,也同样能用在其他词语,尤其是由短语结构规则生成的词语身上。Kay & Fillmore(1999)这篇论文,用作者的话来说,就是要兑现上次开出的"本票"(promissory note)。前面说到,构式语法理论主张,语言理论模式应该能够处理语言中所有的词语结构,建构这样一个语言理论模式所用的语料既有普通词语,也有惯用语,两种语料的地位应该是平等的,没有边缘和中心之分。构式语法使用相同的一套表征系统,说明惯用语和普通词语的属性和用法。本文以分析"What's X doing Y"这一语法构式的句法和语义特征为例,说明构式语法理论模式的形式架构,同时说明如"What's X doing Y"这样的语法构式同英语中其他普通语法结构之间的关系。

Key & Fillmore 这篇论文详细介绍了他们的构式语法模式所采用的

架构和运用方式。作者使用数学图论（graph theory）中"树"的概念来说明构式语法模式的主要表现方式。在他们的模式中，语法构式都以带结点（node）的树的形式表现出来，而种种句法、语义、语用等结构和意义/功能特征的集群则同结点对应，是由属性及其值构成的矩阵（attribute-value matrix）。构式是抽象概念，实际上表现为一组条件，符合条件的语句就是该构式的实际体现，文中用"construct"这个术语来指称后者。从构式及其实际体现的直观表现方式上来讲，可以用带标记的括号结构、分叉弧状结构或者箱状结构，三者并无实质区别，但本文作者以及其他一些重要的构式语法学家都偏好使用箱状结构。Kay & Fillmore 构式语法模式是单层架构，在设计和运用方面同 GPSG 和 LFG 等形式语法理论模式有相似的地方，都是所谓基于合一（unification-based）的形式系统。Kay & Fillmore 文中比较详细地介绍了该语法模式在构造和处理上的技术细节。注意并不是所有构式语言理论模式都采用与 Kay & Fillmore（1999）相同的形式架构，感兴趣的读者可以参考 Goldberg（2006）。

（17）Jackendoff, Ray. 1970. Morphological and semantic regularities in the lexicon. In: *Language* 51（3），639-671.（588）

Jackendoff 是乔姆斯基最早的学生之一，但同乔姆斯基相比，他更注重语义，虽然接受转换生成语法的哲学原则及基本理论，却同时认为乔姆斯基将语言研究集中在句法方面是犯了一个"科学上的错误"。他本人的重点研究领域是语义和认知，几十年来在学术上一直非常活跃。Jackendoff 这篇论文是一篇典型的所谓理论内部的研究论文，要放在当时的转换生成语法理论模式的大框架以内，才看得出它的意义。乔姆斯基 1965 年提出的所谓"标准理论"模式中，短语结构规则生成句法深层结构，通过转换规则将其变成表层结构。那段时期正是转换生成语法理论开始进入高速发展的阶段，美国语言学界的语法理论研究大都在标准理论和 1960 年代末、1970 年代初提出的所谓"扩充标准理论"（Extended Standard Theory）的框架中展开，研究的主要问题包括某些语法结构是应该由短语结构规则直接生成，还是应该通过转换规则生成等。类似的问题延伸到对理论模式中词库里相关词项的处理方法，如"decide"及其名物化形式"decision"等，不但涉及词法和语法问题，更涉及语义问题。对于这样成组的同根词，或许会认为最简单的处理方法就是将一个形式定为基本形式，其他同根词由转换规则得出。但是，乔姆斯基等人提出的所谓"词汇假说"（Lexicalist Hypothesis）规定，转换规则的应用范围只能是句法成分，不能是比词小的语言成分，其目的是丰富短语结构规则生成的基础部分（base component），同时精简转换规则部分。如何在遵守词汇假说的前提下表现"decide/decision"等相关词语之间的关系，既要符合经济原则，又能同时说明连同惯用语在内的大量相关语言现象，包括人们在词汇方面的创新能力，是Jackendoff这篇论文要解决的主要问题。他提出的解决方案使用了词汇冗余规则和语义冗余规则，并用一套形式系统将相关规则连接起来。文章中提出问题的出发点、解决问题过程中重点考虑的因素、对备选方案的测评标准，等等，都得结合当时标准理论模式内部关注的问题才能真正读懂背后的意义。

（18）Sapir, E. 1929. The status of linguistics as a science. In: *Language* 5（4），207-214.（579）

萨丕尔（Sapir）是美国人类语言学家，大家听说过这个名字常常是因为所谓萨丕尔-沃尔夫（Sapir-Whorf）假说。这篇文章是他1929年在美国语言学会、美国人类学会和美国科学促进会联会上的发言，距美国语言学会1925年成立只有四年时间，语言学家还处在要告诉别人他们是干什么的、语言学有什么用的阶段。记得我国语言学界在1970和1980年代也还要不时论证语言学如何应该是一门领先学科、如何应该大有可为等，所以这篇文章有些地方给我似曾相识之感。Sapir文中开头提到了欧洲历史比较语言学取得的成就，提到他和其他几位美国语言学家利用同样的方法研究美洲印第安语言，也获得可观的研究成果，由此证明，语言学家多年研究工作中提炼出来的一整套研究方法，其科学性和有效性是毋庸置疑的。Sapir 的文章分别阐述了语言学研究对人类学、文化研究、社会学、心理学、哲学是何等的重要，认为离开了对人类语言的研究，所有这些学科在深度和广度上都不会达到令人满意的程度。在论证语言学是多么有用的同时，Sapir 也没有忘记阐述自己有关语言决定思维和社会存在的观点。文章最后回答是应该将语言学看作为一门自然科学，与生物学归为一类，还是一门社会科学。Sapir 认为，语言首先是一种文化和社会产物，因此语言学应该主要是一门社会科学。

(19) Braine, Martin D. S. 1963. The ontology of English phrase structure: The first phase. In: *Language* 39 (1), 1-13. (557)

这篇论文研究儿童语言习得，主要探讨英语中短语结构的起源。大家知道，儿童语言习得过程分成几个阶段，就西方语言研究结果来说，六至八个月是呢喃学语阶段，九至十八个月是所谓的独词句阶段，主要用一个词表示自己的意思，十八至二十四个月是二词句阶段，二十四至三十个月是电报文体式的多词句阶段，三十个月以后逐渐使用比较常规的多词句。二词句阶段开头四五个月中，所用句式结构比较简单，有自己的特点，数量增长速度也比较平缓，作者称之为第一阶段，第五、第六个月以后句子数量急剧增长。本文的研究重点是二词句第一阶段句式的结构特点，所用语料来自对三个孩子自然话语的详细记录。作者发现，孩子在这个阶段词汇量有限，少数词在二词句中占有固定的位置，大都在句首，少数在句尾，作者将这类词称为"基准"（pivot）词，其他数量较多的词则占据基准词前后的位置。孩子掌握了基准词的位置，其他词语则作为附属部分使用，随着基准词数量和使用频率的增长，结构的概念便渐渐形成。

(20) Du Bois, John. 1987. The discourse basis of ergativity. In: *Language* 63 (4), 805-855. (554)

这是一篇功能语法和话语分析领域里的重要文献，从话语分析的角度解释同作格相关的语法现象。不及物动词带一个论元，用 S 代表；及物动词一般带两个论元，施动性较强的成分，通常是主语，用 A 代表，受动性较强的成分，通常是宾语，用 O 代表。可以根据对 SAO 的语法表现方法将世界语言分成宾格语言和作格语言两大类。宾格语言用同样的语法手段，可以是词序、语法虚词/词缀、词形变化，等等，表现 S 和 A，对 O 则用不同的语法手段表现，以示区别，如英语不及物动词的主语 S 和及物动词的主语 A 在语法表现上是完全一样的，但及物动词的宾语 O 则是另一种语法表现。作格语言则将 S 和 O 作为一类处理，而 A 则是与 S 和 O 相对立的另外一类。

  Du Bois 这篇论文要回答的问题是：作格语言对 SAO 三种论元采用这样的语法表现方法，其深层致动因素是什么？作者分析的语料来自中美洲危地马拉的一种作格语言 Sacapultec Maya。作者记录了大量的自然话语段落，对有关动词及其所带论元 SAO 的语法、语义和语用话语特征进行了详细分析。作者提出，为便于信息交流，语流通常由一个个语调段落组成，语调段落通常表现为动词带论元组成的小句，从语用和话语分析角度来看，一个小句通常只传递一个新信息，一般出现在 S 和 O 的位置上；从语法形式上来看，承载新信息的论元一般以名词性成分出现。一个小句通常只带一个名词性成分。在作者所分析的大量语料里，这个承载新信息、表现为名词性成分的论元一般出现在 S 或 O 的位置上，极少出现在 A 的位置，A 位置上出现的论元一般都以代词或黏着语素等形式出现。作者将这种语法表现形式上的特点命名为"优先论元结构"（Preferred Argument Structure，简称 PAS），PAS 描写的是句法结构特点，"优先论元结构"中的所谓"优先"，是通过对大量语料的调查统计数字得出来的结论。作者认为，PAS 的深层决定因素要到话语和语用中去寻找。及物动词句中，A 位置一般留给已给信息，原因是这样做有助于保持话语中的主题连续性。如果有新信息引进，留给它的位置就只有 O。至于不及物句中的 S，因为动词只带一个论元，以名词性成分出现的新信息在 S 出现，不存在与句子中其他新信息竞争的问题，不会违反一个小句一般只带一个新信息的限制。因此，作者认为，作格语言在语法表现手段上将 S 和 O 归为一类，根本原因是 S 和 O 展现了相同的话语/语用特征，将 A 归为另一类，是因为它展现了同 S 和 O 迥然有别的话语/语用特征，也就是说，作格语言的这种语法形态特征实质上就是话语/语用特征的语法化结果。

文章提出，PAS 很可能并不局限于作格语言，在宾格语言中也有所体现，要得出完整的结论，还要做更广泛的调查研究。如果认为 PAS 很可能广泛存在，那就引出另外一个问题：为什么并非所有语言都是作格语言，为什么还会有宾格语言？为了回答这个问题，作者提出"竞争性致动因素"（competing motivations）的概念：用在话语中的词语，同时具备好几个方面的属性。拿名词性成分来说，有其本身的语义属性，如生物性和非生物性，等等；有与动词之间的语义格关系，如施事、受事，等等；有句子接续关系方面的属性，另外还有话语平面上的连续性与非连续性方面的属性，等等。作为一个编码（encoding）系统，就编入哪些方面的属性而言，语言的语法手段在数个竞争性致动因素之间必然会有所选择，有所侧重，因此，虽然所有语言在实际使用时，涉及的是大致相同的语义/语用/话语功能特征，但它们采用的语法表现手段却可以有很大的不同。作者最后强调，本文采用的研究方法有一个许多其他的语言理论模式无法相比的优点，文中做出的判断和假说，都能够从实际话语中，更具体地说是从有关语言特征在自然语料中的出现频率上，找到证实或证伪的客观依据。关于作者在 PAS 和竞争性致动因素等方面更详细的论著，可参考 Du Bois（2003，2014）。

2. 语言学论文的写作和发表

剩下的时间，我们谈谈语言学研究论文的写作和发表。有了上面 20 篇经典论文作为参考对象，一些重要的地方我们可以看得更为清楚一些。

什么叫研究？*Webster's New Collegiate Dictionary*（1981）给出下面的定义，分出三种类型，言简意赅，我直接引用如下：

1）通过调查或者实验，发现和解释有关事实；

2）根据新发现的事实，对公认的理论和定律进行修正；

3）将新理论/新定律或修正后的理论/定律运用于实践。

我认为，语言学研究工作最重要的三个方面是：选题、文献、材料。

科学研究，首重选题。我们先谈谈选题过程中要重点考虑哪些因素。首先，定位要清楚。我们要确定自己的研究项目，比如博士学位论文，主要要做的是上面三种类型中哪一类型的工作。三种类型的研究也可以说是呈递进状态的三个阶段，可以从第一阶段做到第二阶段，再接着做第三阶段，也可以利用别人做的第一阶段或第二阶段的工作，直接做第二或第三阶段的工作。受时间和研究经费的限制，博士学位论文这样的项目，一般情况下不容易从第一阶段一直做到第三阶段。

另一个定位问题是，打算偏重普通语言学研究，还是汉语语言学研究。前者目标是对语言普遍规律或某个特定的语言理论模式有所贡献，而后者主要解答汉语语言研究中的某个特定问题。当然，最优秀的研究成果同时在两方面都能有所贡献，既有广度，又有深度，这也应该是我们大家努力的方向。但是，这很不容易做到，既有我们自身理论水平问题，又有客观因素的限制。多年以前有时会听到这样的批评意见，说是我们学习转换生成语法理论或其他抽象语法理论模式，但从来没有见到有人用它们对英语或汉语这样的自然语言进行全面的描写，拿出如同 Jespersen、Kruisinga、Poutsma 等传统语法学家所做的那样的成果。这种意见大都出于对现代普通语言学理论的误解。这些抽象理论模式的主要目的，是描写和解释人类的普遍语言能力或语言的普遍规律，而不是对哪个具体语言进行全面描写。有的理论框架覆盖范围较广，如韩礼德（Halliday）的系统功能语法、构式语法等，能在比较大的范围内对具体语言现象进行描写和解释；有的则相对较窄，研究目的主要是发展抽象语言理论模式，并不是要深入研究哪门具体语言。

无论我们是有意偏重普通语言学研究还是汉语语言学研究，都有个选择理论框架的问题。我们前面讲的所谓"理论中立"，其实都只是相对而言，完全的理论中立是不可能的。我在一篇文章中讲过下面这段话：

"字词句、名动形、主谓宾、施事受事、有定无定等等术语，有谁写语法论文能完全不用它们呢？它们表面上看来比较简单，似乎可以用作初始概念，对语言结构进行'白描'。但实际上，它们无一不具有丰富的理论内涵，其定义和所指对象往往因人、因事、因学派、因语种而异，与其他相关概念的关系也十分复杂。这就意味着，一般说来，只要使用这些术语，我们都得在理论立场上有所选择，接受或多或少的没有明言的理论预设，无论我们自己有没有自觉地意识到这一点。"（陈平 2006：169）

我们在使用有关概念时，当然不可能都从三皇五帝讲起，但是，为所用关键概念给出清晰的定义，指出它们与文献中有关论述之间的关系，还是很有必要的。我们读前面的 20 篇论文，可以注意到所有作者在这方面都做得非常仔细。我们在定义所用概念的过程中，也同时表明了我们的理论取向。当代语言学已经发展到这样一个阶段，一些主要的语言理论模式、框架都有自己独特的哲学背景、研究目标和研究方法，包括自家独有的概念系统和形式标注，这些大都是理论内部的配置，系统性很强，牵一发而动全身。有两个常见的误区：一是从字面上借用某些概念和方法，并没有真正理解它们蕴含的实际内容。我最近读到一篇研究"接口"（interface）的文章，作者似乎不太明白，西文文献中用到这个概念时，一般都在讲某个具体理论模式内部几个部分之间的关系，是个典型的理论内部的问题。离开了这个背景，很难准确地把握有关概念的内涵和外延。另一个误区是将迥然不同的理论框架中的专属概念不加说明地糅合在同一篇论文之中。不同语言理论模式之间当然可以互相参考，互相借鉴，这也是产生新理论、新概念、新方法的常见途径。但是，前提是对涉及的概念必须有精深的了解，并且应当对自己的创新给出详细的说明。

合格的研究选题要满足几个基本要求。一是要能够由小见大，如果定位偏重于普通语言学理论研究方面，这一点尤其重要。上面介绍的 20 篇论文都属于普通语言学研究范畴里的论著，无论文章的研究对象是英语、汉语、日语、挪威语还是中美洲的 Sacapultec Maya，作者最后的着眼点都不是这些语言或是某个语言现象本身，而是从这些语言和语言现象的研究中推衍出来的，具有普遍意义的理论、观点和研究方法，使得从事其他语言和其他语言现象研究的人也可以从中受益。我们的主要语料来自汉语，准备将自己的研究论文投到国际理论语言学杂志以前，要先问自己这样一个问题：那些不懂汉语、对汉语本身也未必有很大兴趣的读者，如何能从我的这篇论文中受益？如果定位侧重于汉语语言学，也应该力求做到使自己的研究成果在理论和方法上有助其他汉语课题的研究。

选题的另一个基本要求是，必须要能将这个研究课题做得十分透彻，巨细无遗。真正做学术研究，哪怕是本科生的毕业论文或是硕士学位论文，完成以后，你都应该是世界上就这个课题而言懂得最多的专家。有人也许会说，我一个本科生／硕士研究生，怎么可能做到这一点？完全有可能。如何做到？narrow down, narrow down, narrow down，把研究课题的范围缩小再缩小，缩到足够小的时候，每个人都能成为这个题目的最高权威。举个例子，我们可以花十分钟的时间，统计一下在座各位鞋带的颜色。你花十分钟的时间做个调查，十分钟以后，有谁对这个问题比你知道得更多？没有，你就是最权威的专家。当然这是极而言之的例子，但很能说明问题。将课题范围缩小到我们可以做得巨细无遗，一点都不难，难的是得同时由小见大，所做的工作能对大家关注的重要问题带来新颖的理念和实用价值，这才是选题的关键所在。Fillmore 等（1988）讨论英语一个惯用语"let alone"的用法，Labov（1969）调查非标准黑人英语中系词／助动词"BE"的省略现象，研究范围非常狭小，研究对象的方方面面文章中都描写得十分详细，但论文的关键着眼点并不是"let alone"和"BE"这两个词语本身，而是涉及面极广的重大理论问题。

确定选题，通常也意味着同时确定研究方法，确定所用的语料。有些似乎很有价值的理念，但不知道别人做过没有、怎么做的，自己该怎么去做，能不能搜集到所需的材料，这些问题得不到肯定答案，选题就不能确定。

现在谈文献。原创性是科学研究的生命线，如何能保证我们研究工作的原创性？回答是做好文献的搜索和阅读工作，研究前人在相关领域、相关课题上发表的主要研究成果。通过阅读相关文献，可以对自己的课题是否具有研究价值做出初步的判断，同时把握相关的理论、概念、方法，以及有关领域里现阶段取得的成果、存在的问题和研究方向等等。学术文献搜索在这个信息时代变得十分方便，中国知网、Google Scholar、LLBA、MLA、BITRA等电子文献库能随时提供海量的信息。在需要阅读的文献数量方面，我对自己的博士研究生有强制性的要求。如果本科和硕士阶段没有受过语言学研究的严格训练，或者是打算做一个全新的研究课题，过眼的文献数目一般得有500到1000，包括专著和论文，从中选出300到500全文阅读，再选出200到300精读，作为以后博士学位论文的引用书目。从相关文献的研读中，可以进一步地找准自己研究课题的定位，获取有用的理论和方法，知道如何将自己的研究同所在领域中的研究结合起来，从而做到由小见大。所谓小，就是自己的研究课题范围；所谓大，就是对有关领域中大家重点关注的热点和难点有所贡献。缺乏对文献的透彻理解，既谈不上自己研究项目的原创性，更谈不上由小见大。

文献述评是学术论文必不可少的一部分，也是最能看出作者学术上是否成熟的地方。我读到的一些初学者写的论文，往往在这个部分暴露出很大的问题。最常见的是轻率对待其他研究者所做的工作，随意批评这也不好，那也不对。就我所读到的这类文字而言，大多数情况下作者对他们所批评的对象缺乏起码的了解，所作评论令人啼笑皆非。对于自己不很熟悉的领域和课题，我们要持敬畏和尊重的态度。尤其是上面提到的那些所谓理论内部的研究成果，离开了特定的理论框架，所作评论大都是无的放矢。述评就是有述有评，我的建议是，除非非常有把握，否则还是以多述少评为妥。如果非要评论，那得非常慎重才行。我也注意到，有些论文主要内容似乎就是批评别人的工作。这样的事情不是不能做，但前提是你对你所批评的内容真有精深的研究。在批评别人的工作之前，不妨先问问自己，对方的研究课题，我们自己有没有认真做过，有没有正式发表过相关的研究成果；对方引用的主要文献，我们是否大都熟悉。如果回答不了这么简单的问题，我们就没有评头论足的资格。一位伟人说过这样一句话："不破不立，破字当头，立也就在其中了。"我看可以倒过来说：不立不破，立字当头，破也就在其中了。介绍、评论和批驳别人的工作毕竟不应该是学术活动的主要内容，研究者得拿出自家的研究成果，拿出基于翔实的论据和严密的论证得出的原创性论点。前面讨论的 20 篇论文，作者都是用最大的篇幅表述自己的观点，即使是其中的两篇书评都是这样。

最后谈语料。语料是决定研究课题成败的关键因素之一，它的重要性主要在于为我们的论点提供实证，构想再好，离开可以用来证实或证伪的语言材料，只能是镜花水月。曾有人告诉我，他计划研究原始宗教在人类语言起源过程中所起的作用，这个题目听上去理论价值很高，但可惜就目前的条件来看，这类课题没有做下去的可能。人类最早发明记录语言的文字系统，只不过是 5000 多年前的事情，而语言的历史比文字要长得多，如果从智人（homo sapiens）时代算起，有 100000 年左右的历史。等到文字出现时，人类语言已经发展到十分成熟的阶段，即使有原始宗教留下的痕迹，要从中找出可靠的证据也是困难重重。所以，在确定选题之前，如何获取可靠的语料是必须考虑的一个问题。

语料的来源可分两大类，一是来自研究者自己的语感，二是来自从外界搜集的材料。上面讨论的 18 篇研究论文中，有 8 篇完全依靠作者搜集到的大量客观语料（Sacks 等 1974，Schegloff 等 1977，Gundel 等 1993，Fromkin 1970，Labov 1969，Haugen 1950，Braine 1963 及 Du Bois 1987），其余的论文也都离不开语料提供的充足证据。语料来源是以自己的语感为主，还是从外界搜集为主，取决于研究课题的性质。如果要在现代汉语语法研究领域里做一个完全基于自己语感的课题，得有相当深厚的理论基础才行。过去几十年来，中外语言学界越来越多的人认识到对语料进行精细分类的必要性。对于同一种语言来说，不同的时间、地域、文体、使用场合、使用人的年龄、性别、教育程度、社会经济背景等诸多因素，都可能伴随独特的语音、词汇、语法和话语特征。

上面 Du Bois（1987）文中提到，叙述文和对话两种文体展现不同的语法和话语结构特点，他使用的语料限于叙述文。就通常立论所用语料的性质来看，英语如何如何、汉语如何如何这类的笼统论断无法避免，但根据语料的细分而得出的原创性研究成果也将越来越多。汉语语法的主要语料来源是普通话。普通话三个方面，语音、词汇和语法，都有自己的规范。定义语法规范所依照的标准，即典范的现代白话文著作，它的边界相对语音和词汇而言最欠清晰。许多语法学家看到这个问题，提出应该将北京口语作为汉语语法的基础语言。但是，要对北京口语给出大家满意的定义，也不是一件容易做到的事情。总而言之，在搜集、使用语料时，要十分注意语料内部的一致性问题，尽可能将无关因素的干扰压到最低限度。

语料的搜集和整理是一件费时费力的工作。我1978年考入中国社会科学院语言研究所读研究生，第一天导师和学生集体见面会开完后，二十余位新录取的研究生排队步入语言所后勤库房，每人领两个大卡片盒，里面装满空白卡片。语言所各个办公室、走廊过道以及导师家中，到处可见满箱满柜的卡片，我自己在那些年里也做了上万张卡片，所花费的巨大时间精力可想而知。同几十年前相比，大型语料库的出现为语言研究提供了无与伦比的利器，以前得花上多年工夫才能搜齐的材料，现在也许就是几个小时的事情。例如，杜甫说"晚节渐于诗律细"，要研究是否真的如此，要是少时粗率，老来精细，那是怎么个细法，要回答这些问题，得将他晚年的作品和早年的作品在平仄用韵等方面进行穷尽式比对才行。以前这类材料都得手工搜集，现在有了语料库，大家省力多了。看到大型语料库给语言研究工作带来便利的同时，对它的局限性也要有清醒的认识。如何保证所用语料内部的一致性，是我们得时时注意的问题。这个问题我在第一讲时谈过，对于利用大型语料库进行语言研究尤其是语法研究的人来说，这个问题尤其值得重视。

参考文献

陈国华，杨　华，2013，批判与沉默的背后——解读斯金纳的《言语行为》与乔姆斯基的书评，《外语教学与研究》第1期。

陈　平，1994，试论汉语中三种句子成分与语义成分的配位原则，《中国语文》第3期。
陈　平，2004，汉语双项名词句与话题——陈述结构，《中国语文》第6期。
陈　平，2006，引进·结合·创新，《当代语言学》第2期。
吕叔湘，1979，《汉语语法分析问题》，北京：商务印书馆。
Bloomfield, Leonard. 1933/1973. *Language.* George Allen & Unwin Ltd.
Bolinger, Dwight. 1977. *Form and Meaning.* Longman.
Bolinger, Dwight. 1981. *Aspects of language*, 3rd edition. Harcourt Brace Javanovich.
Chen, Ping. 1986. Discourse and particle movement in English. *Studies in Language* 10(1), 79-95.
Du Bois, John, Lorraine E. Kumpf and William J. Ashby. eds. 2003. *Preferred Argument Structure.* John Benjamins.
Du Bois, John. 2014. Motivating competitions. In: MacWhinney, Brian, Andrej Malchukov and Edith Moravcsik, eds., *Competing Motivations in Grammar and Usage*, Oxford University Press, 263-281.
Goldberg, Adele E. 2006. *Constructions at Work*, Oxford University Press.
Hopper, Paul and Sandra A. Thompson. 1984. The discourse basis for lexical categories in Universal Grammar. *Language* 60 (4), 703-752.
Lambrecht, Knud. 1994. *Information Structure and Sentence Form.* Cambridge University Press.

（本文为作者2014年12月在上海复旦大学所做"光华人文杰出学者讲座"第三讲的整理稿，原载《当代修辞学》2015年第6期。）

语言民族主义：欧洲与中国

提　要　语言是最重要的民族属性之一，但不是唯一的属性，也非确定民族认同的必要条件。以语言定义民族、以民族组成国家是起源于近代德国的语言民族主义理论的核心内容，在历史上起过正面作用，也有过负面影响。语言的民族属性标记功能在近代德国和法国表现突出，但在英国、爱尔兰等国则相对弱化，甚至若有若无。同主要欧洲国家相比，中国近代和现代语言规划工作更强调语言作为交际手段的工具价值和使用效率。

关键词　语言规划　民族主义　民族与语言　语言文字改革　国家现代化

1. 国家、民族与语言

语言是人的本质属性之一，具有多方面的特征。它是表情达意的工具，这是功能主义语言观的理论基础；它是思维最重要的载体，与人的思维功能和机制密不可分，人们对于外部世界的认识大都通过语言的媒介，并且在一定程度上受语言制约，这是认知语言学研究的立论前提；同时，它又是人们所属群体最重要的认同标记之一，在个体之间和群体之间起着区别异同的作用。西文 barbarian "野蛮人"，古义是"外（族/国/乡）人"，其原始印欧语词根是 *barbar，意思是"听不懂的语言"。将我们古书中的一句老话改换一个字，就是"非我族类，其声必异"。语言的这种族群属性标记功能使它成为人们身份和认同的重要辨识与表现手段，是社会语言学的主要研究内容之一。在国际社会中，语言往往又是民族和国家的标记，承载了厚重的象征意义。美国《时代》周刊 2006 年第 13 期报道，欧洲雇主联合会 UNICE 法国会长 Ernest-Antoine Seilliere 在当年欧盟首脑春季峰会上用英语而不是法语向大会致辞，并声称他用的英语是公务语言（language of business），听众席上的法国总统希拉克认为这是对法语的轻慢，当即愤而退场，以示抗议。这当然不是一起孤立的事件。在有选择的前提下，哪个具体场合使用哪一种语言，往往折射出深刻的社会文化和政治意义。过去如此，在全球化日益深入的今天更是如此。

20 世纪 90 年代初苏美两大政治集团冷战结束以后，美国政治学者 Samuel P. Huntington 发表"文明的冲突？"（1993）一文，认为苏联解体是当代国际政治的分水岭：在此之前，世界上的主要对立、竞争、冲突乃至于战争，主要是在政治集团之间进行，而在此之后，则主要会在一些大的文化和文明之间进行。冷战中的政治集团以国家（state）为基本单位，而所谓文化和文明，则主要以民族（nation/ ethnic group）为基本单位。国家是地理和政治组织单位，比较容易辨识和界定，而民族的概念则涉及种族、宗教、语言、历史和文化，情况要复杂得多（参见 Anderson 1991；Smith 1991）。这种复杂性在相关词语上也有所反映。nation 和 ethnic group 在汉语中一般都翻译成"民族"，在西文中用法有时也不固定。根据现代用法，nation 一般理解为具有自主政体或是具有建立自主政体意愿的 ethnic group，换句话说，是政治化的 ethnic group。此外，nationalism 一般翻译成"民族主义"，是具有政治诉求的 ethnicity，其主要特点是维护和促进本民族的利益，包括争取和维护自己的自治或政治独立。当然，并非所有民族都能够取得独立政体的地位，也并非所有民族都有独立建国的意愿。世界上由单一民族组成的国家很少，据 Smith（1991）统计，1970 年代早期，世界上只有约 10% 的国家是单一民族国家。拿今日欧洲来说，绝大多数国家都是多民族国家，最常见的情形是由一个或数个主体民族和其他少数民族组成。从这个角度来看，联合国的英文名称 United Nations 严格说来是用词不当。最简单的证明是英国的苏格兰、威尔士和爱尔兰都是公认的不同民族（nation），但它们在联合国没有独立的国家席位。说到"会员国"时，"member states"比"member nations"常用得多。

国家形态的出现可以追溯到人类古代，欧洲和亚洲地区很早就有许多国家存在，国家的基本要素，如领土、军队、司法和行政架构等，在这些政体中一应俱全。另一方面，传统的族群分类大多从人类学的角度出发，分出部落（tribe）和部落联盟、种族（race）以及传统意义上的民族（ethnic group）。现代政治学意义上的具有自主政体或是具有建立自主政体意愿的民族（nation），则是一个在近代才出现的概念。人的社会属性决定了人人都需要有某种归属感，需要有自己的社会身份认同。在传统社会，除了自己的小家庭以外，人们归属感的依附对象主要是自己周围的人群，如同宗同族同乡同行同一教派，等等。欧洲启蒙运动之后，民智渐开，人们渐渐超越血缘和狭小地缘等构成的樊篱，将主要认同对象从小家庭和周围的人群转向自己所属的民族。从民族（nation）与国家在近代社会的关系来看，可以大致归为两种情况：一是先有一定规模的独立的大一统政体，主要以国家形式出现，然后该国境内的全体人民整合为一个统一的民族，称为国家民族（state nation）；二是先有民族，该民族在争取自主和独立的过程中建立起以自己民族为主体的国家，称为民族国家（nation state）。国家民族的基础是在较长历史时期里相对统一的国家，国境内往往世代居住着几个或是更多的次级概念民族，可以是 nation，也可以是 ethnic group，而民族国家实际上大都是次级概念上的多民族国家，主体民族在该国起着主导作用。

民族组成的诸多要素中，位于核心的是宗教和语言（参见 Huntington 1996：59），相对而论，语言又是更为显露、历史更为悠久的民族属性。正因为如此，语言往往成为民族政治诉求中的重要内容，在民族主义运动中起着对内唤醒民族意识、凝聚民族向心力，对外同其他民族相区隔的重要作用。语言民族主义（linguistic nationalism），指的就是以语言为工具的民族主义政治理念与活动。语言与国家、民族的关系在欧洲和亚洲国家中表现得最为密切。大多数欧洲和亚洲国家的名称与其主要民族和主要语言的名称是同一词根，例如德国-德语，法国-法语，日本-日本语，越南-越南语，等等。相比之下，美洲、非洲和大洋洲的情况则有很大不同，例如加拿大-英语/法语，巴西-葡萄牙语，马里-法语，澳大利亚-英语，等等。要探讨语言在国家民族和民族国家历史发展过程中所起的作用,最典型的研究对象显然是在欧洲和亚洲。欧洲政治版图过去一二十年里发生了许多变化,国家的合并、分化和改组频繁发生,也因此出现了不少新的民族国家。无论是分是合,民族主义都是变动过程中的最关键因素。语言在民族认同问题上,以及在民族主义的表现形式和发展过程中起了什么作用,成了社会语言学家、历史学家和政治学家都十分关心的问题。牛津大学出版社分别于 2000 年和 2007 年出版了两部论文集《欧洲的语言和民族主义》(*Language and Nationalism in Europe*)和《亚洲的语言与民族认同》(*Language and National Identity in Asia*),以欧洲和亚洲的主要国家和地区为研究对象,专题探讨语言在民族和国家的历史演变和当代政治社会生活中的作用,同时研究三者之间的相互联系。下面,我们主要根据这两部著作中的有关内容,介绍和分析语言民族主义在德国、英国/爱尔兰、法国和中国的表现特征,并剖析中国和欧洲国家在这方面的异同。

2. 德国

德国是近代语言民族主义的起源地,其主要代表人物是 18 世纪下半叶至 19 世纪上半叶的著名德意志学者 Johann Gottfried von Herder(1744-1803)、Johann Gottlieb Fichte(1762-1814)和 Wilhelm von Humboldt(1767-1835)。他们的语言民族主义思想是特定历史时期和政治环境的产物。德语属于日耳曼语族,讲日耳曼语的众多部落公元前就散布在北欧和中欧的广大地区。德意志民族开始主要居住在 5 世纪建立的法兰克王国的东部,法兰克王国分裂后,说德语的部分属于东法兰克王国,是后来 13 世纪开始的神圣罗马帝国的一部分。从 16 世纪中期开始,德意志地区被称为德意志民族神圣罗马帝国。所谓帝国只是个地理概念,整个地区实际上处于分裂割据局面,封建领主各有自己的地盘,拥有自己的军队、法律、货币,等等。16 世纪马丁·路德发起的宗教改革运动以及后来的三十年战争(1618-1648)以后,德意志地区人口减少，土地荒芜，分崩离析的倾向进一步加剧，整个地区分裂为三百多个各自为政的公国、侯国、自由市和主教领地。其中力量最强的是奥地利，随后普鲁士也渐渐崛起，两股主要政治势力在该地区相互争夺霸权。同时，强邻法国则不断扩张领土，并吞了德意志的不少地区。18 世纪末法国大革命和 19 世纪初拿破仑战争激起的自由主义和民族主义更是加剧了各地自主自立的趋势。拿破仑战争后，德意志神圣罗马帝国正式解体，于 1815 年在原来的基础上成立了德意志邦联，由 39 个城邦组成。德意志邦联虽然有邦联议会，但实际上是一个非常松散的组织，各个城邦有自己的独立主权，在外交、军事、政治和贸易上往往各行其是，法律、货币、度量衡等方面也不统一。这种局面，不但严重妨碍了德意志地区内部的贸易自由和生产发展，也极大地妨碍了开拓海外市场和抢占殖民地。相比之下，与德语地区毗邻的国家西南方是法国，东北是俄罗斯帝国，都是国土辽阔、政体统一的中央集权国家，在列强的环伺和蚕食之下，将说德语的地区联合起来，建立一个有利于生产和贸易发展的、可以与强邻抗衡的统一的德意志民族国家，成了许多思想家和政治家的奋斗目标。

　　德意志地区分崩离析的局面由来已久，要建立一个统一的德意志民族国家，先要树立一个有强大内聚力的德意志民族的观念。拿什么作为民族凝聚的基础呢？Herder、Fichte 等人选择了语言。Herder 在 1772 年发表的获奖论文"论语言的起源"中提出，人们世世代代的思想、感情、偏见等都表现在语言里，说同一种语言的人正是通过语言的传承而具备相同的历史传统和心理特征，以共同的语言为基础组成民族是人类最自然最系统的组合方式，而语言就是各个民族最神圣的属性，也是它们彼此之间最重要的区别性特征。Herder 同时提出，最自然的国家形态是民族国家，不是通过王室、贵族和主教之间的分封、继承、战争或政治条约来界定的国家。Fichte 则进一步阐发了 Herder 的思想，并将它同现实政治更紧密地结合起来。他在 1807—1808 年发表的"对德意志国民的演说"中提出："哪里有一种独立的语言，哪里就有一个独立的民族，有权利自己管理自己的事务。"Fichte 同时主张，德意志民族应该尽快组成一个强大、统一的德意志民族国家。值得注意的是，Fichte 刻意强调德语独特性的同时，不惜贬低其他语言。他认为，自古至今，只有德语始终鲜活如初，其他条顿民族的语言表面活着，根底却死了（Fichte 1968[1807–1808]：59）。因为德语比其他语言优越，所以德意志民族也比其他民族优越。这种德意志优越论观念，开启了 20 世纪纳粹思想的先河。正是因为 Fichte 对同时代以及后世的巨大影响，英国哲学家罗素在讲到德国这一段历史时，将他的这部著作称为"德国国家主义的理论奠基石"。Herder 和 Fichte 之后 Wilhelm von Humboldt 将语言等同于民族精神等论点，更是为后人熟知。如果语言是民族的灵魂和本质特征，那么它自然也是民族最重要的认同标记，起着对外区分本族与异族，对内增强民族意识、凝聚民族成员之间团结的作用，从而筑成民族国家的立国基础。

认真分析起来，Herder 和 Fichte 等人的语言民族主义理论在学理上有许多经不起推敲的地方。首先，作为民族认同标记的语言，是书面语还是口语？是标准语还是方言？近代国民教育普及以前，读书写作是少数人的特权，大多数民众都是文盲。就日常口语来说，十里不同音往往是各地的常态。以口语形式出现的民族共同语，则是现代教育开始普及以后才出现的现象，晚于现代民族和民族国家的出现和发展。同汉语一样，德语本身内部方言分歧很大，这在今天依然如此。标准德语基础方言是德国南部的高地德语（Upper German），而西北地区的低地德语（Low German）与邻国的荷兰语可以互通，同高地德语反倒不行。之所以将它们都看成德语方言，除了这些地区也通行标准德语以外，关键还是因为它们属于同一个政体，是政治和社会因素起了主要作用。近代以前，广大乡镇的普通老百姓说的是当地的方言，使用范围可能就是周围方圆几十里地，对于再远一些地方所说的话，他们很可能听不懂，也不感兴趣，至于那些地方和自己地区所说的话，是属于同一语言的不同方言，还是不同的语言，同普通老百姓毫不相干。要以彼此都听不懂的话为纽带，把这些地区的人们归并为同一个民族，实在是显得牵强。因此，政治家面临一个两难的困境：一方面，要将一个自主的德意志民族的概念主要建立在自己独有的德语之上；另一方面，要将彼此差异很大的语言系统看作为同属一种语言的地区方言，又有赖于大家都认为自己同属德意志民族，需要利用其他的政治和社会因素。Hobsbawn（1990）认为，在近代以前，语言在界定民族异同中的确起着重要作用，但这种作用是通过间接的方法进行的。先是少数精英使用同一种语言或方言，然后凭借自身的政治和经济文化影响力，形成一个核心，吸引其他人向其靠拢，渐渐聚集为一个大的群体，并以这种语言为共同语，在此基础上发展成为现代意义上的民族。另外，如果这种语言以书面语言形式出现，随着教育的普及，就更能发挥民族认同工具的作用。

尽管如此，这几位德意志思想家关于语言与民族之间关系的理论，对德意志民族和国家前途影响很大。从政治方面来看，他们的理论为德意志民族在近代欧洲史上的凝聚和发展起了重要的作用，最终导致1871年普鲁士主导下的德意志帝国的建立。当然，他们所设想的所有说德语的民众组成一个统一的德意志民族国家，并没有成为政治现实。普鲁士宰相俾斯麦出于国际政治策略考虑，将同为德语国家的奥地利排除在德意志帝国之外。需要指出的是，语言问题也是普鲁士当政者的考虑因素。当时的奥地利不愿放弃其广大的非德语领土，如将奥合并，势必要将数百万非德语人口纳入，会影响德意志帝国的种族和语言根基。从1871年直至第二次世界大战，德意志帝国、魏玛共和国以及纳粹政府，一直着意培养民族意识，将共同语言和文化作为最重要的民族凝聚力量。在这种背景下，语言问题政治化无可避免。文化和语言民族主义在纳粹时代达到全盛，纳粹德国是唯一一个几乎将所有讲德语的人都纳入一个国家版图之中的政体。因为德意志语言和文化的概念有时不易把握，纳粹后来干脆以血统和种族为标准，鼓吹日耳曼种族主义，敌视其他民族，直至对犹太人实行种族灭绝政策。由于纳粹德国的惨痛历史教训，将所有讲德语的人纳入一个统一的政体、组成所谓泛日耳曼国家的主张，虽然偶尔还会从极右翼人物那儿听到，在当代欧洲已经没有什么市场。也就是说，Herder与Fichte等人提出的以语言界定民族、以民族组成国家的思想，二百多年以后在其起源地已经基本式微。Barbour

（2000b）认为，欧洲德语地区主流政治力量的共识是，德语人口的认同对象比较偏向于各自所住的地区，以及更高的国际层次，处于中间的德意志民族这个概念并不强烈。这也反映在德国和奥地利采取的联邦制度上面，联邦内的各个州在教育文化方面有相当大的自主权。另一方面，德国向来是推动欧洲整合最重要的力量之一，广大说德语的人以欧洲文化为基础，在欧洲或欧盟这个更高的层面上寻找他们的认同对象。

值得注意的是，无论是在当时还是在后世，语言民族主义理论在世界上其他地方影响极大。以欧洲为例，语言民族主义是 18 和 19 世纪北欧、中欧和东欧一些国家的立国基础，其影响一直延续至今。民族独立前用民族语言来界定民族，独立建国后用语言促进国家的统一与团结，成了大多数民族国家的惯例。用匈牙利语写成的著作于 1772 年正式出版，这被看作近代欧洲匈牙利民族主义开端的标记。选定某种语言和方言作为国语，制定口语和书面语规范并在国民中大力普及和推广，使用本民族的语言写作与出版——这些都是近代以来民族国家立国强国进程的主要内容之一。如果认定语言是民族最重要的属性和区别性特征之一，那么就很容易理解，为什么民族国家中语言规划的重要目的就是要使自己的语言在国内尽可能地高度统一，通用于所有地区，对外则尽可能地有排他性，区别于其他民族和国家。语言研究中的规定主义（prescriptism），以及排斥外来语以维护所谓语言的纯洁性等做法，都可以说是源自语言民族主义理论。理论语言学领域里，Herder、Fichte 和 Wilhelm von Humboldt 等人的思想对 20 世纪的 Sapir-Whorf 语言相对论有直接的影响。语言决定或是影响民族思维这样的观点是 Herder 等人有关语言民族主义思想的自然延伸。表面上看来似乎是纯学术问题的语言相对论思想，实际上起源于强烈的意识形态理论学说。

3. 英国和爱尔兰

欧洲的两个英语国家是英国和爱尔兰。Barbour（2000a）认为，大多数英国人都至少具有两种民族身份。首先，他们认为自己同属英国民族（British nation），是 British，这是国家层面上的国家民族身份。同时，他们又各自分别认同英格兰、苏格兰、威尔士和爱尔兰民族，这是次级层面上的民族认同。外来的少数民族移民及其后裔，如来自亚洲、非洲和加勒比海地区的移民，一般认为自己是 British，但不是 English。作者认为，英国的英格兰、苏格兰和威尔士等不仅仅是 ethnic group，同时也是 nation，主要原因是他们分别有自己的领土，有政治自主的要求。值得注意的是，同德语和法语国家相比，这两个英语国家里语言与民族主义的关系比较疏离，无论是在国家层面还是在次级民族层面。英国民族是在历史上统一国家的基础上形成的民族，即国家民族。不列颠和爱尔兰两个大岛的早期居民说的是凯尔特语。公元 5 世纪中期，盎格鲁-撒克逊人从欧洲大陆入侵不列颠，以英格兰东南部为基地，逐渐向将四周扩张，在扩张过程中，当地居民或是渐渐改用英语，或是迁徙到山区和其他边远地区。到了 8 世纪，除了西北部 Cumbria 山区和西南角 Cornwall 部分地区外，英格兰的绝大多数地区以及苏格兰东南地区都已普遍使用英语。11 世纪以前，盖尔语（Gaelic）还是整个苏格兰地区的主要语言，但此后在英语的扩张面前节节后退，现在只用于苏格兰高地的西北山区。中世纪的威尔士地区只有少数地方讲英语，到了 19 世纪英语才在整个地区普及开来。爱尔兰是最后被英语征服的地区，19 世纪上半叶，说爱尔兰语的人远远超过英语，但从下半叶开始，这一人数急剧下降，现在日常使用爱尔兰语的人只占人口的很小一部分。由此可见，在威尔士、苏格兰高地以及爱尔兰，英语取代凯尔特语成为当地的主要语言也就是过去一二百年的事情。

英格兰在英国的经济、文化和政治方面都处于主导地位，正因为如此，英格兰人有时会用 England 来指代整个英国。一般说来，英格兰人没有显示自己民族身份的特殊标记。语言民族主义在英格兰没有市场，原因是英格兰以外的英国其他地方也用英语。被看作标准英语的所谓 RP（Received Pronunciation）英语，实际使用人数只占总人口的 3%，正因为 RP 是极少数社会精英阶层的语言，往往会引起一般社会大众的反感，显然无法成为英格兰人的民族认同标记。

　　苏格兰在20世纪以前从来没有一种语言在人数上占到主导地位，直到今天，苏格兰低地、苏格兰高地和北方诸岛的语言特点仍然很不一样。苏格兰低地的当地方言是 Lallans，又称苏格兰语，本是英语的一种方言，经过数百年的规范化也可以算为一种独立的语言，不过只限于民间非正式场合使用。最能显示苏格兰人特征的是带苏格兰口音的英语，而不是 Lallans。18世纪末以前，苏格兰高地和北方诸岛主要说盖尔语，但之后逐渐为英语取代，到1990年代，说盖尔语的人只占苏格兰总人口的1.3%左右，主要集中在苏格兰高地的西北部地区。但是，苏格兰高地的英语有其独特的方言特点，同低地方言差异很大，更接近苏格兰标准英语。总的来说，苏格兰是一个自立的民族，但没有建立自己的民族国家，其民族认同主要表现在相对独立的行政和法律制度层面上，语言因素在苏格兰民族主义中不起重要作用，原因之一是苏格兰英语的一些特征在英格兰某些方言中也能找到。

　　爱尔兰最早讲凯尔特语。英国国王12世纪宣布英国是爱尔兰的宗主国，从16世纪起的数百年中，爱尔兰岛上的居民分成壁垒分明的两大群体，一边主要是农民，信奉天主教，说爱尔兰语，经济和社会地位比较低下，另一边则主要是地主和其他中产阶级，信奉新教，说英语。19世纪末20世纪初开始的底层劳动人民向政治和经济精英阶层争取权利的社会民主运动，由政治斗争和阶级斗争演化为向宗主国争取独立的民族主义运动。1922年，除北部6个郡外，英国允许爱尔兰的26个郡独立，英国的正式名称也改为大不列颠及北爱尔兰联合王国。但北方六郡要求独立的人士没有放弃自己的政治诉求，其极端组织爱尔兰共和军，更是时时令英国政府头疼的问题。

　　爱尔兰在争取民族独立运动中打着维护和复兴爱尔兰传统语言和文化的口号。爱尔兰立国之时选择爱尔兰语为国语顺理成章。但是，爱尔兰人以爱尔兰语为第一语言的，实际上只占人口很小一部分，这在欧洲国家是独一无二的。独立后政府大力推行国语，但收效甚微。主要原因是，到19世纪末，真正以爱尔兰语为母语的人已经属于少数，其他热心学习的人只是一些中产阶级知识分子，广大老百姓对于语言问题持实用主义的态度，对国语有好感，但并不热衷去学去用，大多数人的第一语言还是带爱尔兰口音的英语，这也是他们在语言方面的标记性特征。另外，爱尔兰语通行的是几种地方方言，并没有规范化的爱尔兰国语标准音，这无疑也妨碍了爱尔兰语的教学和推广。

同苏格兰和爱尔兰相比，威尔士同英格兰的整合最为密切，从16世纪起在行政架构方面便与后者联为一体，政治独立的呼声也一直远不及苏格兰和爱尔兰。威尔士虽然在地理和政治经济上与伦敦靠得最近，但同英伦三岛上的其他语言相比，威尔士语却是最具活力的凯尔特语言，虽然现在的使用人数只占总人口的25%左右，但分布很广，约有40%的威尔士国土上大多数居民说威尔士语。除了历史和政治因素外，主要是因为威尔士语同岛上其他凯尔特语言不同，有自己的标准口语和书面语，并且有相当丰富的标准书面语文献传世。威尔士同苏格兰行政和法律联系非常紧密，之所以仍被看作一个自立的民族，很大程度上是因为威尔士语以及由该语言传承的文化。因此，威尔士的民族主义运动特别强调自己语言的民族认同作用，所有官方文件都有威尔士语译文，威尔士语电视广播时间很长，办了许多以威尔士语为教学语言的学校。爱尔兰人和苏格兰人说的英语几乎都带很强的方言特征，而威尔士中上阶层说的却是同英格兰人相差无几的标准英语，带威尔士地方特征的英语方言社会地位不高，不用于正式场合。

虽然英国和爱尔兰都是以英语为主要语言，社会各界精英几乎都说英语，但这两个国家都不是单一民族国家，除了英格兰以外，苏格兰、爱尔兰和威尔士的民族主义情绪都相当强烈。但是，英国与爱尔兰在语言民族主义方面的表现不同于德国。总的来说，语言问题在英国和爱尔兰四大民族的民族主义运动中并没有被涂抹上很浓的政治色彩，不仅如此，苏格兰和爱尔兰民族的大多数人已经自愿放弃了本民族语言而改用英语，这既没有伤害他们的民族自尊，也没有削弱各自的民族认同感。这说明，语言民族主义并不具备普适价值。

4. 法国

与德意志民族不同，法兰西民族是一个典型的国家民族。另一方面，法国与同为国家民族的英国民族不同，一直不太愿意承认国家在次级层面上有除法兰西外的其他民族和语言存在。Judge（2000）认为，在国家、民族和语言问题上，法国人普遍认为自己是"一国、一族、一语"。

与历史上很长时期处于四分五裂状态的德意志民族相比，法国很久以来就是个全国统一的政体，中央集权的理念和实践具有相对久远的历史。现在的法国国土，古称高卢（Gaul），境内早期也有多种语言存在，随着高卢人势力渐大，大部分地区开始通行属于凯尔特语族的高卢语。罗马帝国军队从公元前181年起两次入侵高卢，并建立行省，公元前56-前51年，凯撒任高卢行省总督时占领了整个高卢地区，镇压各地异族的反抗，最后基本统一了全国的政令和法律。除军事优势外，罗马人有自己的书面文字以及与此相关的文化优势，这也是他们最后得以巩固政权的重要因素。高卢人没有自己的书面文字，面对军事和文化上都占强势的罗马人，多次反抗无效后，渐渐接受拉丁语言和文化，大部分地区的高卢语逐渐为一种夹杂了大量凯尔特语成分的拉丁语所取代，最后在6世纪末基本消亡。说日耳曼语的法兰克人于5世纪入侵高卢，打败了罗马军队，在中欧和西欧的广大地区建立了法兰克王国。9世纪法兰克王国一分为三，东部地区演变成后来的德国，西部地区为法兰西王国。15世纪，法兰西王国征服了封建领主的割据势力，并从外国手里夺回了部分国土，成为一个中央集权国家。早期法语以拉丁语为基础，同时吸收了许多凯尔特语和日耳曼语的成分，渐渐演变为现在的形式。

在思想理念上正式将法语作为一个统一民族的重要属性，是1789年法国大革命的结果。"自由、平等、博爱"是法国大革命的口号，雅各宾派（Jacobins）提出，语言上的歧异是妨碍人人平等的重要原因，因此，民主的最佳标记就是大家都使用当时社会精英所用的标准法语。雅各宾派同时更认为，法语是国家的象征，是中央集权的象征，少数地区族群语言有碍国家和民族的团结，应禁止使用。一语、一族、一国的原则就此成了法兰西共和国的立国基石。Judge（2000）认为，150多年来，历届法国政府在语言问题上基本上都秉持这种观点。多份官方文件反复强调，法语是法兰西民族国家的柱石，法国没有自己的国家宗教，将法国民族凝聚在一起的，除了地理和历史因素以外，就是全国统一的法律、行政系统和法语。1992年版法国宪法中，法语与法国国歌和国旗并列，是代表国家的崇高象征。对于法国人来讲，法语既是法国国家的标记，也是法兰西民族的标记。法国人口统计不允许问宗教和语言问题，政府长期不太愿意承认少数民族语言的法律地位，甚至否认少数民族的存在，认为如果承认了少数民族语言的存在，就会产生新的社会阶层，有违这个民族国家里人人平等的基本原则。同时，许多法国人信奉法语优越论。法语在16世纪取代拉丁语成为法国的通用语言，18世纪成为欧洲多国的宫廷语言以及国际外交语言。自19世纪开始，法语的地位日益受到英语的挑战。法国的应对方法是在国内采取保护主义政策，为各个领域的新术语制定法语术语，并以法律的形式限制外来语的使用，在国际上则支持法语国家以种种方法推广法语。

除了法语，法国也有其他所谓地区性语言，一般归为七大类，每一类实际上又包含许多方言变体，有的属于日耳曼语族，有的属于凯尔特语族，还有的归属不明。近年来主要是在欧洲议会的压力下，法国政府开始承认少数族群语言和文化的地位，不再一概视其为妨碍国家统一民族团结的障碍，而是把它们看作法国民族文化传统的一个组成部分。政府不再反对媒体和学校使用这些地区性语言，但法语仍是国家公共生活中的唯一通用语言。法国也有少数民族，主要是集中居住在西南部的巴斯克人、西北地区说凯尔特语的 Breton 人以及科西嘉岛上的科西嘉人。法国境内信奉语言民族主义、以自己所讲的少数族群语言为标志要求民族独立的人只占极少数。一般来说，法国境内少数民族族群中没有强烈的民族主义思潮，绝大多数人都认为自己是法国人，认同国家层面上的法兰西民族。总的来说,一国、一族、一语的思想依然是绝大多数法国人根深蒂固的理念,也是法国政府奉行的基本原则。

5. 中国

就语言、民族和国家的关系来说,中国的情况不同于上述任何一个欧洲国家。作为一个传统意义上的国家,中国有数千年的历史,虽然时有分裂局面出现,但很长时期都表现为一个统一的中央集权政体,在行政、法律、思想、文化、习俗等方面都有较强的同质性和连续性。"中华民族"这个名称始见于清末,是伴随着中国现代化进程出现的概念。从国家与民族的关系来看,"中华民族"主要以国家来定义,是一个典型的国家民族,指的是世代生活在这片广袤国土上的诸多族群的集合体。用费孝通的话来说,"中华民族作为一个自觉的民族实体,是近百年来中国和西方列强对抗中出现的,但作为一个自在的民族实体,则是几千年的历史过程所形成的"(费孝通 1999)。中华民族的特点是多元一体,就其组成来说,汉族无疑是中华民族的主要部分。但是,汉族本身的来源也是多元的。汉民族由华夏族演变而来,而华夏族的祖先,则是以传说中的黄帝部落联盟和炎帝部落联盟为基础,由西北向中原地区和黄河中下游地区发展,通过战争、自然迁徙及种种经济文化交往,与当地的羌人、夷人、戎人、狄人、苗人、蛮人等互相融合而来。秦汉时期,中国已经是一个以汉民族为主体的统一国家,同时纳入其他许多民族,其行政管辖地区以及影响所及范围东至海滨,北至大漠,西至今日的新疆西域,以及包括了东北、华南等广大地区。

华夏族虽然在先秦时代已渐形成,但内部差异仍相当明显。战国时期七国的主体都是华夏族,但是,"田畴异亩,车涂异轨,律令异法,衣服异制,语言异声,文字异形"(许慎《说文解字·序》)。秦始皇统一中国后,采取了一系列加强中央集权的措施,其中对后世意义最大的要算"书同文",这对延续和发展华夏文明,增强中华民族的内聚力,培育民间传统意识中的大一统观念，都起到了关键作用。传统汉语书面语，即文言文，很早就同口语分家，从晚唐五代时期渐渐形成和发展起来的传统白话文，一开始就是以北方话为基础，南方方言从来没有自己的标准书面语，这种情况一直延续至今。有文学革命先驱美誉的黄遵宪在1870年代提出"我手写我口"的主张，从清末开始的国语运动的重要内容之一就是"言文一致"。但是，对于包括黄遵宪在内的广大非北方方言区的人来说，无论是当时还是现在，"我手写我口""言文一致"实际上都是不可能做到的，除非他们先学会说北方话。中国方言之间差异之大，决不下于欧洲诸语言之间的歧异，中华传统文化之所以在数千年间延绵不绝，居住在如此广袤土地上的中华民族之所以成为世界上内聚力最强的群体而没有像欧洲那样大致以语言为界四分五裂为许多国家，全国统一的汉字以及以汉字写就的汉语书面语，包括文言文和传统白话文，在其间起了关键的凝聚作用（参见 Chen 2007，2008）。

汉语方言区之间在口语方面也有一定的一致性，仍然同汉字汉文密切相关。中国自古以来就有方言和雅言的区别。所谓雅言，就是读书作文以及其他正式场合使用的语言，也用作方言之间的共同语。雅言的方言基础，多为朝廷所在之地。早期为河洛或中州地区，即现在的河南一带，西晋末期，朝廷及大批士人南迁，将河南洛阳附近的方言带到江南。类似的情形后来又出现在北宋末期，宋室南迁，将河南开封一带的方言带到江南的杭州地区。后来的共同语称为"官话"，既是大北方方言的名称，又是各方言区的人在各正式场合所用的语言，明初大致以南京方言为准，19世纪中期开始，北京话逐渐成为官话的基础方言。方言区的一般百姓不会刻意学习雅言或官话，但读书人却往往愿意在这方面下功夫。据史书记载，东晋时期江东士族大多说北人南迁带来的中原之音，包括本来说吴语的士人也大都改说北音，与当地老百姓通用的语音迥异，如《颜氏家训·音辞篇》所记，"易服而与之谈，南方士庶数言可辩。隔垣而听其语，北方朝野终日难分"。类似情况，今日中国依然存在。广东、福建、湖南等省的城乡地区，根据说话人普通话水平高低，大致可以判断该人的受教育程度，但同样的评判标准，拿到北京周边地区就完全不适用。实际上，即使是在读书人中间，方言区之间在语言上的一致性，主要也并不在于有些人会说雅言或官话，有些人不会。口音可以各异，但读书作文，尤其是作韵文时，全国读书人遵循的是基本一致的音韵系统，该系统基本上是以朝廷所在的地方方言为基础，并以种种韵书的形式固定下来。文人要掌握这套标准音韵系统，既靠口耳相授，更靠熟记韵书。《广韵》《集韵》《礼部韵略》等韵书的知识对于中国传统读书人来说不可或缺。尤其值得注意的是，文人口中的字音和词汇往往又渗透到普通老百姓的语言当中，造成许多方言的语音系统都有所谓文白异读的现象，大量的字词都有读书音和土白音的不同，文读一般以北方话为基础，方言之间的相似性较高。在普通话远不如现在普及的1950年代和1960年代，苏南许多工农干部只会讲当地方言，文化程度也不高，有些只是初小水平，甚至不太识字，但在正式发言的场合往往选择使用本地官话，即所谓的"打官腔"，其主要特点就是多用文读字音和词汇。邹嘉彦和游汝杰（2003：274）认为："文理层的存在，是除了文字以外，维系汉语方言内部一致性的最重要因素。"这是很有见地的看法。

中国在语言和民族主义关系问题上不同于上述欧洲国家的一个最突出的方面，是近代民族主义运动对主体民族语言所持的态度。虽然汉字、汉文和汉语在维系中华文明和中华民族方面起了巨大的历史作用，但是，在19世纪下半叶开始的中国民族国家现代化进程中，它们却并没有像德语和法语那样被尊奉为中华民族属性的代表，或是中华民族的认同标记。1911年的辛亥革命具有强烈的民族主义因素。"排满"民族主义一度是它的主要思潮，喊得最响的口号是"驱除鞑虏，恢复中华"，在当时起到了巨大的动员民众的作用。斗争的锋芒所向，首先是清朝宫廷及其贵族统治阶级，主张进行社会政治制度的变革，模仿西方，用民主共和政体取代皇权统治。在这个过程中，没有人将语言问题用作政治斗争的工具。原因非常简单：满蒙统治阶级在语言方面基本上已经完全汉化。满族人1644年入关定都北京前，掠掳了大量的汉人百姓，另外有许多明朝官兵归顺或被俘。对于这些汉人，满族人采取强制同化政策，除了剃发之外，还要求他们学习满语满文。满族人子弟也有人主动学习汉语，但满语当时是强势语言，兼通汉语的满族人只是极少数。入关之后，剃发令照样推行，但并没有禁用汉语汉文，满族人汉化的潮流却如江河日下，莫之能御。朝廷采取不少措施，劝勉满族人保持自己的语言，但收效甚微。到了20世纪初，绝大多数满族人在语言方面已经与汉人无异，会满文和满语的已经很少了，且大都居住在边远地区。语言无法用作区别满、汉的标准，自然也没有成为革命党人手中的政治工具。

受西方列强侵略的刺激，以及日本明治维新成功的启发，中国从19世纪下半叶开始了走向现代民族国家的进程。在这个进程中，汉语汉文非但没有某些欧洲语言头上的光环，反而被认为是造成近代中国积贫积弱的主要原因之一，成了革新图强的重要对象。清末民初代表学界政界文化界主流的重要人物，对数千年来维系中华民族精神命脉的汉文汉字，普遍持鄙视态度，甚至连带殃及汉语。下面是很具代表性的一些观点：

吴稚晖：中国文字，迟早必废，欲为暂时之改良，莫若限制字数……若为限制行用之字所发挥不足者，即可挽入万国新语（即 Esperanto），以便渐挽渐多，将汉文渐废，即为异日经用万国新语之张本。

钱玄同：欲使中国不亡，欲使中国民族为二十世纪文明之民族，必以废孔学、灭道教为根本之解决，而废记载孔门学说及道教妖言之汉文，尤为根本解决之根本解决。至废汉文之后，应代以何种文字，此固非一人所能论定。玄同之意，则以为当采用文法简赅、发音整齐、语根精良之人为的文字 Esperanto。

陈独秀：当此过渡时期，惟有先废汉文，且存汉语，而改用罗马字母书之。

胡适：独秀先生主张"先废汉文，且存汉语，而改用罗马字母书之"的办法，我极赞成。凡事有个进行次序，我以为中国将来应该有拼音的文字，但是文言中单音太多，决不能变成拼音文字，所以必须先用白话文字来代文言的文字，然后把白话的文字变成拼音文字……如果因为白话文学的奠定和古文学的权威的崩溃，音标文字在那不很辽远的将来能够替代了那方块的汉字，做中国四万万人的教育工具和文学工具，那才可以说是中国文学革命的更大的收获了。

蔡元培：汉字既然不能不改革，尽可直接的改用拉丁字母了。

傅斯年：中国字的难学，实在是世界上独一无二……中国文字的起源是极野蛮，形状是极奇异，认识是极不便，应用是极不经济，真是又笨、又粗、牛鬼蛇神的文字，真是天下第一不方便的器具。

瞿秋白：汉字真正是世界上最龌龊最恶劣最混蛋的中世纪的茅坑。

1936年鲁迅在去世前几个月接受记者采访时，更是愤激地说出："汉字不灭，中国必亡。"

虽然也有如章太炎这样的学者，大力主张研究国学，保存国粹，其中就包括汉语言文字。但是，类似主张在当时显然无法与上述激进思潮争锋。革新汉字与汉文几乎成了那个时代主要精英人物的共识，更极端的观点是连汉语本身都得废除。不过，学者的主张是一回事，能否为大众所接受是另外一回事。中国语言规划已有100多年的历史，确立与推行民族共同语、白话文取代文言文及汉字简化等，由于顺应了民众的普遍需求，进行得比较顺利。而要广大中国人像苏格兰人和爱尔兰人一样，放弃自己的母语改用其他语言，只能说是异想天开。

19世纪末开始的语言文字改革运动取得了很大的成就：确立了现代汉语标准语并向全民推广，白话文取代文言文成了现代汉语书面语的主要文体，许多汉字得到了简化。但是，汉语本身没有被其他语言取代，文字拼音化也没有成功。另一个语文改革的主张似乎得到了大多数人的普遍认可，就是汉语本身必须加以改造，以适应现代化的需要，而重要的改造途径之一就是欧化，多通过译文来进行。在这方面，瞿秋白和鲁迅的观点有一定的代表性（引自鲁迅《二心集·关于翻译的通信》）：

瞿秋白：翻译——除出能够介绍原本的内容给中国读者之外，还有一个很重要的作用：就是帮助我们创造出新的中国的现代言语。中国的言语（文字）是那么穷乏，甚至于日常用品都是无名氏的。中国的言语简直没有完全脱离所谓的"姿势语"的程度——普通的日常谈话几乎还离不开"手势戏"。自然，一切表现细腻的分别和复杂的关系的形容词、动词、前置词，几乎没有……翻译，的确可以帮助我们造出许多新的字眼，新的句法，丰富的字汇和细腻的精密的正确的表现……进行着创造中国现代的新的言语的斗争。

鲁迅：这样的译本，不但在输入新的内容，也在输入新的表现法。中国的文或话，法子实在太不精密了……这语法的不精密，就证明思路的不精密，换一句话，就是脑筋有些糊涂……要医这病，我以为只好陆续吃一点苦，装进异样的句法去，古的，外省外府的，外国的，后来便可以据为己有……如日本，他们的文章里，欧化的语法是极为平常的了。

鲁迅主张的直译，或是所谓硬译，并不是一个单纯的翻译方法问题，而是改造现代汉语的重要手段。一百多年来，汉语在欧化的道路上大步前进。王力（1954）曾指出："如果拿桐城派的古文和现代的好文章相比较，我们会觉得汉语有了惊人的发展。即使拿五四时代的文章和现代的文章相比较，也会觉得无论在词汇上、语法上和整个语言结构的逻辑性上，也都大大地跨进了一步。"他同时为这种"惊人的发展"做了说明："现在报纸杂志上的好文章，差不多可以逐词逐句译成俄文或英文，不需要在结构上有什么大更动。"王力（1954）之后，六十多年过去了，21世纪的现代汉语欧化程度有增无减，"形势正在发生变化"这样的说法，大家似乎已经习以为常，不再觉得这其实是个非常欧化的句式。不仅如此，"女士们，先生们""已经证明，并将继续证明""工作/孤独/感动/累/烦/忙并快乐着"，诸如此类的语句，已经成为当代中国语言生活的一部分。这些大多原本是西文的逐字直译，但因为许多人，尤其是南方方言区的人，往往通过书面语学习普通话词汇和结构，纸上的文字变成口中的语言也是很自然的事情。

由上所述可以得出结论，就其强调的语言民族性及民族身份认同功能来说，Herder 和 Fichte 等人提出的语言民族主义思想在近代和现代中国显然不曾产生影响。与一些欧洲国家相比，我们基本上是从单纯工具论的角度看待语言文字问题，较少政治色彩和意识形态化的成分，这在对待方言和外语学习的态度上也充分地体现了出来。

清末开始的国语运动另一项主要内容是国语统一，它和1950年代开始的推广普通话运动一样，目标是方言区民众掌握双语或双方言能力。多年来的持续努力带来了丰硕的成果，据国家语委普查结果，20世纪末，全国人口约53%能用普通话进行交流。与此同时，汉语方言的使用人数在萎缩，使用场合在减少。虽然1950年代就认为方言会在民族共同语的影响之下逐渐萎缩乃至于消亡（参见罗常培、吕叔湘1956），但从过去几十年的发展来看，随着中小学教育在全国城乡的普及，以普通话播出的电视广播等大众传媒的无远弗届，方言萎缩和消亡的进程或许比早先预料的要快。据笔者观察，在上海苏南一带地区，尤其是城市里，越来越多孩子的第一语言已经是普通话而不再是当地方言，不但在课堂上讲普通话，朋友和家人之间也只讲普通话。这种情况并不仅限于吴方言区。据有关报道，闽、湘、赣、粤等地都程度不同地出现了普通话取代当地方言成为孩子们主要语言的趋势。

语言学家是最不愿意见到这种情况发生的。无论国内还是国外，我们都能听到阻止或延缓语言和方言消亡的呼吁。但是，经验告诉我们，这样的努力不容易产生显著效果。语言学家提出方言忠诚度的概念（参见邹嘉彦、游汝杰2003），方言之间在这方面会有差别，总的来说，汉语方言忠诚度似乎都不高。以前流行"宁卖祖宗田，不丢祖宗言"的客家方言地区，如福建，年轻一代只说普通话的比例高过其他一些方言地区。有几个因素决定了汉语方言很难避免衰微的命运。首先，与前面讲到的欧洲德英法诸国的小语种相比，汉语方言最大的弱点是没有自己的书面语言和文学传统。此外，除了粤方言外，南方各个方言群内部缺乏自己的标准方言，如前所述，没有规范化的标准口语正是爱尔兰语使用人口日渐萎缩的主要原因之一。语言不分大小，都应该享有平等的权利，得到同样的重视，这是联合国教科文组织和欧盟理事会等组织正式决议内容。但是，语言之间一律平等，只是政治家和语言学家的要求和愿望。遗憾的是，生活在政坛和书斋以外的普通民众对此未必认同，而最终决定语言命运的是后者而不是前者。双语能力固然很好，但成本较高，除了在比较特殊的情况下，双语一般最终会被单语取代（参见 Edwards 1994）。对于普通民众，尤其是年轻一代来说，如果让他们在两种方言或语言之间进行选择，他们一般都会偏重能给自己带来最大利益的语言。这是支配古今中外语言兴衰的一个重要因素，不以政治家和语言学家的意志为转移。在普通话和方言问题上，孩子们已经，或是正在，用他们的小嘴说出自己的决定。某些地区方言衰微的同时，是外语热的持久不下。双语——主要是英语和汉语——教育在大学、中学、小学直至幼儿园大行其道，许多在校大学生甚至将一半以上的学习时间花在外语上面，新东方学校之类的外语培训机构也成了盈利最高的企业之一。中国境内召开的一些学术会议，与会者的母语都是汉语，但许多论文仍然用英语宣读。其原因完全是出于方便——便于与境外同行交流，便于在国际专业杂志上发表，而有关民族语言认同方面的因素则一般不在考虑之列。这进一步说明，语言在我们眼里基本上只是交际工具，其他层面上的价值并不突出。

6. 结论

语言是民族最重要的属性之一，但不是唯一的属性，也不是界定民族的必要条件。古今中外都有民族放弃了自己的原有语言而改用异族语言，它们的民族特征并不一定因此而弱化或消失。法兰西民族的主体是古高卢人的后裔，很早就从凯尔特语转向拉丁语。近代英国的苏格兰民族、爱尔兰民族和我国的满族也都已经放弃或正在放弃本民族语言而采用其他语言，他们的民族认同主要维系于其他因素。一般来说，民族对自己语言的取舍是个长期的、自然选择的过程，大多由普通民众眼里的实际利益驱动。

语言民族主义思想起源于特定的历史环境，有强烈的政治动机，服务于政治目的。它以语言为手段，凝聚和强化本民族的民族意识，增强民族成员之间的认同感，并以此为基础建立或巩固以本民族为主体的现代民族国家。从 18 世纪到 20 世纪，语言民族主义是许多国家立国强国根基的重要组成部分，虽然其表现方法可以很不一样。语言的民族属性指示功能和民族认同功能在近代德国和法国表现突出，但在英国/爱尔兰和中国则大大弱化，甚至若有若无。相对于这些欧洲国家而言，中国近代和现代语言规划工作强调最多的是如何改进汉语汉字和汉文，为民族和国家的现代化进程服务，主要着眼点不在于语言作为民族认同标记的精神价值和意识形态价值，而是语言作为交际手段的工具价值和实用效率。

参考文献

费孝通　主编，1999，《中华民族的多元一体格局》（修订本），北京：中央民族大学出版社。
罗常培，吕叔湘，1956，现代汉语规范问题，《语言研究》第 12 期。
王　力，1954，论汉语标准语，《中国语文》第 6 期。
邹嘉彦，游汝杰，2003，《汉语与华人社会》，香港：香港城市大学出版社，上海：复旦大学出版社。
Anderson, Benedict. 1991. *Imagined Communities*. London: Verso.
Barbour, Stephen. 2000a. Britain and Ireland: The varying significance of language for nationalism. In: Barbour and Carmichael, eds., 18-43.
Barbour, Stephen. 2000b. Germany, Austria, Switzerland, Luxembourg: The total coincidence of nations and speech communities. In: Barbour and Carmichael, eds., 151-167.
Barbour, Stephen and Cathie Carmichael. eds. 2000. *Language and Nationalism in Europe*. Oxford University Press.
Chen, Ping. 2007. China. In: Andrew Simpson, ed., *Language and National Identity in Asia*, Oxford University Press, 139-167.
Chen, Ping. 2008. Languages in a modernizing China. In: Kam Louie, ed., *Cambridge Companion to Modern Chinese Culture*. Cambridge University Press, 195-217.
Edwards, John. 1994. *Multilingualism*. London & New York: Routledge.
Fichte, Johann Gottlieb. 1968 [1807-1808]. *Addresses to the German Nation*. Harper and Row Publishers.
Herder, Johann Gottfried von. 1969 [1772]. Essay on the orgin of language. In: Peter

H. Salus, ed., *On Language: Plato to von Homboldt*, Holt, Rinehart and Winston, 147-172.

Hobsbawn, Eric. 1990. *Nations and Nationalism Since 1780*. Cambridge University Press.

Huntington, Samuel P. 1993. The clash of civillizations? *Foreign Affairs* (Summer), 22-49.

Huntington, Samuel P. 1996. *The Clash of Civilizations and the Remaking of World Order*. New York: Simon & Schuster.

Judge, Anne. 2000. France: 'One state, one nation, one language?' In: Barbour and Carmichael, eds., 44-82.

Simpson, Andrew. ed. 2007. *Language and National Identity in Asia*. Oxford University Press.

Smith, Anthony D. 1991. *National Identity*. University of Nevada Press.

（本文节本原载《外语教学与研究》2008年第1期。）

政治、经济、社会与海外汉语教学

——以澳大利亚为例

提　要　澳大利亚汉语教学的历史与现状，很大程度上由两个主要因素所决定：一是本国的语言政策，尤其是外语教育政策；二是来自汉语国家和地区的移民和留学生。自 1980 年代起，汉语教学是澳大利亚官方语言政策强力扶持的对象，学习人数持续增长。同时值得注意的是，选修汉语的大多数学生是华裔学生。如何在课程设置、教材编写、考核评分、师资培养等方面因应这种局面，值得认真研究。

关键词　海外汉语教学　语言政策　华裔学生　澳大利亚

1. 引言

　　一种语言在母语国家以外的地区地位如何，是否有许多当地人学习和使用，当然同母语国家在世界上的政治、经济、军事和文化地位，以及它们同有关国家之间的历史和文化联系、政经双边关系等密切相关。不过，一般来说，这些都是外在因素。真正对该语言在当地的教学和使用产生决定性影响的，是当地的政治经济形势、社会文化传统、居民人口构成等种种内部因素的交互作用。本文以澳大利亚为例，分析汉语教学在该国的历史与现状以及当前面临的机遇和挑战，重点探究澳大利亚本国的政治、经济、种族和其他有关因素在其中所起的决定作用。本文所讨论的现象，相信程度不同地存在于美国、加拿大和新西兰这三个以移民为主体的英语国家。

　　澳大利亚位于南太平洋，其英文名称 Australia 源自拉丁文 terra australis，是"南方陆地"的意思。国土面积约 760 万平方公里，相当于中国的五分之四,根据最新的2011年人口调查统计,总人口2230万左右,26%出生在海外,另有20%父母双方或一方出生在海外,两类合计占总人口46%,是个十分典型的移民国家。1987年国家语言政策宣布英语是国语,而澳大利亚家庭常用语言则共有350种左右。根据2011年人口统计,五岁以上的澳大利亚人80.7%在家中只说英语,而该比例在1996年则为82%,另外,约2%的澳大利亚人完全不会英语。同时使用两种或两种以上语言的家庭,2011年为20.4%,而在2006年为17.7%。这充分反映这十来年间非英语国家外来移民在总人口中所占比例持续增长。尤其值得注意的是,2006年人口调查统计结果,英语以外的其他家庭语言,使用人口最多的前五种分别是意大利语(占总人口1.6%)、希腊语(1.3%)、阿拉伯语(1.2%)、汉语广东话(1.2%)以及汉语北方话(Mandarin)(1.1%)。到了2011年,前五种分别是汉语北方话(1.7%)、意大利语(1.5%)、阿拉伯语(1.4%)、汉语广东话(1.3%)和希腊语(1.3%)。也就是说,过去五年间汉语北方话从排名第五一跃为排名第一,成了除英语以外,使用人数最多的家庭语言。在澳华人人数高速增长的势头实际上从1990年代就开始了。从1996年至2006年,汉语北方话人口增长幅度高达138%,2006年至2011年又增长了50%以上,达到336410人。说汉语广东话的人口从1996年至2006年增长幅度为21%,2006年至2011年又增长了约8%,达到263673人(参见ABS 2012)。连同其他已经不太会说汉语的华人,目前澳大利亚的华裔人口据估计总数达100万以上,约占澳大利亚总人口的百分之五。

2. 澳大利亚的语言政策与外语教学

要真正了解澳大利亚的汉语教学,必须研究该国的语言政策和外语教学。根据澳大利亚语言学家Michael Clyne(1991,2005)的观察,过去二百年间澳大利亚的语言使用和语言政策主要是三种因素在起作用：一是早期英国殖民地时期所形成及承继至今的历史、文化和政治传统；二是英语被普遍看成是澳大利亚作为一个独立国家的认同标记；三是从早期直到现在的绝大多数年代里，澳大利亚是一个多民族、多语言的移民社会，这个客观现实在不同历史时期对该国的政治和经济生活以及社会思潮产生了重要的影响。三种因素的交互作用，决定了澳大利亚在语言使用、语言政策和外语教育上的变迁。

澳大利亚原住民的祖先至少在四万年以前就已经生活在这片南方大陆上了。据正式历史记载，欧洲航海家和探险家第一次来到澳大利亚是在17世纪初，开始主要是荷兰人和西班牙人。1770年，英国海军军舰"奋斗"号（Endeavour）在船长James Cook指挥下首次抵达澳大利亚东部海岸。欧洲人初到澳大利亚时，当地原住民所说语言据估算有250—260种，算上方言变体，共有600余种，目前一半以上已经消亡，幸存下来的也大都处于濒危状态，仅为中老年人使用，只有20种左右还有一定的活力（Dixon 2004：4）。1780年代开始，澳大利亚正式成为英国的殖民地，早期主要为囚犯流放之所。在此之前，英国每年将1000名左右的囚犯流放到美国的马里兰和弗吉尼亚地区。1775年美国爆发独立战争之后，英国宗主国向美国流放囚犯的做法难以为继，当时的澳大利亚就成了比较理想的替代之地。1788年，第一块英国殖民地在现在的新南威尔士州建立，第一批船队运来的1000多人中，778名为犯人，后来的几十年中，澳大利亚的其他部分也逐渐被英国殖民者占据，其中相当一部分人为英国本土的犯人。英国将囚犯送往澳大利亚的做法直到1848年才基本终止。

一般认为，澳大利亚在语言使用和语言政策问题上，过去两百多年间大致经历了以下三个主要阶段（参见Clyne 1991，2005；Ozolins 1993；Lo Bianco 2009等）：

（1）1800年代开始至1900年左右：相对而言处于自由放任状态；

（2）1900年代开始至1970年代早期：独尊英语，排斥其他语言；

（3）1970年代早期至今：政治上主张多元文化，异中求同，平等对待各族群语言以促进社会公平正义，近20年来同时强调语言的经济价值。

19世纪初开始往澳大利亚大量移民的国家主要是英国和爱尔兰，其中也有不少说凯尔特诸语言的人。后来，除了英国和爱尔兰之外，又有大批移民从许多非英语国家如德国、法国、意大利、北欧诸国以及中国等来到澳大利亚。一般来说，维持和传承本民族语言文化的意愿在第一代移民群体中相当强烈。19世纪末以前，澳大利亚社会中非英语族裔移民除了使用英语以外，往往还用本民族的语言办报、传教、经商及从事其他社区活动。使用人口最多的语言除了英语以外，主要有几种凯尔特语（如爱尔兰语、盖尔语、威尔士语）、德语、汉语、法语，等等。据Clyne（2005）考证，1860年代左右，墨尔本和阿德莱德的生意场上几乎所有交易都可以通过德语进行，全国德语报纸至少有八份之多。

1850年代开始，澳大利亚各殖民地渐渐设立大学。第一所大学悉尼大学成立于1850年，随后墨尔本大学、南澳大学、塔斯马尼亚大学等陆续成立。早期的澳大利亚大学一切照搬宗主国英国大学的制度，外语教育也不例外。大学外语教育以教古典语言为主，主要是古希腊语和拉丁语。那时读大学的大都是富人阶层和社会上层人士的子弟，目的是接受通识教育，不必为毕业以后的工作发愁。有些大学也教现代语言，主要是法语和德语，除了陶冶教化作用以外，也考虑到毕业以后比较有实用价值。现代语言教学虽然很受工商业界的欢迎，但是在以象牙塔自诩的大学里面，现代语言的地位远不如古典语言，老师的工资也较后者为低（参见Martin 2005）。这种厚古薄今的做法到19世纪末才基本扭转过来，大学外语教学的主要语种由古代语言渐渐转为现代语言。但是，要完全改变历史悠久的传统并不是件容易的事情，许多自命清高的大学老师自己教的是现代语言，但心目中尊崇却还是古典语言，因此往往把现代语言也作为死语言来教，侧重阅读和翻译，轻视听说能力。这种19世纪的流风遗韵也能在我们熟悉的许多老一代欧洲汉学家身上看到，外交官和传教士出身的除外，19世纪末20世纪初正宗学院派训练出来的汉学家古汉语大都相当娴熟,但现代汉语的听说能力则差了许多。非不能也,是不为也。

澳大利亚1880年代之前的中小学都是私立学校,主要由教会机构和其他社区组织开办并负责管理。19世纪大多数年代里,普通小学一般都开设外语课程,最常见的是法语,也有学校教授德语或意大利语。1850年代开始,不少中小学校开展双语教育,大都为教会学校,也有不少普通学校,既为本民族语言文化宗教的传承着想,也为其他族裔提供学习外语的机会,一些德英、法英双语学校教育质量很高,吸引了许多外族子弟入学。1870年代之前,澳大利亚各个殖民地的政府组织和社会行业管理相当松散和宽容,对社会上和学校里的语言使用和语言教育问题一般都采取听之任之的态度,很少作硬性规定。尽管针对某些族裔,尤其是对华人的种族歧视在某些地方已经相当严重,但总的来说,当时的澳大利亚大致上还是一个多语、多元文化的社会。从1870年代起社会思潮和政治风向渐渐起了变化,首先是从中小学教育问题开始。1872—1880年间,澳大利亚开始设立由政府出资并主导管理的公立学校,各个殖民地政府陆续通过教育法案,主张英语主流化,开始对其他语言实行限制政策。当时存在两大社会政治派别,一派忠于英国宗主国,另一派主张独立建国。前者推崇英语是很自然的事情,而后者则试图借鉴17、18世纪北欧、中欧和东欧一些民族国家以本国主要民族语言作为立国之本的经验,主张用英语唤醒民族意识、凝聚民众向心力,使之成为未来澳大利亚联邦的主要认同标记(参见陈平2008)。于是,尽管其他方面可能政见迥异,但在主张突出英语,甚至独用英语方面这两大派别的主张却是基本一致的。自此以后,多语多元文化的澳大利亚社会,渐渐朝单一语言和单一文化方向发展。1901年澳大利亚联邦成立前后,各地立法机构和教育部门改变了早期对学校语言教育基本上自由放任的态度,在公立学校强力推行独用英语的政策,将英语同爱国主义联系在一起。对外国语言的轻视甚至敌意在社会上渐渐弥漫开来,使用英语以外的其他语言常常被目为异类,被视为对国家不忠,甚至有许多人将外语同反英或反澳意识联系在一起。澳大利亚联邦成立后通过的第一批法案中就有所谓的"限制移民法案"（Immigration Restriction Act 1901），采取臭名昭著的"白澳政策"，主要目的是将亚洲和太平洋岛国的移民拦在国门之外。

第一次世界大战更强化了这种排外思潮，直至二战结束之前的几十年中，英语成了澳大利亚的国家认同标志。大多数州和地区议会通过立法，禁止公立学校使用英语之外的其他语言进行教学，甚至有的州立法禁止使用其他语言进行传教。学校、教堂、广播、报纸基本上只用英语。虽然非英语族裔开办的周末学校不少还是坚持了下来，成为向下一代传授本民族语言文化的唯一教育场所，但规模和影响力都远不及19世纪。非英语移民的民族语言只能私下在亲友间使用，在公共场所说外语甚至会招来辱骂。用Clyne（1991：13）的话来讲，在那几十年中，使用单一语言，即英语，成了一种"爱国宗教信仰"。二战之后，出于大力发展经济的需要，澳大利亚开始积极吸纳外来移民。在这之前的40多年中，移民主要来自英国，虽然采取了许多优惠措施，但新增人口还是无法满足经济快速发展的需求。1940年代中期以后，澳大利亚开始逐渐修改移民政策，向英国以外的其他欧洲国家敞开大门，来自南欧诸国如意大利、希腊等国的移民大量来到澳大利亚。对于非英语国家来的移民，政府采取的是同化政策（assimilation），最突出的体现在语言问题方面。政府要求非英语国家移民尽快掌握英语，逐渐放弃本民族的语言，公共场合说其他语言，家长对孩子说自己的民族语言，往往会受到劝阻。1960年代中期之前，法语是几乎所有公立中小学唯一开设的外语课程，也是非公立中小学教授的主要外语。社区图书馆很少有外语书籍，商业电台外语广播的时间和时段受到严格限制，除了极少数电台以外，一般外语节目的播出时间不能超出总播音时间的2.5%。

在强劲的国际大气候和种种国内因素的影响下，这种情况到了1960年代中期以后才渐渐改变。1960年代后半期开始，整个西方世界在社会思潮、主流意识形态和政府内外政策方面经历了自19世纪末以来的最大变化。那是风云激荡的时代，是个性极度张扬的年月，"左"翼知识分子的理论和思想渐渐占据西方思想界和学术界的主流地位。与此同时，学生运动、民权运动、女权运动席卷美国和西欧诸国，主要诉求是对外反对越战，支持民族独立，对内反对基于种族、性别、宗教信仰等一切因素的歧视，要求权利平等，同时呼吁摆脱传统道德和社会习俗对人性的约束，追求最充分的个人自由。白天大街上捂着湿毛巾与警察对峙的斗士和夜晚酒吧间酗酒嗑药的嬉皮士是许多青年人的一体两面。所有这一切在相当大的程度上改变了西方社会的主流道德观、价值观和社会行为准则，整体上推动了西方社会的改革和进步。澳大利亚当然也没有自外于这股席卷整个西方世界的历史潮流，追求更多的社会正义和族群平等渐渐成了社会的主旋律。澳大利亚的原宗主国英国于1968年宣布其军事力量撤离苏伊士运河以东地区，1973年正式加入欧洲经济共同体，促使澳大利亚朝野进一步正视本国的地理位置和对外经贸关系，与亚洲国家建立更紧密的联系。同时，二战结束后非英语国家来澳的移民子弟成长为新一代中产阶级，其中的精英分子开始在政商学等社会各界占据重要位置，并发出自己的政治诉求。在国际国内诸多因素的合力下，社会思潮和官方政策在非英语国家移民问题上渐渐有了明显的变化，开始向更多的国家，尤其是亚洲国家，打开了移民大门，对新移民的政策也由同化转为结合（integration）。到了1970年代初期，多元文化主义日渐深入人心。所谓多元文化主义，其主要精神就是将各族移民及原住民所代表的诸多文化都看成是澳大利亚民族文化的组成部分，无论族群大小，地位一律平等，应该得到同等的尊重、保护和发展，在凝聚和团结国家整体民族的同时保持个体民族的特色（diversity within national cohesion and unity），由此形成新的澳大利亚民族文化。1972年上台的惠特拉姆（Gough Whitlam）工党政府，在内政和外交方面进行了建国以来最为大胆的改革，内政方面将多元文化主义定为政治社会文化政策的主导方针，在移民问题上彻底废除了白澳政策，同时采取一系列促进民族、性别平权的进步措施，对外主张同亚洲国家建立更密切的联系，并于执政当年12月份访华，同中国建立正式外交关系。由于改革力度过大，引起传统势力的强烈不满，加上另外一些复杂因素，惠特拉姆被迫于1975年首届任期结束前提前下台。但是，同年取代工党政府上台的自由党弗莱泽（Malcolm Fraser）政府，并没有在内政和外交基本国策上倒退，而是顺应历史潮流，基本上继承并发展了上届政府一系列旨在增进社会公平和正义的进步政策。多元文化主义成了此后历届政府的官方政策，也为澳大利亚社会大众所广泛接受。澳大利亚与亚太地区其他国家的经贸关系日益密切，日本和中国相继成为澳大利亚的主要贸易伙伴，亚洲也渐渐成了澳大利亚移民的主要来源地区。所有这些，对于澳大利亚的语言政策和外语教育产生了深刻的影响。

1987年，澳大利亚首次制定并公布了国家语言政策（National Policy on Languages），该政策文本由语言政策专家 Joseph Lo Bianco 起草，后由联邦政府正式批准颁布，并且做了相应的财政拨款（参见 Lo Bianco 1987；MMA 1987）。1987年版国家语言政策的主要内容共分四个部分。第一部分首先是确定澳大利亚国内所有语言的地位和功能，宣布英语为澳大利亚的国语，是主体文化的表现工具及国家的认同标记，也是社会各族群之间的共同交际语言，是增进社会凝聚和团结的重要力量。这样的定位有助于国民对国家的认同与效忠；同时，澳大利亚原住民和非英语族群使用、学习和传承自己语言的权利应该得到尊重和支持，英语能力不强的民众有权通过自己的民族语言接受政府的服务。第二部分是语言教育：（1）人人学习和使用英语；（2）国家对原住民语言的使用和传承采取扶持措施；（3）人人掌握除英语以外的另一种语言，简称 LOTE（Language Other Than English）[①]。澳大利亚有许多语言，选择哪些语言进行推广时主要考虑到三个因素：一是更好地与国家的经济、社会和对外政策目标相吻合，主要是促进族群平等和社会正义；二是要提高澳大

[①] 据 Clyne（1991:3）解释，澳大利亚于1975年左右开始用"社区语言"（community language）这个词语指澳大利亚除英语以外的其他语言。美国和加拿大一般称之为 heritage language。使用"社区语言"这个术语的主要原因是没有其他合适的术语可用。不能用"外语"（foreign language），因为这些语言虽然没有英语的国语地位，但也是澳大利亚一些族群日常使用的语言；"移民语言"（migrant language）这个词语也不合适，因为使用这些语言的许多人在澳大利亚出生长大，另外社区语言也包括原住民语言，而原住民当然不能算作移民；用"少数民族语言"（ethnic language）还是欠妥，因为其他民族的人也会用到这些语言。Clyne 的个人观点甚至认为"外语""移民语言"和"少数民族语言"这些词语在澳大利亚都带有贬义。1980年代以来最常用的名称是"英语之外的其他语言"（Language Other Than English），简称 LOTE。本文有时也笼统地称其为"外语"，完全为方便起见，不含任何价值判断。

利亚在亚洲和太平洋地区的地位，增强在国际舞台上的活动能力；三是考虑到国家资源分配的限制。根据这三条主要原则，该政策报告建议将九种语言定为推广教学的语言，它们是阿拉伯语、汉语、法语、德语、现代希腊语、印尼/马来语、意大利语、日语和西班牙语。其中因为当前资源不足而尤其需要扶持的语言是汉语、日语、印尼/马来语、阿拉伯语及西班牙语（参见 Lo Bianco 1987：125）。第三部分是语言服务，要在翻译、媒体、公共图书馆、语言测试等方面为使用本民族语言的土著居民、聋哑人及英语非其母语的其他澳大利亚人广泛提供平等的服务。第四部分是成立澳大利亚语言政策顾问委员会，主要负责协调国家语言政策的执行和调整。

1991年，联邦政府就业、教育与培训部长 John Dawkins 代表政府发布了澳大利亚语言与读写政策白皮书（*The Australian Language and Literacy Policy*，简称 ALLP），基本精神与1987年版的国家语言政策相似，但对所定目标和实施措施表述得更为具体。白皮书提到，1988年澳大利亚中小学所教 LOTE 一共有59种，其中23种为原住民语言，开设 LOTE 课程的学校不到总数的四分之一。自1960年代至1990年代初期，学习外语人数急剧下降，小学生中只占13%，中学生占29.5%，高中毕业生学习外语人数从1967年的40%降到1990年的不足11.68%，而且其中还有不少人所学的 LOTE 是其母语。所学语种很不平衡，选修外语课程的高中毕业生中，24%学习法语。澳大利亚大学一共开设40多门外语课，但在校期间修完一学期外语课的学生人数不足学生总数的1%，学习法语和日语的学生加起来占了其中的45%以上，大多数外语所学人数之少可想而知（ALLP 1991：15）。除了进一步加强英语教学以外，联邦政府决定加强对 LOTE 教学和研究的支持力度，鼓励各州和地区在原住民语言、阿拉伯语、汉语、法语、德语、印尼语、意大利语、日语、韩语、希腊语、俄语、西班牙语、泰语和越南语中间选择八种语言为本地区的优先语言，联邦政府在经费拨款等方面给予教育部门和其他部门以专项资助，争取2000年高中毕业生学习外语的人数能达到25%。

1987年制定的国家语言政策是落实国家多元文化战略的重要方面，重点考虑的是国内因素。20世纪初至1970年代的七十年间，独尊英语、抑制其他语言的单一语言、单一文化政策是澳大利亚政府的主导方针，而1987年版国家语言政策则是在语言问题上对早期单一语言政策的全面修正，主要目的是促进社会公平、正义和族群平等，增进族群之间的相互了解与和谐共处。相比之下，1991年版的国家语言政策更为强调语言在国家对外经贸关系中的实用价值。考虑到澳大利亚与亚洲日益密切的经贸、外交和文化交往，白皮书将亚洲研究（包括亚洲语言教学和研究）作为重点扶持领域，额外提供专项经费，支持这方面的学术研究及教师培训和课程开发。1994年，澳大利亚政府批准了一份名为"亚洲语言与澳大利亚的经济前途"的政策报告。该报告由澳大利亚政府亚洲语言与文化工作小组制定，负责人是前任驻华外交官Kevin Rudd，中文名字叫陆克文，十三年后成为澳大利亚总理，是西方国家中第一位会说流利中文的政府首脑。该报告将日语、汉语、印尼语与韩语定为对于澳大利亚具有战略意义的四种语言，随后，联邦和州政府共同制定了"全国中小学亚洲语言及亚洲研究策略"（National Asian Languages and Studies in Australian Schools Strategy，简称NALSAS），对这四种亚洲语言在中小学中的课程设置和教师培养提供高额资助，1995—2002年分两期，一共拨款2.06亿澳元。该策略成效显著，实施结果是日语和印尼语学习人数增长一倍，汉语增长一倍半，韩语略有增长。2004年，23.4%的中小学生学习亚洲语言，大都集中在五年级到七年级（参见Lo Bianco 2009：23）。自由党和国家党执政的联邦政府于2002年NALSAS到期后没有续延，也没有制定替代政策。2008年的统计数字显示，NALSAS终止六年之后，汉语仍然维持增长趋势，但增幅放缓，而其他三种亚洲语言学习人数全部掉头向下。陆克文为首相的工党政府2007年上台以后，决定恢复对亚洲语言教学与研究的支持政策，将NALSAS改名为"全国中小学亚洲语言及亚洲研究计划"（National Asian Languages and Studies in Schools Program，简称NALSSP），于2008—2012年间拨款6240万澳元。据2012年最新报道，无论是执政党工党政府，还是在野的自由党-国家党联盟，都无意在 NALSSP 于 2012 年到期后给予延长。

2.1　中小学外语教学现状

　　澳大利亚开展语言教学的机构主要有三大类：一是正规的中小学，包括公立及获得教育部门认证的私立中小学；二是大学；三是课外语言学校、社区学校和远程教育等起补充作用的教育机构。据最近的 2006 年的统计，三类机构所教授的语言加在一起总共有 133 种，其中包括约 50 种原住民语言（Lo Bianco 2009）。

　　澳大利亚政体采取联邦制，各级政府的自主权很大。中小学外语课程的开设向来都由全国各个州和地区的教育部门决定，联邦政府起着统筹规划、引导和支持作用，主要通过专项财政拨款来影响州和地区的决策。在开设语种、课时安排、所教内容和方式等方面，各州和地区并不统一，即使是在同一州和地区，各个学校里做法往往也不统一。各中小学校长有一定的自主权，可以根据本地的具体情况规划学校的外语教学。澳大利亚中小学学制一般采取 13 年制，预科一年（Preparatory Year），接着是 12 年的小学和中学阶段。从外语教学的角度来看，可以把这 13 年分成三大段，第一段从预科开始到六年级（Year 6），第二段从七年级开始到九年级，第三段从十年级开始到十二年级，分别大致相当于中国的小学、初中和高中[①]。联邦政府以及各州和地区教育主管部门要求校长们让学生从小就开始学习外语，但因为受师资等条件的限制，并不是所有小学都有能力开设外语课程。根据 2006 年的统计，当年学习外语的小学生占学生总人数的 48%。少数学校从一年级开到六年级，大多数从四年级开始。授课时间各校不一，一般每个星期 35 分钟

---

　　① 澳大利亚中小学几个阶段的划分和名称与中国不尽相同，就是各州之间有时也不一样。拿笔者所在的昆士兰州来说，小学一年级到三年级称为初小（lower primary），四年级和五年级称为中小（middle primary），六年级和七年级称为高小（upper primary），八年级到十年级称为初中（lower secondary），十一年级和十二年级称为高中（upper secondary）。此外，secondary school 在有的州指七年级到十二年级，有的州指八年级至十年级，详见（EIA 2012）。

至60分钟。绝大多数学校并不把外语作为专门课程来开设，而是将它作为世界知识或多元文化常识这类课程的一个组成部分来教，一般没有专门的外语教材。教学形式多种多样，绝大多数内容相当浅显。拿汉语教学来说，常常是教一些比如"你好""谢谢"等最简单的日常生活用语，学会从一数到十，再描画几个或十几个汉字而已。除了极少数双语学校，一般小学阶段外语学习所花时间最多总共200个小时。有些州和地区，如昆士兰州、维多利亚州、新南威尔士州和首都地区（Australia Capital Territory），规定外语为必修课，大都是在七年级到十年级要求学生必修两年到三年的外语课程[①]，每周一般2至3小时，其他州和地区则无此要求。高中阶段，尤其是十一年级和十二年级，外语一般都是选修。整个中学阶段的外语课总时数一般来说可达500小时，但学满这个时数的学生很少，根据2006年的统计数字，初中七年级到九年级修读外语课程的学生比例分别为79.3%、64.1%和30.8%，而高中十年级、十一年级和十二年级三年的比例则骤降到17.6%、10.9%和10.3%。整个中学阶段，修过外语课程的学生人数占总人数的35%，学习亚洲语言的学生占学生总人数约18%（Lo Bianco 2009）。澳大利亚大学录取新生，主要根据高三全年所修课程成绩或毕业会考成绩，将哪些课程计入总分，学生有一定的选择自由。1968年以后，大学入学不再要求中学毕业生提供外语课成绩，普遍认为，高中学习外语的人数很少，与此有直接关系。最近几年，为了鼓励中学生学习外语，许多州和地区的教育部门和大学都规定，高三毕业生所学课程或者会考课程中如果有外语课，申请大学入学时可得到额外加分。即使这样，90%的高三学生都不再选修外语。

至于教学语种，各个州和地区的教育部门制定了从六七种到三十多种语言的教学大纲，供中小学选择。2006年，中小学生学习人数最多的六种外语依次为日语、意大利语、印尼语、法语、德语和汉语，占外语学习总人数的91%。这种情况近几年有了较大的变化，学习印尼语和意大利语的人数急剧下降，学西班牙语和汉语的人数上升，但准确的数字

[①] 各州规定不尽相同，昆士兰州大多数学校规定六年级到八年级外语为必修科目。

还没有统计出来。另外，考虑到有些语种学生的实际水平差别很大，大多数州和地区都为汉语、日语、印尼语和韩语制定了两套或三套不同的教学大纲和会考题目，根据学生的语言程度分班。以维多利亚州为例，完全以英语为母语没有任何汉语基础的学生为一类，汉语对于他们来说完全是外语，一般将这类学生称为 L2 学生（classroom second language learner）；第二类是在汉语国家和地区至少读完小学后来澳的学生，以汉语为第一语言，简称 L1 学生（first language learner），又称国际学生；在澳大利亚讲汉语的家庭出生或长大的为第三类，英语是他们的第一语言，但大都同时具备一定程度的汉语听说能力，而读写则因人而异。英语文献中常常出现"背景学生"（background student，BS）这种称呼，有广义和窄义两种用法，广义用法合指上述第二类和第三类，窄义用法则专指第三类学生。本文 BS 是窄义用法，又称 heritage speaker（参见 Sturak and Naughten 2010：3）。没有条件为三类学生单独分班的学校则往往将 BS 学生根据实际水平分别编入低班、中班或高班，与 L2 学生同堂上课。给学生分班，尤其是给在澳大利亚出生或长大的华裔子弟分班，往往是一件很难做到让各方满意的工作。

除了正规中小学之外，澳大利亚政府还开办了四所语言专修学校，提供 50 余种外语的课堂教学或远程教学课程，教学质量很高。所收学生从学前班到高三都有，注册人数两万左右。另外，还有遍布全国各地的民族语言文化学校（ethnic school），又称社区语言学校（community language school）或周末语言学校（weekend language school），这类学校有的历史悠久，可以追溯到 1850 年代，有的则是最近几年才陆续开办。主事机构大多数都是非英语民族的宗教组织、地方社团、工商企业或是社区家长协会等，主要目的是传承本民族的语言文化和宗教信仰，也有少数是以营利为目的的商业运作。一般能从各级政府得到一定的资助，学生也要交很低的学费。目前全澳共有 1400 余所这样的民族语言文化学校，所教语言 70 余种，学生 10 万人以上。教学质量参差不齐，学生动机不一，许多是家长坚持，孩子不得不去，希望能提高或至少维持母语能力，有些是在外语课堂教学之外再得到补习辅导，有些则是去学习当地中小学和大学不教的语种,尤其是小语种,许多小语种可以作为中学毕业会考科目,也有人单纯是为了兴趣。这类政府开办的语言专门学校和民族语言文化学校,通常在周末和学校假期期间上课,有的也在下午学生放学后或晚上开课。对于正规学历教育是一种有效的补充和支持,一些办得很好的课程能得到中小学教育部门的承认。

2.2 大学外语教学现状

澳大利亚有37所公立大学,两所私立大学。中学生对外语学习兴趣不大,直接反映到大学阶段。澳大利亚人文科学院2007年的一份调查报告指出,根据不完全统计,2005—2007年间,大学一年级新生选修外语课的人数平均不到10%,本科毕业时坚持学完三年外语的又只占其中的四分之一(AAH 2007)。也就是说,澳大利亚大学三年的本科毕业生,100人中外语课程学满三年的最多只有2.5人,其中包括所有外语专业的毕业生。澳大利亚39所大学在2007年共开设24门外语,同10年前相比少了一半。随着小语种如俄语等选修人数逐年减少,所开外语的数目还有减少的趋势。学习人数最多的语种依次为日语、汉语、法语、意大利语、德语、印尼语和西班牙语。同数年前相比,学习欧洲语言的人数上升了12%,学习亚洲语言的人数下降了9%。总的来看,一年级新生选修欧洲语言的人数远远超过亚洲语言,学习亚洲语言的人数加在一起,只比学习西班牙语或法语的新生人数略高一点。所有这些数字都明白无误地显示,澳大利亚大学生学习外语的热情不但远远低于亚洲国家和欧洲国家,同美国、加拿大等国相比都有相当大的距离。2007年,澳大利亚最好的八所大学联盟(Group of Eight)就大学外语教学向联邦政府提交一份报告,题目就是"语言处于危机之中"。

3. 澳大利亚的华人群体与汉语教学

澳大利亚对华人的语言文化并不陌生,因为华人从来就是这个多民族多元文化社会的重要组成部分。殖民地初期就有华人来到澳大利亚，从 1840 年代开始，当地农场和牧场缺乏劳动力，从中国招来大批所谓契约劳工，早期大多来自福建和广东，不少是被"卖猪仔"受骗而来。1850 年代中期开始，墨尔本附近 Ballarat 发现金矿，墨尔本因此得名"新金山"，对应美国加利福尼亚州的旧金山（San Francisco）。恰好这段时期中国南方连年饥荒，加上洪杨之乱，天灾人祸，民不聊生，促使大批华人离乡背井从广东和福建地区来澳淘金。据 1861 年人口普查统计，当时中国出生的在澳华人有 38000 多人，是人数最多的少数民族（其次是德国人，约 27000 多人），占总人口 3.3%，绝大多数在维多利亚和新南威尔士地区的金矿做工。华人和当地人早期相处还算融洽，但随着金矿资源渐渐枯竭，竞争加剧，华人与西人频起冲突。当地其他居民对华人这个最大移民群体的偏见和歧视日益严重。以墨尔本为首府的维多利亚殖民地政府于 1857 年通过了澳洲第一部歧视华人法案，对新来的华人每人征收 10 镑的人头税。南澳、新南威尔士、西澳和昆士兰等殖民地政府也随后通过类似法案。淘金热过后，华人渐渐散入其他行业。此后的几十年间，随着其他族裔移民大量入境定居，澳大利亚的总人口增长很快，受歧视性政策影响，华人人数并没有增长，到 1891 年华人只占总人口的 1.1% 左右。1901 年限制移民法案通过以后的几十年中，移民政策越收越紧。到了 1930 年左右，只限英国公民可以自由移民澳大利亚，其他欧洲国家的人要已有亲属在澳才为澳洲政府接纳。在这种政治社会环境下，中国出生的在澳华人人数急剧下降，从 1901 年的 29900 人跌落到 1947 年的 6400 人，但在澳本地出生的华人人数却有所增长，从 1911 年的 1456 人增加到 1947 年的 3728 人。华人在总人口中的比例则从 1901 年的 0.78% 降至 1947 年的 0.12%（参见张秋生 1994：90）。1972 年白澳政策彻底废除之后，越来越多的亚洲人移居澳大利亚，其中华人占很大比例。开始主要是来自越南和柬埔寨的华裔难民，1980 年代以后大量移民来自中国香港、台湾和大陆。进入 21 世纪，中国大陆成了澳大利亚华裔新移民的主要来源地。最近数年，说汉语北方话的移民是所有移民中数量增长最快的群体之一。如前所述，2011 年人口调查数据表明，汉语北方话成了澳大利亚除英语之外使用人口最多的家庭语言。

中文正式进入澳大利亚中小学教育体制是从1960年代开始的，起初只有维多利亚州的几个私立中学开始教授汉语，随后其他学校和外州的中小学也渐渐开设汉语课程。汉语教学自1980年代起进入快速发展阶段。1988年，全国中小学修读汉语课程总人数为11295，到了1991年，跃升至25500人。2006年，全国从学前班到六年级学习汉语的小学生有48405人，中学生有32953人，共计81358人（参见Lo Bianco 2009：40，44，50）。根据最新统计数据，2007年全国共有319所中小学教授汉语，占同期中小学校总数9581所的3.3%。学习汉语的学生总数约为84000人，占中小学在校生总数3441026人的2.4%。同年选修其他五种主要外语的学生人数则分别为：意大利语30万，日语30万，印尼语20万，法语20万，德语13万（参见Orton 2008：18；ABS 2009）。

华人社区自发组织的社区语言学校也有很久的历史。1913年之前，有书面记载的汉语语言学校有3所，其后数目稳步增长，到了1930年代末，因为在澳出生的华人人数减少，华语学校数目也随之减少。1970年代白澳政策正式取消之后，汉语周末语言学校又进入一个快速增长期，目前仅在澳大利亚第三大城市昆士兰州首府布里斯班，就有10余所汉语学校，绝大多数学生都是在校的中小学生，有的学校甚至开设学前幼儿班，招收4—6岁的孩子。也有学校开设成人班。1990年代以前，学生中汉语北方话、广东话或其他方言，以及非华人家庭背景的大约各占三分之一。随着过去二十多年来中国大陆和台湾地区新移民人数急剧上升，说北方话的学生渐渐占到三分之二以上。另据2006年的统计数字，澳大利亚六个州的民族语言学校所有注册学生中，学习汉语的学生人数在四个州占第一，一个州占第二，一个州占第三（Lo Bianco 2009：55）。中国台湾背景的学校一般同时教授简体字和繁体字，少数还教注音符号，其他学校只教简体字和汉语拼音。教师几乎都是兼职，以前大都由学生家长担任，现在也有许多以前在国内中小学有多年教学经验的老师任教，但绝大多数语言学校的汉语老师都没有澳大利亚本地的教师资格证书。

澳大利亚联邦政府自1980年代末起大力扶持亚洲语言的政策，也直接反映到大学汉语教学领域。澳大利亚大学开设中文课有悠久的历史，如悉尼大学早在20世纪初就开设汉语语言文化专业课程。大学里学习汉语的总人数自1980年代起始终呈上升趋势，1980年代末以后发展趋势加快。1988年，13所高等院校开设汉语课程，1992年23所，2009年28所。根据White and Baldauf（2006：12-14）提供的数据，澳大利亚大学里折合全日制学生数（EFTSU）的汉语学习人数从1990年起稳步增长，1990年为587人，1994年为880人，2001年为1031人，2005年为1663人，2001-2005年，增长幅度为61%。另据McLaren（2011：5）报道，在20所澳大利亚大学学习汉语的学生折合全日制学生人数2001年为955人，2009年为1291人，增长幅度为35%。不过，单看这些统计数字的增长也许并不能说明所有问题。近十年来，尽管社会上对中国的兴趣大增，但据AAH（2007：12）报道，大学新生选修初级汉语的人数仅2005-2007两年间就下降了11.7%，这似乎与White and Baldauf（2006）和McLaren（2011）的调查结果相悖。我们前面提到，澳大利亚学习汉语的学生可以大致分为L2、BS和L1三类。虽然我们还没有系统的统计数字，但据多年从事大学汉语教学的老师们估计，过去十年澳大利亚大学非华裔子弟学习汉语的人数，即L2学生人数，在许多大学里并没有显著增长，反而在一些大学里有所下降。汉语课程学生增长总人数中，大多数是华裔学生，即BS和L1学生。以La Trobe大学的汉语课程为例，学生人数2001-2009年增长了65%，但学生中62%是来自中国以汉语为母语的学生，其他大学也有类似的情况。澳大利亚大学中文系为这些学生所开的课程有英汉翻译，以及类似于中国大学所开的大学语文、中国文学概论，等等。

选修汉语课程的大都为BS和L1学生，这种情形在中学汉语教学中显得尤为突出，并带来一些不良后果。如前所述，澳大利亚包括汉语在内的亚洲语言教学深受政治和经济因素影响，2002年NALSAS结束后，虽然其他亚洲语言学习人数全面下降，但汉语仍然有所增长，主要生源就是来自经济日渐发达、移民来澳和自费留学人数不断增加的中国大陆和香港、台湾地区。根据 Orton(2008:18)和澳大利亚统计局（ABS 2009）提供的相关数据，2007年澳大利亚中小学学习汉语的人数共有约84000人，但到了十二年级，只有4534名学生选修汉语课程，仅占同年十二年级学生总数198216人的2.3%，其中绝大多数是 BS 和 L1 学生，L2 学生只有不到300人，约占总数的0.15%。这种情形引起教育界的广泛关注。Orton(2008:24)指出，"澳大利亚的汉语教学到了高中阶段，基本上就是汉语老师教华人学生学习汉语"[①]。McLaren(2011:5-6)则认为，"如果这种趋势继续下去，汉语面临的危险是被看成唐人街语言，只有华人背景的学生才会去学习"[②]。

澳大利亚非华人背景的高中学生绝大多数学习汉语意愿不高，主要有两方面的原因：一是同欧洲语言相比，学习汉语（以及日语和韩语等亚洲语言）的学生需要花费三倍以上的时间和精力才能在听读说写方面达到大致相同的程度，如此高的要求，难免许多学生视为畏途；二是非华裔学生，除非是特别优秀的，面临汉语课上同班华裔同学的竞争往往很难拿到高分，这对他们的学习积极性是一个很大的打击。

毋庸讳言，对于以英语语言为母语的学生来说，要掌握一门如汉语这样的语言，所花时间精力要比学习另一门欧洲语言多得多。在这个问题上，可以参考美国国务院外交事务学院制定的相关规定。美国国务院向其他国家派遣外交人员时，对他们的语言能力有一定的要求，外交事务学院负责这方面的管理和培训。他们将世界主要语言分为三大类：第一类是拉丁和日耳曼语支的语言，如法语、西班牙语、德语、瑞典语，等等；第二类有阿拉伯语、汉语、日语和韩语；其他如东欧、非洲和亚洲的一些语言则归入第三类。要在听读说写方面达到他们规定的第三级水平，学习法语、西班牙语等第一类语言的学生需要花费575-600

[①] 原文是 "By senior secondary school, the teaching and learning of Chinese in Australia is overwhelmingly a matter of Chinese teaching Chinese to Chinese"（Orton 2008:24）。

[②] 原文是 "If this trend continues, Chinese risks becoming a 'ghetto' language to be taken only by students of Chinese background"（McLaren 2011:5-6）。

学时，而学习汉语的学生要达到同样的水平，则需要 2200 学时（参见 Jackson and Kaplan 2001:78）。美国国务院外交事务学院成立于 1947 年，这项要求是该学院在长达半个多世纪的外语教学和使用实践基础上制定的，有较高的合理性。受到课时和学分的实际限制，澳大利亚在校中学生和大学生不太可能将太多的时间精力用在外语学习上。在汉语学习上花费三倍的时间，达到与学习其他欧洲语言相等的实用水平，学生得对汉语有比较强烈的兴趣才能够下这样的决心。这对许多人来说，殊非易事。

将学生根据他们的实际语言程度分别编班教学，是保证语言教学质量的必要措施。区别 L1 和 L2 学生比较容易，最难分班的是在澳大利亚出生或长大的华裔学生。他们的实际汉语水平彼此之间可以差异很大，有的听读说写几乎完全没有基础，与其他族裔的孩子站在同一起跑线上。有的不但听说毫无问题，而且读写也有一定基础。大多数介乎两者之间。不少人日常生活用语方面有一定的听说能力，但读写方面基本上是文盲。如何确定他们的实际汉语水平以便分班，是海外中学和大学汉语教学第一线老师最困难的任务之一。因为没有可靠的甄别办法，实际汉语水平相当高的华裔学生同其他 L2 学生同班上课，参加同样的考试，在澳大利亚的中学和大学里是一种相当普遍的现象。在这种情况下，非华裔学生要在班上拔尖很不容易，拿高分的大都是华裔背景的学生。维多利亚州中学毕业会考，L2 汉语课程考试历年考分最高的前 50 名学生，全部是华裔子弟。这种现象造成的不良后果之一，是其他族裔的学生绝大多数知难而退，留下来的大都是华裔学生。华裔学生除了在课堂上与其他同学的竞争中占了上风，毕业后在就业市场上也是后者的强劲对手。在澳大利亚出生或很小就移居澳大利亚的华裔子弟，英语是他们的第一语言，从语言能力、文化背景和专业训练等方面来讲，与其他族裔的大学毕业生相比，没有什么差别。但是，由于家庭环境的影响，他们中的许多人同时具备相当强的汉语能力，是真正的双语双文化人才。对大学汉语专业毕业生的跟踪调查显示，相当大的比例学非所用。市场需求本来就不是太大，在申请为数不多需要运用汉语能力的工作时，华裔背景的求职者获胜的几率较高。这样的信息反馈到校园里，显然无助于增强非华裔学生学习汉语的热情和决心。

值得注意的是，这种情况在1990年代之前并不常见，在其他语种的教学中也很少见到。日语、韩语和越南语等也为 L2 和 BS 学生分班教学和考试，L2 班上也有不少本族背景的学生，欧洲语言则一般不为 BS 学生单独开班，但其他族裔的学生在考试的时候很多能拿到高分。造成这种现象的主要原因显然是从1990年代初开始，大量新移民从中国大陆、台湾、香港等地来到澳大利亚，同期日本、韩国和越南移民澳大利亚的人数相比之下则很少。此外，澳大利亚从1990年代起每年都吸引大批的中国学生前来留学，目前在校中国留学生有16万左右，而且年龄有降低的趋势，以前大多在大学学习，而现在中学阶段出国留学人数逐年增加，他们中的不少人也会选修汉语科目。澳大利亚学习亚洲语言的学生人数过去十年总体走低，唯有汉语例外，主要原因就是这两类华人学生大批走进学校的汉语课堂。

上文提供的大量统计数据告诉我们，澳大利亚学生学习外语意愿普遍低落，大多数亚洲语言学习人数同1990年代相比大幅下降，非华裔学生极少愿意选修汉语，已经是无可争议的事实。如何加强和改善澳大利亚包括汉语在内的亚洲语言教学，以及更广泛的外语教学，是近年来政界、教育界和其他社会各界讨论得非常激烈的问题。联邦政府应该采取更有效的措施来解决这些问题，近年来已经成为执政党和在野党的共识，但何为有效措施，仍然是众说纷纭。执政的工党政府于2012年10月发布了"亚洲世纪中的澳大利亚"（*Australia in the Asian Century*，简称 AIAC）白皮书，制定2012-2025年间的国家战略发展计划。白皮书提到，联邦政府正在主持制定全国通用的中小学教学大纲，其中首先制定的就是汉语教学大纲。现任联邦政府初等和中等教育部长早就说明，教育大纲会分别为 L2、BS 和 L1 三类学生设定不同的教学和考试内容。白皮书还表示，政府会努力创造条件，让所有的中小学生都能够学习外语课程。同时，政府将四种亚洲语言——汉语、印地语（Hindi）、印尼语和日语——定为优先语言，计划在所有的中小学开设，鼓励学生学习至少其中的一种（AIAC 2012：168-170）。在野党教育部长则表示，如将来自由党-国家党联盟执政，她会提议将亚洲语言定为澳大利亚所有中小学生的必修课。

对于汉语教育来说，最迫切的任务是吸引更多的非华裔学生，同时为 BS 和 L1 两类学生提供更好的汉语教学课程。要吸引更多的非华裔学生，必须为三类学生制定更严密更合理的甄别方法，以避免不公平竞争。另一方面，少数学校将 BS 和 L1 两类学生看作汉语课堂上的干扰因素，这也是完全错误的。这两类学生人数众多，其中许多人将来能成为真正的双语双文化人才，是澳大利亚多元文化社会的宝贵人才资源，可以在对外经贸、外交和文化交往中发挥独特的重要作用。大中小学校的汉语老师不应该也不可能将华人学生全部拒之门外，亟须做的是精准把握他们的实际需求因材施教，根据他们的特点设计系列课程和教学大纲，编纂适合他们使用的教材和教辅资料，同时研究 L2、BS 和 L1 三类教学大纲之间的关联，探索如何建立非华裔学生和华裔学生在课内和课外的良性互动关系。整个对外汉语教学专业在这方面的研究做得不多，应该引起广泛重视和参与。当然，要吸引更多的学生学习汉语，最关键的还是要在更多的学校开设汉语课程。中国是澳大利亚的最大商业伙伴，电视和报纸几乎每天都有关于中国的新闻。尽管从 1990 年代初开始，澳大利亚的语言政策文件就将汉语定为对本国具有重要战略意义的语言，但过了 20 年，目前澳大利亚开设汉语的中小学校和学习汉语的中小学生仍然分别只占总数的约 3.3% 和 2.4%，这显然与澳中两国密切的经贸关系和人员往来很不相称，也与汉语是澳大利亚第二大家庭语言的地位很不相称。不过，这同时显示，澳大利亚的汉语教育潜力很大，因为基数小，学校和学生人数翻一番，应该不是太难做到。

没有开设汉语课程的学校要开设汉语课程，开设汉语课程的学校要为三类学生分班教学，对中小学校长们来说，归根结底主要还是经费和其他教学资源问题。联邦政府的 NALSAS 和 NALSSP 这样的项目固然可以提供很大帮助，但校长们对此类专项资助的连续性和稳定性心存疑虑。联邦政府和州政府三年一次大选，换了政府，往往人去政息，政府专项资助也就无以为继。而学校一旦开了一门外语课，往往不是说停就能停掉的。同时，合格汉语教师的数量始终偏低。目前约90%的中小学汉语老师都是中国大陆和台湾地区来的移民，许多都是兼职。他们的汉语能力不成问题，但能胜任中小学学生事务管理和学校其他行政职务的则不多。英语背景的一般有教学管理能力，但汉语水平真正合格的也不太容易找到。调查显示，缺乏必要的启动经费和稳定的后续资助，请不到或请不起合格的汉语老师，是制约中小学汉语课程进一步发展的最重要原因，这在州和地区首府以外的边远乡镇地区尤其如此（参见Orton 2008; Sturak and Naughten 2010）。

2005年西澳大学建立澳大利亚第一所孔子学院，至今已有6个州和地区的12所大学建立了孔子学院，并在这些孔子学院的主导下，建立了许多所孔子课堂。同时，中国国家汉办与两个州的教育部门建立了直接联系，派出了汉语教学顾问和老师。孔子学院的一项重要任务就是积极扶持当地中小学的汉语教学。澳大利亚的孔子学院许多都积极参与所在地区中小学汉语教师的培训工作，在专业知识和教材教辅资料方面为他们提供帮助，并且定期组织学生和老师去中国参观访问，协助他们与中国学校建立合作联系。澳大利亚中小学校长和汉语老师则希望，孔子学院和汉办能够更好地针对他们的实际需求，围绕当地所用的汉语教学大纲提供切实有效的帮助。我们有理由相信，假以时日，孔子学院和孔子课堂会在协助当地中小学开展汉语教学方面发挥更大的作用。

4. 结语

澳大利亚汉语教学的历史和现状同这个年轻国家的政治和经济形势息息相关。19世纪中叶，大批华工赴澳淘金或从事其他生产活动，使用汉语的华人成了排在澳大利亚主体民族英国和爱尔兰移民后面的最大少数民族群体。此后将近百年的排华政策，使得华人在全国总人口中所占比例从 1861 年的高峰 3.3% 跌落到 1947 年的低谷 0.12%。在这样的历史背景下，不难理解为什么 1960 年代以前没有一所正规中小学校开设汉语课程。不仅如此，19 世纪末开始的独尊英语的社会思潮和政策导向，使得法语之外的其他外语也很少有人学习。随着澳大利亚逐渐放弃移民同化政策和白澳政策，转而采取多元文化政策，连同汉语在内的外语教学日益受到政府和社会的重视。

由于种种历史因素的影响，也因为英语实际上成了多数国际场合的通用语言，澳大利亚学生学习外语的意愿普遍低落，这引起了政府、教育界和其他社会各界人士的关注。澳大利亚包括汉语在内的外语教育，除了旨在提高学习者个人的文化教育水平以外，从整个国家和社会的角度来看还有另外两个主要目的：一是促进国内族群之间的相互了解和平等相待，从而增强国家的内聚力，保证澳大利亚这个多元文化、多民族社会的和谐发展；二是有利于国家对外交往，尤其是与本国有密切经贸、外交和人员往来的国家。前者是国内因素，后者主要是国际因素。汉语是澳大利亚除英语以外使用人数最多的家庭语言，中国是澳大利亚最大的贸易伙伴。正是因为这两个因素，汉语教学是澳大利亚官方语言政策强力扶持的对象。也正是因为这些原因，澳大利亚汉语课堂里进来大量的 BS 和 L1 学生，给汉语教学带来其他语种没有的复杂局面，需要我们在课程设置、教材编写、考核评分、师资培训等方面采取相应的办法。只有密切联系澳大利亚的政治、经济和社会环境，才能准确地理解汉语教学在这个国家的历史和现状，从而有效地应对我们面临的机遇和挑战。

参考文献
陈　平，2008，语言民族主义：欧洲与中国，《外语教学与研究》第 1 期。
张秋生，1998，《澳大利亚华侨华人史》，北京：外语教学与研究出版社。
AAH (Australian Academy of the Humanities). 2007. Beginners' LOTE (Languages Other Than English) in Australian universities: An auditor's survey and analysis. The Australian Academy of the Humanities.
ABS (Australian Bureau of Statistics). 2009. 4221.0 - Schools, Australia, 2007 http://www.abs.gov.au/ausstats/abs@.nsf/Previousproducts/4221.0Main%20

Features42007?opendocument&tabname=Summary&prodno=4221.0& issue=2007&num=&view=.

ABS (Australian Bureau of Statistics). 2012. 2071.0 - Reflecting a nation: Stories from the 2011 Census, 2012-2013. Cultural diversity in Australia. http://www.abs.gov.au/ausstats/abs@.nsf/lookup/2071.0main+features902012-2013.

AIAC. 2012. Australia in the Asian Century White Paper. Australian Government. http://asiancentury.dpmc.gov.au/white-paper.

ALLP. 1991. Australia's language: The Australian language and literacy policy. Canberra: Australian Government Publishing Service.

Clyne, Michael. 1991. *Community Languages: The Australian Experience.* Cambridge University Press.

Clyne, Michael. 2005. *Australia's Language Potential.* University of New South Wales Press.

Dixon, Robert M.W. 2004. *Australian Languages: Their Nature and Development.* Cambridge University Press.

EIA. 2012. Education in Australia. Wikipedia. http://en.wikipedia.org/wiki/Education_in_Australia.

Jackson, Frederick H. and Marsha A. Kaplan. 2001. Lessons learned from fifty years of theory and practice in government language teaching. In: James E. Alatis and Ai-Hui Tan, eds., *Georgetown University Roundtable on Language and Linguistics 1999: Language in Our Time*, Georgetown University Press, 71-87.

Lo Bianco, Joseph. 1987. *National Policy on Languages.* Canberra: Australian Government Publishing Services.

Lo Bianco, Joseph. 2009. *Second Languages and Australian Schooling.* Australian Council for Educational Research (ACER) Press.

Martin, Mario Daniel. 2005. Permanent crisis, tenuous persistence: Foreign languages in Australian universities. *Arts and Humanities in Higher Education* 4(1):53-75.

McLaren, Anne. 2011. Asian languages enrolments in Australian higher education. Asian Studies Association of Australia.

MMA (Making Multicultural Australia). 1987. Ministers announce national policy on languages. http://www.multiculturalaustralia.edu.au/doc/youngholding_1.pdf.

Orton, Jane. 2008. Chinese language education in Australian schools. Melbourne Graduate School of Education, The University of Melbourne.

Ozolins, Uldis. 1993. *The Politics of Language in Australia.* Cambridge University Press.

Sturak, Katharine and Zoe Naughten. 2010. The Current state of Chinese,

Indonesian, Japanese and Korean language education in Australian schools. Asia Education Foundation.

White, Peter and Richard B. Baldauf. 2006. Re-examining Australia's tertiary language programs. Faculty of Arts/Faculty of Social and Behavioural Sciences, The University of Queensland.

（本文节本原载《世界汉语教学》2013 年第 3 期。）

从结构主义语义学角度看"荤（菜）"与 meat 的释义和翻译

提　要　根据索绪尔结构主义语言学的一条基本原理，所有语言单位的本质属性，由它们与同一结构系统中其他单位之间的对立和组合关系所决定。本文考查十一部常用的汉语、英语和汉英词典，研究它们如何利用结构主义语义分析方法为"荤（菜）"和 meat 等有关词语定义，同时研究这些词语的中英文对译。"荤（菜）"的用法演变同时说明语言的历史变异如何转化为共时平面上的社会方言变异。
关键词　索绪尔　结构主义　语义分析　系统中的对立　双语词典

1. 结构主义语义学

　　20世纪初瑞士语言学家索绪尔提出结构主义语言学理论，标志现代语言学的诞生，总体上确定了20世纪语言学研究的基本范式。索绪尔的结构主义语言学虽然在许多问题上不断受到质疑，但其基本原则以及由此衍生的研究方法，已经渗透到现代语言学研究的各个领域，成为现代语言学研究的基石。不仅如此，索绪尔结构主义同时还深深地影响了人文科学、社会科学和自然科学领域里的其他学科，尤其是哲学、人类学、心理学、社会学、文艺批评、建筑学，等等。1960年代以后，一些欧陆学者开始系统地反思索绪尔结构主义理论，提出所谓后结构主义理论学说。但是，至少就语言学研究领域来说，其影响无法同索绪尔的理论体系相提并论。可以毫不夸张地说，索绪尔提出的结构主义理论是20世纪人类思想所取得的最重要的成果之一。

　　索绪尔结构主义语言学的精华部分可以归纳为几条基本原理，同本文关系最直接的有以下两条（Saussure 1959）。

首先，索绪尔提出，语言符号由两个方面组成：所指与能指。前者是其外形，或是表现为语音形式，也可以表现为文字形式；后者是其意义，主要指语言使用者头脑中所形成的概念。所有的语言单位，无论是形式还是概念，决定它们本质属性的，是它们与同一结构系统中其他单位之间的对立和组合关系。各种自然语言都有自己独特的对立和组合关系系统，从这个意义上来说，语言的本质，就是一个由语言成分之间的对立和组合所构成的系统。因此，语言分析的基本方法，首先是确定同一结构系统中的相关单位，然后研究结构中各个单位之间的对立和组合关系。无论是音位分析、语法分析，还是话语分析和语义分析，都要用到这套基本的分析方法。

同时，索绪尔还提出要严格区分语言的共时研究和历时研究。前者研究语言在时间长河中某一点上的静止状态，后者研究语言从某一点到另外一点的演变，历时分析以共时分析为基础。从理论上讲，做共时分析时，可以不考虑历时因素，不必考虑研究对象的来龙去脉。需要指出的是，所谓时间段上某一点的静止状态，如同几何学上只有位置而不占任何面积的点一样，只是一种理论抽象，从下面的分析中可以看出，共时分析往往很难完全忽视历时因素。

本文从结构主义语义学的角度，分析汉语中的"荤（菜）"和英语中的 meat 及相关词语在十一部常用词典中的定义，以及这些词语的英汉对译。

2. "荤（菜）"与 meat 的释义和翻译

2.1 汉语中的"荤（菜）"及相关词语的释义

我们先考查几本主要的汉语词典对"荤（菜）"的释义。

北京商务印书馆 2005 年出版《现代汉语词典》第 5 版（简称《现

汉》）对"荤"字的释义是：1. 指鸡鸭鱼肉等食物（跟"素"相对）；2. 佛教徒称葱蒜等有特殊气味的菜；3. 指粗俗的、淫秽的。对"荤菜"的定义是"用鸡鸭鱼肉等做的菜"。该词典中对"素"的相关释义是：蔬菜、瓜果等食物（跟"荤"相对）。

台湾商务印书馆1982年出版《重编国语辞典》第六版（简称《重编》）对"荤"字的释义是：1. 谓有辛臭气味的蔬菜；2. 称肉食。"荤菜"则定义为"肉食品的通称"。

上面两部辞书的编纂方针和目的十分相似。《重编》的前身为《国语辞典》，编纂机构为国语统一筹备委员会，后改名为国语推行委员会，编纂工作从1931年开始，1936年付印。1976年决定修订重编，初版于1981年出版，本文所引的是1982年出的第六版。《现汉》直接继承了《重编》的传统，甚至一些编纂人员和资料都来源于《重编》编辑部。《重编国语辞典·序》提出，编者着重标准国语的运用，切合国民生活需要，使成为标准化、实用性、精要性、普及性、语言性、统一性、现代化和建设性的辞书。《现汉》主要目的是推广普通话，促进汉语规范化工作，确定现代汉语的词汇规范。从索绪尔共时和历时两分的角度来看，《现汉》和《重编》所收词条主要来自现代标准汉语，通过共时分析为其释义。

从历时角度分析汉语字词的两部重要辞书是上海辞书出版社1986年出版的12卷本《汉语大词典》，以及湖北长江出版集团等2010年出版的9卷本《汉语大字典》（第二版）。两部辞书的编辑方针都是"古今兼收，源流并重"，对字词的历史演变做全面的描写与分析。

《汉语大词典》对"荤"的释义是：1. 指辛味的菜，如葱、蒜、韭、薤之类；2. 指鸡、鸭、鱼、肉等食物，与"素"相对。

《汉语大字典》则为：1. 葱、蒜等有特殊气味的菜；2. 肉食。

上面四部辞书对"荤（菜）"的释义，有以下几点值得我们注意。

首先，《现汉》和《汉语大词典》都运用了结构主义语言学提出的在系统中寻求对立的方法，为"荤"及其对立项"素"两个词释义。"荤"的对立项是"素"，反之亦然。我们知道，所谓对立（opposite），至少有两大类，矛盾（contradictory）关系和对比（contrast）关系，前者非此即彼，如男和女，不必考虑第三种可能。所谓不男不女、非男非女，是骂人的话。而所谓对比，一般还有第三种可能，如大和小：衣服不大不一定就是小，可以是中号。对立的成分属于哪一种类型，主要由它们语义属性决定，取决于对立项之间是否有级差（gradable）。处于矛盾关系的对立项所涉语义属性没有级差。如果存在级差，那一般是对比关系。从这个观点来看，"荤"和"素"似乎是与男女同类，不吃荤的，就是素食，素菜馆子应该不卖荤菜。《现汉》释义时所用"相对"这个词时不分矛盾与对比。解释"男"的时候，注明跟"女"相对，解释"女"的时候，跟"男"相对；解释"大"的时候，注明跟"小"相对，而"小"又跟"大"相对。

同时值得注意的是"荤"除了肉食以外的第二个义项，也是它的初始义。从"荤"的字形可以看出，它是草字头，开始是指草本植物，《说文解字》"荤，臭菜也"，指葱、蒜、薤之类的有辛味的蔬菜。现代汉语中有所谓"五荤"的说法，又称"五辛"，具体是哪五种食物，佛教徒和道教徒的观点略有不同，但都是指有强烈味道的草本类植物，"荤"指肉食是后起的用法，可惜我们还没有像 *Oxford English Dictionary* 这样的工具书，能给出最早的书证以说明何时开始"荤"的主要用法由指植物转向指肉食。《重编》《汉语大词典》和《汉语大字典》都将初始义放在后起义的前面，而《现汉》则将肉食义列为首要意义。现代汉语中，表示肉食的后起义已经是"荤"的主要意义，是全民用法。同时还在使用该词初始义的主要是佛教、道教信众，其他人群对这种用法可以说所知不详，一般所说不吃荤，主要是不吃肉食。从这个角度来看，可以说"荤"的初始义与后起义在现代汉语社会里并存，后者是普通用法，而前者则可以看成是一种特殊的社会方言用法。即使是在佛教信众中间，吃荤和素食也并不总是可以严格区分开来的，如鸡蛋、乳制品等的归类就会引起一定的疑虑。曾有人询问台湾星云大师，佛教徒是否可以食用这些食品。星云大师开示，佛教徒可以吃乳酪和牛奶，因为在取得这些食物的过程中没有断送生命。他同时告诫，佛教徒最好不要吃鸡蛋，这样做主要是为了免于世界的讥嫌，并不一定就是认为鸡蛋属于荤菜。他还告诫不要吃五荤（五辛），因为味道很浊，会侵犯别人。

至于"肉"的释义，《现汉》给出的相关定义为"人和动物体内接近皮的部分的柔韧的物质。某些动物的肉可以吃"。《重编》则付阙如，想必是因为编纂者认为不需解释。《现汉》"荤"字定义中所用的"肉"，所指显然比上述狭窄。上述词典中，"鸡鸭鱼肉"这个词组中的"肉"和"肉食"中的"肉"所指范围不同。"鸡鸭鱼肉"中的"肉"是狭义，对立项是"鸡鸭鱼"，可以理解为主要指猪牛羊肉等，而"肉食"中的"肉"是广义。如果我们根据《现汉》上述定义对"肉"的狭义解释，不吃肉并不一定就是不吃荤，可以吃鸡鸭鱼。根据《重编》和《汉语大字典》的相关定义，"肉食"就是荤菜，也包括了鸡鸭鱼。不吃肉食，就是茹素，鸡鸭鱼肉都不吃。日常生活中所说的"肉"，显然一般是都是广义用法。

"荤"字本身还有一个用法值得注意：《汉语大词典》和《汉语大字典》用了同一条《儒林外史》中的书证："他又不吃大荤，头一日要鸭子，第二日要鱼"。"大荤"指肥腻的肉食，有时特指猪肉，同鸡鸭鱼对立，略相当于"鸡鸭鱼肉"中的肉。但是，现代汉语中这种用法似乎已经较为少见，《现汉》和《重编》都没有收"大荤"这个词。不过如凭此断言这个词在现代汉语中已经不用，则略嫌武断。只要 google 或百度一下就可以发现，这个词还在用，但意义更为多样，一般由具体语境决定。

2.2 "荤"的英文翻译

如前所述，每种语言都是一个独特的由对立和组合关系构成的系统，词语的意义由它们在这个关系结构中所处位置所赋予。翻译的作用，就是为一个关系系统中的词语找出另一个系统中的对应成分。由于语言系统各自的独特性，完全对应从理论上来说是不可能的。所有的译者都是知其不可而为之，为一种语言的词语在另一种语言中找出尽可能相近的成分（Adamska-Sałaciak 2010）。

下面我们选取两部十分常用的汉英词典，考察它们如何处理"荤（菜）"的英语翻译。

北京外国语大学修订本《汉英词典》（外语教学与研究出版社1995年版）对"荤"的英语翻译是：1. meat or fish；2. strong smelling vegetables forbidden to Buddhist vegetarians, such as onions, leeks, garlic, etc."荤菜"是 meat dishes。林语堂编的《当代汉英词典》（香港中文大学电子版）在"荤"字下面列出三个义项：1. meat as food, contrasted with 素 vegetables；吃荤 nonvegetarian, 荤菜 a meat dish；2. Adj. sharp-smelling 荤辛；3. Adj. sexy, indecent。

两部词典主要用 meat 对译"荤"，meat dish 对译"荤菜"。我们检查的其他几种汉英词典，处理方法几乎相同。要评价这种处理方法，还得研究 meat 的意义。

2.3　meat 的释义

英语辞书最权威的当然首推 *Oxford English Dictionary*（《牛津英语词典》，简称 OED）。OED 的编纂工作于1857年开始，原名为 *A New English Dictionary on Historical Principles; Founded Mainly on the Materials Collected by the Philological Society*《基于语言学会所收集的材料、根据历史原则编纂的新英语词典》，1884开始陆续付印，1928年方才出齐，共10卷，名为 *New English Dictionary on Historical Principles*（《根据历史原则编纂的新英语词典》）。1933重新发行，改为12卷，又出了一卷补编，共13卷，并正式定名为 *Oxford English Dictionary*。1989年出第二版，共20卷。本文所引出自 OED 的第二版。如原名所示，该词典最为人称道之处是尽量给出每个用法最早的书证，由此揭示各个词音、形、义演变的轨迹。本文不涉及 meat 一词的历史演变，只将相关的现代用法的释义照录如下：

> meat: 3.a The flesh of animals used for food; now chiefly in narrower sense=butcher's meat, flesh n. 4, in contradistinction to fish and poultry. Also, local U.S., confined to certain types of meat, usu. pork.

由此可见，现代英语中 meat 主要是用于狭义，即 flesh 下面所给的意义：

> flesh: 4. a.I.4.a The muscular tissue, or the tissues generally, of animals, regarded as an article of food. Exc. when otherwise defined by the context, always understood as excluding fish（see fish n.1），and in recent use primarily suggesting 'butchers' meat', not poultry, etc.（cf. 'fish, flesh, and fowl'）. Somewhat arch., the current word being meat（it survives however in some northern dialects）.

这种用法的 meat 同鱼和禽类对立。OED 同时指出，在某些美国地区 meat 通常指猪肉。

从 OED 对 meat 的定义可见，英国英语和美国英语之间常常会有差异。为了比较全面地了解英美辞书对 meat 释义，我们还得参考其他的英语词典。

我们下面选了常用的五种英语辞书，第一种和第二种是英国人所编，另外三种是美国英语词典。关于如何处理地区变体特有的用法，*Collins Cobuild English Language Dictionary* 的主编、英国语言学家 John Sinclair 在词典"导言"中说得很清楚："这部词典在英国编纂，倾向于英国英语是不可避免的。但是，未在国际上通用的英国英语用法，本词典尽量避免。因此，本词典的描写对象是全世界广泛应用，以及可以在全世界通用的英语形式。"

> （1）*Collins Cobuild English Language Dictionary*（Collins 1987）
>
> meat: flesh taken from an animal that has been killed so that people can cook it and eat it.
>
> animal: a living creature such as a dog, lion, monkey or

> rabbit, rather than a bird, fish, reptile, insect, or human being.

该词典编纂人员主要是英国人，编纂过程中参考了 Collins 伯明翰大学国际语言语料库（COLLINS Birmingham University International Language Database）。根据这部词典的定义，meat 主要指哺乳动物的肉，禽类、鱼、爬行动物（如蛇、龟、鳄鱼等）等一般不算。

（2）*Longman Dictionary of Contemporary English*（Longman 1978）

> meat: 1. the flesh of animals, apart from fish and birds, which is eaten;
>
> 2. the flesh of animals, including birds but not fish, as opposed to their bones.

这部词典是给外国学生用的，编纂人员主要是英国人，编纂过程中参考了伦敦大学学院所做的英语用法调查（Survey of English Usage）所得结果。这本词典明确地将鱼和禽类排除在外。

（3）*Longman Dictionary of American English* 4th edition（Pearson Education Limited 2009）

> meat: the flesh of animals and birds eaten as food, |*red meat*（=dark meat such as beef）|*white meat*（=pale meat such as chicken）

这部词典将禽类包括在内。

（4）*The American Heritage Dictionary of the English Language* 3rd edition（Houghton Mifflin 1992）

> meat: the edible flesh of animals, especially that of mammals as opposed to that of fish or poultry.

这部词典认为 meat 主要指哺乳动物的肉，同鱼和禽类相对。

（5）*Webster's New World College Dictionary* 4th Edition（Wiley Publishing 2004）

> meat: the flesh of animals used as food; esp, the flesh of

mammals, and, sometimes, of fowl.
主要指哺乳动物的肉，有时也可以包括禽类。

不同词典对同一个词项释义不尽相同，是一种普遍现象，其间的斟酌取舍，有待使用者根据有关词语的使用语境做出自己的判断（Gilman 1990; ten Hacken 2009）。综上所述，包括 OED 在内的所有六部词典都将鱼排除在 meat 所指对象之外。（1）（2）和（4）以及 OED 同时将禽类也一并排除，而（3）和（5）则认为有时也可以指禽类。仅仅根据这一点似乎还不能断言英国英语和美国英语这方面有差异，因为同样是美国英语词典，（4）则认为 meat 一般不指禽类。

如果上面六部英语词典比较全面和准确地反映了 meat 在现代英语中的用法，那么，有人说 I don't eat meat，你请他吃鱼，一般来说应该没有什么问题，但请他吃鸡鸭鹅肉，或许可以，或许不一定合适。回到我们前面讨论的英汉对译问题，"我不吃荤"译为 I am a vegetarian，当然没有问题。但是，"荤菜"译为 meat dishes，则有可能引起误解。某人说 I don't want meat dishes，你可以上鱼，或许还可以上禽类，但如果根据"我不要荤菜"的英文翻译"I don't want meat dishes"，你给他上一条鱼，或是一盘白斩鸡，那就误解了汉语原文的意思。如对方是持戒甚严的宗教人士，则可能会造成很大的误解与不悦。

一般来说，现代汉语中"荤"的对立项是"素"，同英语 meat 相比，"荤"所指范围要大得多。至于汉语中的"肉"，除了在"鸡鸭鱼肉"等固定词组中与鸡鸭鱼对立以外，一般情况下它的对立项是瓜果蔬菜，或者是乳制品、蛋、瓜、菜等，如词语"肉奶蛋菜"所示。也就是说，普通用法的"肉"一般是广义，所指范围比英语中的 meat 要宽，包括鸡鸭鹅，等等。

3. 结语

本文所考查的十一部常用的汉语、英语和汉英词典，大都遵循结构主义语言学的有关原理,运用系统中确定对立项的方法,来为有关词语释义。我们同时也注意到,因为词语意义和用法复杂多变,语义分析很少能像音位分析那样齐整严密。音位可以分解为最小区别性特征,可以根据最小区别性特征的不同组合,为一种语言中的所有音位定义。研究者后来将这种方法借用到词汇的语义分析中去,试图确定语义上的最小区别性特征,为词语定义,如将"单身汉"定义为三个语义特征——男性、成年、未婚——的组合,这就是一度相当流行的语义成分分析(semantic componential analysis)或词语分解(lexical decomposition)。但是,除了亲属关系等语义关系比较严整的研究对象,能够这样处理的词汇,从数量、范围和实用价值等都十分有限(Lounsbury 1964; Lyons 1977; Verschueren 1981)。词义的多面性和不确定性决定了在大多数情况下只有根据上下文才确定词语的准确意义,这同音位分析有根本的区别。

　　历时和共时的区分,有助于语言分析的深入和细化。但是,由于语言历史发展过程的先后而造成的差异,有时会同时出现在某一时段,在共时平面上表现为社会语言学意义上的语言变异。例如,"荤"在现代汉语中的主要意义,已经从发散强烈气味的植物这个早期意义,转变为肉食的意思。但是,该词的原义在现代汉语中并没有消亡,而是作为一种社会方言用法保存在某些社会群体之中。换句话说,语言的历史变异转化成了社会方言变异。

参考文献

Adamska-Sałaciak, Arleta. 2010. Examining equivalence. *International Journal of Lexicography* 23.4, 387-409.

Gilman, E. Ward. 1990. Dictionaries as a source of usage controversy. *Dictionaries* 12, 75-84.

Lounsbury, Floyd G. 1964. The structural analysis of kinship semantics. In: Horace G. Lunt, ed., *Proceedings of the Ninth International Congress of Linguists*, Cambridge, Mass., August 27-31, 1962, The Hague: Mouton, 1964, 1073-1090.

Lyons, John. 1977. *Semantics*. Cambridge University Press.

Saussure, Ferdinand de. 1959. *Course in General Linguistics*. New York: Columbia University Press.
ten Hacken, Pius. 2009. "What is a dictionary?" A view from Chomskyan linguistics. *International Journal of Lexicography* 22(2), 399-421.
Verschueren, Jef. 1981. Problems of lexical semantics. *Lingua* 53(4), 317-351.

(本文原载《翻译研究与跨文化交流》，高亮、陈平编，台北书林出版社 2013 年版，第 111-122 页。)

人名索引

A

Adamska-Sałaciak, Arleta 204, 208
Anderson, Benedict 99, 152, 172
Aristotle 见"亚里士多德"
Ashby, William J. 150
Austin, John L. 103, 107

B

俾斯麦（Otto von Bismarck） 157
柏拉图（Plato） 2, 45, 123, 173
布龙菲尔德（Leonard Bloomfield） 22, 23, 29, 39, 64, 65, 67—69, 71, 73, 74, 78, 83, 84, 86, 87, 102, 120—122, 124, 136, 150
Baldauf, Richard B. 190, 198
Bally, Charles 18—20, 63
Bar-Hillel, Yehoshua 104, 111
Barbour, Stephen 157, 158, 172, 173
Beaugrande, Robert de 98, 99
Bernstein, Basil 132
Berwick, Robert C. 92, 99
Bloch, Bernard 23, 39, 68, 73
Bloomfield, Leonard 见"布龙菲尔德"
Boas, Franz 14, 19, 22, 39, 67, 68
Bolinger, Dwight 25, 32, 39, 96—98, 137, 138, 150
Bopp, Franz 16
Brady, Michael 92, 99
Braine, Martin D. S. 141, 148
Bright, William 26
Brøndal, Viggo 19
Brown, Gillian 98, 99
Brugmann, Karl 17

C

蔡元培 168
陈独秀 167
陈国华 124, 149
陈平（Chen, Ping） 34, 39, 42, 49, 58, 61—63, 90, 98, 105, 112, 126, 134, 145, 150, 165, 172, 178, 196, 209
陈寅恪 6, 7, 12
Carmichael, Cathie 172, 173
Chafe, Wallace 25, 127
Chao, Yuen Ren 见"赵元任"
Chen, Ping 见"陈平"
Chomsky, Noam 见"乔姆斯基"
Clyne, Michael 175—177, 179, 181, 197
Comrie, Bernard 37, 39
Coulthard, Malcolm 98, 99
Croft, William 10, 13, 129
Curtius, Georg 17

D

达尔文（Charles Darwin） 16

笛卡尔（René Descartes） 123
Darwin, Charles 见"达尔文"
Dawkins, John 182
Descartes, René 见"笛卡尔"
Dik, Simon 26
Dixon, Robert M. W. 32, 39, 176, 197
Dowty, David 116—118
Du Bois, John 141—143, 148—150

E

Edwards, John 171, 172

F

费孝通 164, 172
弗雷格（Gottlob Frege） 103
傅斯年 168
Ferguson, Charles 132
Fichte, Johann Gottlieb 154—158, 169, 172
Fillmore, Charles J. 127—129, 138, 139, 146
Firth, John Rupert 53, 54, 63, 85
Fishman, Joshua 132
Fodor, Jerry A. 119—121
Fought, John 69, 84
Fraser, Bruce 32, 39
Frege, Gottlob 见"弗雷格"
Fromkin, Victoria A. 79, 84, 129, 130, 148

G

高本汉（Bernhard Karlgren） 7
Gabelentz, Georg von der 见"甲柏连孜"
Geach, Peter 103
Gee, James P. 108, 112
Gilman, E. Ward 207, 208

Givón, Talmy 25, 33, 34, 39, 98, 127
Gleason, Henry Allan 68, 79, 84
Godel, Robert 20, 40
Goldberg, Adele E. 129, 139, 150
Greenberg, Joseph H. 25, 37, 40
Grice, Paul 103, 126
Grimm, Jakob 16
Gundel, Jeanette K. 125, 126, 148

H

哈里斯（Zellig S. Harris） 23, 40, 64, 68, 73—78, 82—84, 86, 99, 136, 137
韩礼德（M. A. K. Halliday） 26, 54, 63, 85, 86, 99, 110, 112, 137, 144
洪堡特（Wilhelm von Humboldt） 78, 154, 156, 158
胡适 167
黄国营 1
黄遵宪 165
Haas, Mary 73
Haiman, John 35, 40
Halle, Morris 87, 99
Halliday, M. A. K. 见"韩礼德"
Harris, Zellig S. 见"哈里斯"
Hasan, Ruqaiya 110, 112
Haugen, Einer 135, 136, 148
Heath, Jeffrey 40
Hedberg, Nancy 125
Heim, Irene 108
Herder, Johann Gottfried von 154—158, 169, 172
Hjelmslev, Louis 19—21
Hobsbawn, Eric 157, 173
Hockett, Charles 65, 66, 68, 72, 73, 75, 78, 84
Hopper, Paul 25, 34, 40, 118, 119, 127, 134, 150

Humboldt, Wilhelm von 见"洪堡特"
Hume, David 见"休谟"
Huntington, Samuel P.(亨廷顿) 152, 153, 173
Hymes, Dell 69, 84

J

甲柏连孜（Georg von der Gabelentz） 2
Jackendoff, Ray 139, 140
Jackson, Frederick H. 192, 197
Jakobson, Roman 见"雅各布逊"
Jefferson, Gail 115, 121
Jelinek, Frederick 56
Jespersen, Otto 见"叶斯帕森"
Jones, Daniel 130, 131
Jones, Lawrance G. 130
Jones, William 15, 16
Judge, Anne 162, 163, 173

K

Kaplan, Marsha A. 192, 197
Karlgren, Bernhard 见"高本汉"
Katz, Jerrold J. 119—121
Kay, Paul 127, 128, 138, 139
Kruisinga, Etsko 144
Kumpf, Lorraine E. 150

L

拉波夫（William Labov） 131, 132, 146, 148
莱布尼茨（Gottfried Leibniz） 123
李行德（Thomas H. T. Lee） 1, 112
林语堂 49, 204
刘復 5
刘淇 3
鲁迅 168, 169

陆克文（Kevin Rudd） 183
罗常培 170, 172
罗素（Bertrand Russell） 2, 11, 13, 103, 106, 107, 112, 130, 156
吕叔湘 7, 9, 10, 13, 113, 116, 117, 150, 170, 172
Labov, William 见"拉波夫"
Lakoff, George 88, 89, 127
Lambrecht, Knud 127, 150
Langacker, Ronald 127
Lasnik, Howard 96, 99
Lee, Thomas H. T. 见"李行德"
Leibniz, Gottfried 见"莱布尼茨"
Li, Charles N. 37, 40
Lo Bianco, Joseph 176, 181—185, 189, 197
Lounsbury, Floyd G. 208
Lyons, John 92, 208

M

马建忠 4, 7
蒙太格（Richard Montague） 11
Mann, William 110, 112
Martín, Mario Daniel 177, 197
Mathesius, Vilém 14, 19, 85
McLaren, Anne 190, 191, 197
Meillet, Antoine 134
Milsark, Gary 11, 13
Montague, Richard 见"蒙太格"

N

Naughten, Zoe 186, 195
Nesfield, John 5
Newman, Paul 73
Newmeyer, Frederick J. 10, 13, 25, 37, 40
Nunberg, Geoffrey 9, 13

O

O'Connor, Mary Catherine 127
Orton, Jane 189, 191, 195, 197
Ozolins, Uldis 176, 197

P

潘文国 1
Paul, Hermann 17
Pike, Kenneth 68
Plato 见"柏拉图"
Poutsma, Hendrik 27, 144

Q

钱玄同 167
钱锺书 114
乔姆斯基（Noam Chomsky） 5, 11, 14, 23—25, 28, 29, 32, 34—39, 64, 77—84, 87—90, 96, 99, 102, 105, 115, 120—124, 127, 130, 136, 137, 139, 140, 149
瞿秋白 168

R

Rask, Rasmus 16, 18
Rodman, Robert 79, 84
Ross, John 35, 88, 89
Rudd, Kevin 见"陆克文"
Russell, Bertrand 见"罗素"

S

萨丕尔（Edward Sapir） 65, 67—69, 73, 84, 140, 141
沈家煊 1
斯宾诺莎（Baruch Spinoza） 123
斯金纳（B. F. Skinner） 121—124, 149
苏格拉底（Socrates） 45
索绪尔（Ferdinand de Saussure） 2, 14, 18—22, 29, 38—45, 60, 62, 63, 65—67, 69, 78, 84, 86, 102, 111, 112, 115, 120, 121, 199—201, 209
Sacks, Harvey 115, 116, 121, 148
Sapir, Edward 见"萨丕尔"
Saussure, Ferdinand de 见"索绪尔"
Schegloff, Emanuel A. 115, 116, 121, 148
Schleicher, August 17, 18
Schmidt, Johannes 17
Schneider, Hans J. 34, 40
Sechehaye, Albert 18—20, 63
Seilliere, Ernest-Antoine 151
Silverstein, Michael 25
Simpson, Andrew 172, 173
Smith, Anthony D. 152, 173
Sinclair, John 205
Skinner, B. F. 见"斯金纳"
Socrates 见"苏格拉底"
Spinoza, Baruch 见"斯宾诺莎"
Strawson, Peter 103, 107, 112
Sturak, Katharine 186, 195

T

ten Hacken, Pius 207, 209
Thompson, Sandra A. 26, 34, 40, 110, 112, 118, 119, 127, 150
Traugott, Elizabeth Closs 134, 135
Trubetzkoy, Nikolai 19, 22
Twaddell, William 68

V

van Dijk, Teun A. 98, 99
Verschueren, Jef 208, 209

W

王大刚　1
王国维　6
王菊泉　1
王力　169, 172
王引之　3
维特根斯坦（Ludwig Wittgenstein）　103
吴稚辉　167
Wang, Tianyan　62, 63
Ward, Gregory　9, 13
Walker, Donald　92, 99
Wall, Robert　79, 84
Wells, Rulon　68
White, Peter　190, 198
Whitney, William Dwight　136
Winograd, Terry　90, 91, 99
Wittgenstein, Ludwig　见"维特根斯坦"

X

休谟（David Hume）　123
徐赳赳　1, 110, 111, 113, 115
徐通锵　8, 13
许国璋　14, 36, 38, 39
许慎　164

Y

雅各布逊（Roman Jakobson）　19, 22
亚里士多德（Aristotle）　6, 45, 125
杨华　124, 149
叶斯帕森（Otto Jespersen）　27, 144
游汝杰　166, 170, 172
Yule, George　98, 99

Z

张秋生　188, 196
章太炎　168
赵元任（Chao, Yuen Ren）　7, 9, 13, 46, 63
祝克懿　113
邹嘉彦　166, 170, 172
Zarcharski, Ron　125

主题索引

A

阿德莱德 177
阿拉伯语 175, 182, 191
爱尔兰 130, 151, 152, 154, 158—161, 172, 177, 195
爱尔兰语 16, 159—161, 170, 177
盎格鲁-撒克逊人 159
奥地利 155, 157, 158
澳大利亚 47—49, 137, 153, 174—196
澳大利亚语言与读写政策白皮书 The Australian Language and Literacy Policy（简称 ALLP） 182, 197
澳大利亚语言政策顾问委员会 182
澳大利亚原住民 176, 181
AAH Australian Academy of the Humanities 187, 190, 196
ABS Australian Bureau of Statistics 175, 189, 191, 196, 197
AIAC Australia in the Asian Century White Paper 193, 194, 197
Algonquian 语 68
ALLP The Australian Language and Literacy Policy 182, 197
An Outline of English Phonetics《英语语音纲要》 130, 131
Aspects of Language 137, 150

B

八所大学联盟 Group of Eight 187
白澳政策 179, 180, 188, 189, 196
白板 tabula rasa 123
白话文 149, 165, 167, 168
包容性 inclusive 72
柏拉图难题 Plato's problem 123
柏拉图学派 2
背景学生 background student（简称 BS） 186, 190, 191, 193, 194, 196
被动句 57, 81, 93
本土材料 7, 8
本性还是教养 by nature or nurture 124
闭合循环 loop 80
变换手段 5
辨识性 61
标准发音 Received Pronunciation（简称 RP） 130, 159
标准方言 170
标准英语 Standard English（简称 SE） 130, 132, 159—161
标准语 156, 168, 172
表层结构 5, 81, 82, 89, 139
表层句法结构 5
表层语法关系 106
表达实体 expression substance 21

表达形式 expression form 20—22
表情（affective）作用 20
表现平面 24
表意文字 3
宾格 142, 143
宾语倒装句 58
冰岛语 16
病理语言研究 10
波斯语 16
波形理论 wave theory 17
不定指形式 33, 34
不及物 118, 119, 141, 142
布拉格学派 14, 19, 21—23, 85
布龙菲尔德之后学派 Post-Bloomfieldians 23, 64, 68, 69, 71, 74, 78, 83
布龙菲尔德学派 Bloomfieldians 68
部落联盟 153, 164
be+形容词谓语句 88
Breton 人 163
BS 学生 background student 186, 193

C

菜谱语言学 87
参量 parameter 24
参照时间 104
操作 operation 76
层次 9, 50, 51, 53, 56, 67, 70, 71, 73, 81, 89, 109
层次构造、层次结构 hierarchical structure 39, 71
层级关系 22
超句组织 100, 109
超音段成分 47
陈述句 47, 103, 104
成分类别 constituent class 71, 73
成形 motivating 29, 31, 34, 150
程序语义学 procedural semantics 93

《重编国语辞典》第六版 50, 201
重复 110
初级句 elementary sentence 76—77
初始义 202
触发 activated 126
传统语法分析 52, 92, 93
传统语法学派 27, 38, 39
词法分析 101
词根 16, 73, 74, 151, 153
词和词形表（word and paradigm）模式 72
词汇假说 Lexicalist Hypothesis 140
词汇解释学派 Lexical Interpretivists 88, 89
词汇冗余规则 140
词汇语义学 47
词库 lexicon 73, 88, 139, 140
词类划分 27
词尾 131
词形变化 142
词序 27, 66, 142
词语搭配 56
词语分解 lexical decomposition 208
词缀 73, 136, 142
次选择模式 subselection model 73
刺激贫乏（poverty of the stimulus）论 123
Collins Cobuild English Language Dictionary 51, 205
Collins 伯明翰大学国际语言语料库 COLLINS Birmingham University International Language Database 206
construct 139

D

搭配 collocation 41, 42, 45, 52—56, 60, 70

搭配性 collocability　53—55
代替　94
《当代汉英词典》　49, 204
《当代语言学》　2, 12
德意志邦联　155
德意志民族　154—158, 162
低地德语 Low German　156
底层结构　82, 130
底层终端语符列 underlying terminal string　82
《第二次汉字简化方案（草案）》　60
第一语言习得　57
叠置式音变理论　8
定指成分　11
定指形式　33, 34
动词谓词句　88
动态过程 dynamic process　93
独立单位 discrete unit　129
短语动词 phrasal verb　31, 33, 39
短语结构　82, 141
短语结构规则 phrase structure rule　81, 82, 128, 138—140
短语结构语法 phrase structure grammar　80, 81
段落　86, 95, 101, 109, 142
断言性言语行为动词 assertive speech act verb　135
《对德意志国民的演说》　155
对立关系　22, 42, 44—50, 52, 58, 59
对立与互补　98
多元文化政策　196
Daniel Jones　130, 131

E

儿童语言习得　141
《二简》　60, 61
EIA Education in Australia　184, 197

F

发现程序 discovery procedure　23, 75
法位 tagmeme　120
范式革命　87
梵语　15, 16
方言语法　12
方言忠诚度　170
非标准白人英语 White non-standard English（简称 WNS）　133
非标准黑人英语 non-standard Negro English（简称 NNE）　132, 146
非基本句式 non-canonical clause　57, 59
非英语族裔　177, 179
非语言环境 non-linguistic context　31, 34
非重读音节　131
分布　56, 75, 76, 86, 87, 126, 136
分布学派 Distributionalists　23
分类学派 Taxonomists　68
分析程序　71
分析对象　3, 24, 45, 57, 64, 72, 77, 92, 93, 101, 109, 128
分析目的　64, 77
分析手段　5, 11, 42, 77, 120
否定句　57, 81
符号　20, 61, 66, 75, 128, 131, 189
符号形式　103
附加语符列 adjunct string　76
附加语义　108
附庸性　117
附着成分　134
复合成分　103
复杂语码 elaborated code　132
Form and Meaning　137, 150

G

盖尔语 Gaelic　159, 160, 177

概率法　70
感事　59
感知性　117
高层结构　70
高地德语 Upper German　156
高卢 Gaul　162
高卢语　162
高效性 efficient　72
哥本哈根学派　14, 19, 20—22
格语法 Case Grammar　128
个人语言 idiolect　36
工具　59, 116, 117
功能语法　118, 119, 127, 141
功能语言学　10, 108
功能主义学派　14, 15, 23, 25—27, 29, 30, 34—39
共时分析　200, 201
共时语言学 synchronic linguistics　20, 43
共同交际语言　181
共同始源语　14
共同语　17, 157, 165
共性　1, 2, 8, 9
构拟　7, 14, 17, 18
构式 construction　128, 138, 139
构式语法 construction grammar　56, 127—129, 138, 139, 144
孤立型　18
古典语言　177
古斯拉夫语　16
古文　3
关联和对立　41, 42
关系句的构成　27
管约理论　105
冠词　136
惯用语 let alone "更不用说"　128, 138, 146

惯用语原则 idiom principle　57
广域焦点 broad focus　138
《广韵》　166
规定主义 prescriptism　158
规范化　160, 161, 170, 201
国家民族 state nation　153, 159, 162, 164
国家认同　179
国家语言政策 National Policy on Languages　175, 181—183
《国外语言学》　1, 2, 12, 125
国语　11, 13, 50, 158, 160, 161, 165, 170, 175, 181, 201
过去时　104
过去时构成 preteritization　73, 76
Grammaticalization《语法化》　134
Grice 的数量准则 Grice's Maxim of Quantity　126

H

海外汉语教学　174
《汉英词典》　49, 204
汉语北方话 Mandarin　175, 188, 189
《汉语大词典》　201—203
汉语的主题化句　58
汉语方言　166, 170
汉语教学　4, 47, 174, 175, 185, 187, 189—196, 198
汉语训诂学　10
汉语音韵学　3
《汉语语法分析问题》　116, 117, 150
汉字　3, 10, 60—62, 165—168, 172, 185
汉字简化　60, 168
汉族　164
合语法句　80—83
核心句　76
横向连锁关系与纵向选择关系　20

横向组合（syntagmatic）关系　41, 43, 45, 54, 60
互文 intertextuality　108
互文同训　3
华人社区　108, 189
华夏族　164
华裔学生　174, 190—194
话轮 turn talking　109, 115
话题 topic　11, 62, 107, 115, 150
话题链 topic chain　110
话题-说明　11
话语 discourse　14, 22—24, 34, 36, 45, 46, 53, 56, 58, 67, 69, 70, 75, 84—86, 89, 90, 92—96, 100, 101, 103, 105, 108—110, 116, 119, 125, 127, 134—136, 141—143, 148
话语标记词语 discourse marker　109, 110
话语单位　109—111, 121
话语分析 discourse analysis　36, 64, 65, 75, 85—87, 89—98, 100, 101, 103—108—112, 115, 116, 118, 119, 121, 125—127, 136, 137, 141, 142, 200, 232
话语结构　110, 128, 136, 149
话语篇章　85, 115, 116, 135
话语平面　72, 74, 75, 86, 136, 143
话语小词 discourse particle　109
话语信息组织　9, 10
话语与语义　100
话语语法　90
话语-语用分析　98
回指前指　104
会话分析 conversation analysis　115, 116, 121
会话结构　115
惠特拉姆（Gough Whitlam）工党政府 180
荤菜　49, 50, 52, 201—204, 207
heritage language　181
heritage speaker　186

I

IA 模式　72—74, 82
IBM 公司　56
Information Structure and Sentence Form　127, 150
IP 模式　72—74, 76

J

基本词汇　67
基本句式 canonical clause　57—59
基础部分 base component　140
基于合一 unification-based　139
基准 pivot　141
及物 transitive　53, 118, 119, 142
及物性 transitivity　40, 118, 119
级差 gradable　202
《集韵》　166
计算机自然语言处理　56, 57, 85, 87, 90, 91, 93, 129, 137
计算语言学　77, 129
加州大学伯克利分校　127
加州大学洛杉矶分校　115
加州大学圣地亚哥分校　127
家族树理论 family tree theory　17
价值 value　43, 44
架构 schemata　111
间隔 interval　136
渐变　26
渐成性　117
交际功能特征　89
交际互动　127
交际环境　128

焦点 focus 94, 108, 126
接口 interface 145
结点 node 139
结构 construction 2, 3, 5, 8, 9, 11, 12, 19, 20, 23, 27, 29, 30, 34, 39, 45, 53, 56, 64, 68, 70—75, 77, 80—83, 93, 97, 102, 115, 116, 128—130, 134, 138, 139, 141, 145, 169, 200
结构单位 53, 75, 86
结构段 syntagm 66, 73
结构模式 69, 71, 73, 115
结构主义 18, 19, 23, 38, 41, 42, 44—46, 60, 86, 100, 102, 111, 120, 121, 124, 136, 199—201
结构主义学派 14, 15, 26, 38, 39, 75, 87, 92
结构主义语言学 14, 23, 62, 120, 199, 201
结构主义语义学 63, 199, 200
《结构语言学的方法》Methods in Structural Linguistics 23, 40, 74, 84
解释语言学 14
解释语义学 Interpretive Semantics 30, 121
借词 136
《近期现代英语语法》A Grammar of Late Modern English 27
经济原则 140
经验主义 empiricism 123, 125
《经传释词》 3
竞争性致动因素 competing motivations 143, 150
静态 18, 20, 93, 94, 117
《静态语言学：几个普遍性原则》Linguistique statique: quelques principes généraux 18
镜像（mirror image）结构 81

旧信息 old information 95, 126
局限语码 restricted code 132
矩阵 attribute-value matrix 139
句法 23, 29, 30, 33, 34, 37, 38, 42, 45, 46, 57, 64—69, 71, 74, 75, 78, 79, 81, 83—85, 87—90, 94, 96, 97, 101, 102, 105, 108, 111, 115, 117, 119, 120, 127—130, 136, 138, 139, 169
句法单位 64, 65, 68, 72
句法分析 57, 64—66, 68—72, 74—79, 83, 84, 90, 97, 98, 101, 136
句法功能 65
句法关系 66, 68, 72
句法结构 5, 30, 42, 45, 65, 68, 77, 78, 83, 96, 105, 108, 120, 142
《句法结构》Syntactic Structures 37, 64, 78, 82, 120
《句法理论要略》Aspects of the Theory of Syntax 37, 78, 87—89
句法平面 72
句法特征 30, 89, 94
句法现象 31, 34, 67, 89, 90
句法学 68
句法制约 30
句法自主 Syntax is autonomous 29, 38
句群 101, 109
句式 47, 58, 59, 93, 95, 105, 106, 109, 126, 133, 141, 169
句子成分 2, 3, 5, 9, 85, 93, 110, 117, 118, 150
句子的功能视角 Functional Sentence Perspective 85
句子语法 90

K

凯尔特 2, 159—163, 171, 177

科西加　163
肯定句　57, 81
空语类 empty category　28, 34
孔子课堂　195
孔子学院　195
口误　121, 129, 130
口语　4, 9, 55, 105, 149, 156, 158, 161, 165, 170
库恩（Kuhn）理论　87
框架 frame　111
框架语义学 Frame Semantics　128
昆士兰　184, 185, 188, 189
扩充标准理论 Extended Standard Theory　139

连接词　110
连续式音变　8
连续体 continuum　93, 119, 137
联合国 United Nations　152, 170
联合国教科文组织　170
量词的语义辖域　27
遴选机制　117
零形式　126, 127
《论语言的起源》　155
论元选择 argument selection　116—118
罗马字母　167
罗素理论　11
逻辑学　102
逻辑语义　106, 107, 109, 110
L1 学生 First Language Learner　186, 190, 191, 196
L2 学生 Second language Learner　186, 190—192
Lallans　160
Language《语言》《语言论》　13, 22, 26, 39, 40, 84, 99, 113—116, 118, 119, 121, 122, 125, 127, 129—131, 134—141, 150
Longman Dictionary of American English　51, 206
Longman Dictionary of Contemporary English　51, 206
LOTE Languages Other Than English　181, 182, 196

L

拉丁语　2, 15, 16, 18, 162, 163, 171, 177
拉丁字母　168
类比原则　17
类型 type　34, 71, 72, 92, 116
类型定指 type identifiable　126
类型学研究 typology　5, 37
离散式音变　8
理论内部 theory-internal　121, 139, 145, 147
理论中立 theory-neutral　130, 144
理性主义 rationalism　122, 123, 125
《礼部韵略》　166
《礼记·王制》　4
历时研究　200
历时语言学 diachronic linguistics　20, 43
历史比较语言学　14—19, 23, 38, 39, 65, 68, 140
历史语言学　8, 13, 134
连词　94
连贯性 coherence　109—111

M

《马氏文通》　3, 6, 7
《马氏文通读本》　4, 13
《卖花女》*Pygmalion*　130
矛盾（contradictory）关系　202
美国结构主义　14, 22, 23, 38, 64, 74, 121, 136

美国结构主义学派 22, 64, 67—71, 74, 75, 83, 136
美国麻省理工学院 MIT 13, 25, 39, 40, 84, 90, 99
美国描写语言学派 19
美国斯坦福国际研究所 SRI Internntional 92
美国信息科学研究所 Information Sciences Institute 92
美国语言协会、美国语言学会 Linguistic Society of America 26, 68, 114, 140
美洲印第安语 14, 19, 67, 140
美洲印第安语言文化 67
《美洲印第安语手册》Handbook of American Indian Languages 19, 39
描写模式 69, 72, 74, 75, 136
描写语言学 14, 68
描写语言学派 Descriptivists 22, 67
民族 nation/ ethnic group 152
民族共同语 156, 168, 170
民族国家 nation state 153—158, 160, 161, 163, 166, 167, 172, 178
民族精神 156, 167
民族认同 151, 154, 156, 157, 159—161, 171, 172
民族属性 151, 153, 172
民族向心力 153
民族意识 153, 156, 157, 171, 178
民族语言 158, 161, 163, 166, 171, 177—179, 181, 182, 189
民族语言文化学校 ethnic school 186, 187
民族主义 nationalism 151, 153—155, 158, 161, 163, 166
民族主义运动 153, 160, 161, 166
名词性成分 33, 39, 96, 117, 142, 143
名词性短语 11

命题 2, 11, 29, 30, 78, 103, 105—107, 109, 118, 126, 134, 135
摹状词 definite description 106
母语 3, 4, 6, 7, 9, 17, 18, 25, 37, 43, 53, 120, 123, 124, 160, 168, 171, 182, 186, 190, 191
母语国家 174
meat 49—52, 63, 199, 200, 204—207
MMA Making Multicultural Australia 181, 197
"Modes of meaning" 53, 63

N

《纳氏文法》 5
内涵和外延 43, 124, 145
内容实体 content substance 20
内容形式 content form 20, 21
内省 introspection 14, 15, 35, 36, 38
能产性 productive 72, 78, 128
能指 signifier 43, 66, 200
牛津日常语言哲学（ordinary language philosophy）学派 103
牛津学派 103, 107, 108
《牛津英语词典》Oxford English Dictionary（简称 OED） 51, 52, 202, 204, 205, 207
NALSAS 全国中小学亚洲语言及亚洲研究策略 183, 190, 194
NALSSP 全国中小学亚洲语言及亚洲研究计划 183, 184, 194
"NP+NP+VP" 形式的句子 57, 58
NP-语迹 NP-trace 28

O

欧化 168, 169
欧盟理事会 170

《欧洲的语言和民族主义》Language and Nationalism in Europe　154, 172
欧洲雇主联合会 UNICE　151
欧洲结构主义　14, 19

P

排列组合　83, 138
派生句　76
派生形式　73, 76
篇章 text　86, 94—96, 101, 111
篇章结构　85, 86, 95
拼音文字　10, 167
普遍短语结构语法 Generalized Phrase Structure Grammar　25
普遍性 general　72
普遍意义　1, 2, 8, 42, 69, 81, 98, 138, 146
普遍语法 Universal Grammar　14, 24, 25, 27, 38, 118, 124, 150
普鲁士　155, 157
普适功能　42
普通（regular）词语　3, 128, 129, 138
普通话　12, 149, 165, 166, 169—171, 201
普通语言学　1, 6, 7, 18, 37, 53, 144, 145
《普通语言学教程》Cours de Linguistique Générale　18, 42, 43, 45, 115
谱系　16, 17, 37
PRO、Pro　28

Q

歧义　9, 24, 30, 31, 34, 71, 79, 105
歧义结构　71
歧义句　77
前化 fronting　18
潜在的情景意义 potential situated meaning　108
嵌套结构　80, 81
切分　22, 56, 70, 71, 87, 136
切应性（adequacy）条件　81
情景 scenario　17, 93, 101, 111
情景意义 situated meaning　108
情态副词 modal adverb　135
情态助动词 modal auxiliary　135
区别性特性　117
屈折变化　136
屈折词缀　134
全国中小学亚洲语言及亚洲研究策略 National Asian Languages and Studies in Australian Schools Strategy（简称 NALSAS）　183, 190, 194
全国中小学亚洲语言及亚洲研究计划 National Asian Languages and Studies in Schools Program（简称 NALSSP）　183, 184, 194
全球化　152
全日制学生数 EFTSU　190
确定（given）信息　126
确定性 givenness　126
确定性层级系统 Givenness Hierarchy　126

R

《人类语言的普遍现象》Universals of Human Language　37, 40
认识意义 epistemic　134, 135
认知功能　10
认知结构　30
认知系统　24, 105
认知心理学　98
认知语法 Cognitive Grammar　127
认知语言学　101, 134, 151
认知语义学 Cognitive Semantics　127
认知状态　106, 126
日耳曼　2, 16, 154, 157, 162, 163, 191

日内瓦大学　18
日内瓦学派　14, 19, 20
弱势群体 disadvantaged groups　132
RP Received Pronunciation　130, 159

S

上海话　47
少数民族语言 ethnic language　163, 181
社会方言变异　199, 208
社会语言学　12, 98, 131, 132, 151, 208
社区语言 community language　181
社区语言学校 community language school　186, 189
身份和认同　151
深层结构　5, 32, 88, 89, 121, 139
深层语义结构　5
生成　14, 44, 79—83, 85, 90, 93, 128, 138—140
生成语义学 Generative Semantics　30
生成语义学派 Generative Semanticists　30, 88, 89, 121
省略　5, 9, 110, 130, 132, 133, 146
施动关系　71
施事　8, 59, 116, 117, 143, 145
施为（performative）句　104
时态　104
实词　134
实例 token　92
使动性　117
受动关系　71
受动性　117, 142
受话人　85, 89, 93—95, 101, 106, 109, 110, 125, 126, 138
受事　8, 59, 116, 117, 143, 145
书面形式　45
书面语　55, 156—158, 161, 165, 169
书同文　3, 164

述位 rheme　85, 95
述谓 predication　74
数量词　11
数学图论 graph theory　139
双项名词句　57—59, 62, 150
双语　12, 48, 56, 135, 136, 170, 171, 178, 185, 192, 194, 199
双语词典　199
双语能力　171
双元音　131
《说文解字·序》　164
斯多葛学派 Stoics　123
苏格兰　152, 159—161
苏格兰低地　160
苏格兰高地　159, 160
速记符号　61
所指 signified　66, 104, 105, 129, 134, 200, 203, 207
所指对象 Bedeutung　8, 33, 34, 90, 94, 96, 97, 103—105, 107, 145, 207
索绪尔理论　41, 60
Sacapultec Maya 语　142, 145
Sapir-Whorf 语言相对论　140, 158
SHRDLU 人机对话系统　90, 91

T

他加禄语 Tagalog　86
台湾　108, 188, 189, 191, 193, 195
泰语　182
特定性 specific　72
特征束 bundle of features　22
替换　86, 87, 136
天赋论 innatism　123
田野调查　67
调整模式 adjustment model　73
同根词　140
同化政策 assimilation　179, 196

同文互证　3
同义句　77
同指　27, 33, 59, 96, 97, 105
统御 command　96, 97
there 句　11
Tocharian 吐大鲁语　68

W

外语 foreign language　3, 4, 12, 56, 136, 171, 175, 179, 181, 182, 184—187, 189, 192, 193, 195, 196
外语教育政策　174
外语学习　3, 57, 170, 185, 187, 192
万国新语 Esperanto　167
威尔士　152, 159, 161
威尔士语　161, 177
未来时　104
未知（unknown）信息　126
位移性　117
谓语　92, 106, 136
文白异读　8, 166
文本生成系统　92
"文明的冲突？"　152
文体　20, 141, 148, 168
文献述评　113, 147
文学批评　41
文言文　165, 168
文艺批评　6, 19, 85, 199
文字　3, 4, 7, 21, 22, 54, 60—62, 67, 75, 147, 148, 162, 164, 166—169
文字改革委员会　60
文字拼音化　168
文字形式　200
语感 Sprachgefühl　35, 36, 55, 56, 148
无定 indefinite　8, 32, 104, 118, 119, 126, 145
无指 nonreferential　104, 107

吴方言　170
Webster's New World College Dictionary　52, 143, 206
wh- 语迹 wh-trace　28

X

系词/助动词"BE"的省略现象　133, 146
系事　59
系统对应　14—19
系统功能语法 Systemic Functional Grammar　86, 144
系统中的对立 opposition within the system　41, 42, 45, 46, 50, 54, 55, 57, 60—62, 199
狭域焦点 narrow focus　138
先天论 nativism　122, 123
衔接手段 cohesion　110
显性语法关系　71
现代汉语标准语　168
《现代汉语词典》第 5 版　50, 200
现代汉语书面语　168
现在时　104
限定摹状词理论 Theory of Definite Descriptions　11, 106
限制移民法案 Immigration Restriction Act 1901　179, 188
线性顺序 linear order　39, 109
相似关系　16
香港　47, 48, 108, 188, 191, 193
项目与过程 Item and Process（简称 IP 模式）　72—74, 76
项目与配列 Item and Arrangement（简称 IA 模式）　72—74, 82
象似性 iconic　138
消亡　10, 162, 170, 176, 208
小词 particle　31—33

心理语言学　11, 30, 130
新信息 new information　95, 126, 142
新语法学派 Neogrammarians　14, 17, 18
信息单位 information unit　95
信息结构 information structure　11, 95, 104—108, 125—128, 138
行事条件作用 operant conditioning　122
形容词　54, 89, 118, 129, 136, 169
形式分析学派　103
形式和实体　20
形式和意义　9, 128, 129, 138
形式化　11, 14, 25, 26, 29, 69, 74, 75, 80, 83, 98, 108, 127, 136
形式系统　20, 21, 34, 38, 139, 140
形式语法　80, 82, 139
形式语言学　10
形式语言学派　10, 127
形式语义理论　103
形态学　68
修辞结构　110
修辞结构理论 Rhetorical Structure Theory　110
修辞学　85, 100, 102
虚词　3
训诂学　3, 45
X Bar 理论　89

Y

雅各宾派 Jacobins　162, 163
雅言　165, 166
亚里士多德学派　2
亚洲　152—154, 159, 179—183, 185, 187, 188, 190, 191, 193, 194
《亚洲的语言与民族认同》Language and National Identity in Asia　154, 172, 173
《亚洲语言与澳大利亚的经济前途》　183
《亚洲世纪中的澳大利亚》白皮书 Australia in the Asian Century（简称 AIAC）193, 194, 197
言语 parole　29, 66, 86, 102, 122
言语范畴　66
言语行为　122
《言语行为》Verbal Behavior　121—124, 149
言语因素　66
《颜氏家训·音辞篇》　165
演变　10, 14, 15, 17—20, 26, 83, 87, 94, 102, 129, 132, 134, 135, 154, 162, 164, 199—201, 204
演变规律　14, 18, 135
演变阶段　18
移民　135, 159, 174—177, 179—181, 188, 189, 191, 193, 195, 196
移民国家　175
疑问句　47
义项　202, 204
意义 Sinn　103
意义组合性原则 principle of compositionality　103
音变现象　8
音节　9, 129, 131
音素　46, 47, 101
音位　22, 23, 45, 46, 66, 72, 73, 75, 82, 86, 101, 115, 117, 120, 129—130, 208
《音位标音法的多能性》　46
音位分析　23, 45, 46, 64, 65, 72, 75, 77, 78, 97, 136, 200, 208
音位分析的一套公设 A set of postulates for phonemic analysis　23
音位理论　65
音位平面　72

音位特征　14, 131
音位系统　14
音位学　65—68, 117, 131
音系　22, 46, 64, 69, 75, 87, 102, 111
音系分析　101
音系规则　130
音系特征 phonological feature　22
音系学　22, 45, 67
音系研究　64
隐性语法关系　71
印第安土著语言　68
英国　15, 41, 47, 48, 53, 54, 85, 103, 104, 130, 132, 137, 151, 152, 154, 156, 158—162, 171, 172, 176—180, 188, 195, 205—207
英国 Lancaster 大学的汉语语料库 Lancaster Corpus of Mandarin Chinese　54
英语用法调查 Survey of English Usage　206
《英语音系》The Sound Pattern of English　87
优先论元结构 Preferred Argument Structure（简称 PAS）　142, 143
有定 definite　8, 32, 104, 145
有限状态语法 finite-state grammar　80, 81
有指 referential　104, 126
语段　95
语法标记　100
语法标准　70, 71
语法成分 grammatical entities　44, 116, 134
语法范畴　11, 27, 104
语法规范　149
语法化 grammaticalization　33, 134, 143
语法结构　11, 41, 60, 100, 106, 138, 140
语法模式　78—83, 133, 138, 139

语法手段　110, 142, 143
语法谓语　106
语法形式　16, 134, 142
语法虚词　134, 142
语法主语　11, 106
语符 glosseme　14, 21, 76, 82
语符列理论 String Theory　76, 77, 137
语境　33, 76, 85, 86, 92—94, 97, 98, 100, 101, 103—106, 108, 111, 125, 203, 207
语料　3, 12, 23, 35, 36, 38, 54, 69, 72, 75, 77, 78, 92, 113, 115, 116, 126, 127, 133, 135, 138, 141—143, 146, 148, 149
语料库　54, 55, 206
语料库研究　57
语流　67, 77, 129, 142
语气词　47
语素　23, 68, 70, 73, 75, 79, 82, 86, 120, 129, 130, 135, 142
语素分析　64, 72, 75, 77, 78, 97, 136
语素排列　79, 80
语素平面　72
语素音位规则 morphophonemic rule　73, 82
语体　46, 55
语调　62, 71, 95, 131, 137, 138
语调段落　142
语文改革　168
语序　59, 71, 95, 100, 117
语言 langue　20, 29, 66, 86, 102
《语言》Language　13, 26, 39, 40, 84, 99, 113—116, 118, 119, 121, 125, 127, 129—131, 134—141, 150
语言本体　2, 45, 60, 100—102
语言变化　17, 18
语言的纯洁性　158

语言的共时系统　14
语言的交际功能　15, 26, 29, 30, 85, 96
语言的经济价值　177
《语言的普遍现象》Universals of Language　37, 40
语言的亲属关系　14
语言范畴　66
语言符号　14, 43, 44, 200
语言共性　83
语言规划　151, 158, 168, 172
语言和言语　20, 86, 102
语言交际功能　21
语言教学　12, 56, 99, 122, 177, 183, 184, 190, 192, 193
语言类型学　129
语言理解系统　92
语言理论　8, 10, 14, 19, 20, 23, 26, 68, 73, 78, 93, 108, 111, 120, 121, 127, 134, 137—139, 143—145
《语言论》Language　22, 84, 122, 150
语言民族性　169
语言民族主义 linguistic nationalism　151, 153, 154, 156—159, 161, 163, 169, 171, 172, 196
语言能力 competence　23, 24, 26, 29, 34, 36, 77—83, 87, 102, 120, 123, 124, 134, 144, 191, 192
语言普遍特征 language universal　24
语言谱系分类　17
语言手段　94, 95, 109, 110
语言文字改革　151, 168
语言问题政治化　157
语言习得　12, 57, 124, 129, 141
语言习得装置 Language Acquisition Device（简称 LAD）　124
《语言学动态》　1, 12
语言学史　4, 15, 18, 64, 113
语言学校　184, 186, 189
《语言学资料》　1, 12
语言演变　14, 17, 129, 132
语言与法律　12
语言运用 performance　29, 78, 92, 93, 102, 124, 134
语言哲学　43, 100, 102, 103, 106, 107
语言政策　174—176, 181—183, 194, 196
语义成分分析 semantic componential analysis　208
语义储存和处理　10
语义分析　64, 65, 71, 90, 108, 128, 138, 199, 200, 208
语义概念　94
语义格　27, 116—118, 143
语义格的标记　27
语义关系　53, 81, 86, 116, 208
语义角色　117
语义结构　5, 11
语义解释规则　89
语义理论　103, 104, 120, 121
语义内容　100, 109
语义冗余规则　140
语义学　102, 103, 120, 137
语义演变理论　10
语义映射规则　88
语音　17, 21, 45, 46, 64, 66, 87, 100, 101, 110, 130, 131, 135, 148, 149, 165, 166
语音变化　8
语音标准　70, 71
语音表现　22, 28
语音成分　136
语音分析　101
语音规则无例外论　17
语音节律　9
语音区别性特征　129

语音形式　22, 134, 200
语用　3, 9, 31, 33, 34, 45, 46, 53, 60, 67, 84, 127, 128, 134—136, 139, 142, 143, 205, 206
语用-话语分析　64, 65
语用小词 pragmatic particle　109
语用学　43, 98, 101, 103, 120
语用因素　94, 96, 97
预设 presupposition　6, 8, 94, 106, 125, 135, 145
原始母语　17, 18
原始印欧语　151
原型施事　117
原型受事　117
原音位 archiphoneme　22
原语符　76
原住民语言　181, 182, 184
粤方言　170
韵律特征　105
韵书　166
蕴含 implicature　21, 94, 145

Z

增字解经　11
黏合型　18
长元音　131
哲理描写语言学　65
真假值　103, 109
真值函数语义理论 truth functional semantics　103, 104
真值空缺 truth value gap　107
支配与约束（Government and Binding）理论　25, 39
直接成分 immediate constituents（简称 IC）　69—71, 73, 81
直指 deixis　104
指称 reference　11, 53, 96, 97, 104, 105, 115, 139
指称形式　104, 125, 126
指代词　90, 91, 94
指示　94, 95, 104, 134, 172
中国国家汉办　195
《中国话的文法》　9
《中国文法通论》　5
中国文字改革委员会　60
《中国语文》　6, 39, 62, 118, 150, 172
中国语言规划　168
中心语 head　76
中心语符列 center string　76
种族 race　132, 152, 153, 157, 174, 180
重读音节　131
重音　32, 33, 71, 93, 95, 131, 134, 137
周末语言学校 weekend language school　186, 189
《朱子语类》　4
主动句　57, 81, 93
主题化句 topicalized sentence 或 topicalization　57—59
主题连续性 topic continuity 或 participant continuity　33, 39, 142
主位 theme　85, 95
主位结构、主题结构 thematic structure　94, 95, 110
主谓关系　9, 71, 74
主谓句　106
主谓命题　106
主谓谓语句　58
主语　11, 13, 92, 106, 116—119, 133, 136, 142
《主语与主题》Subject and Topic　37, 40
《助字辨略》　3
转换　24—26, 30, 32, 35, 57—59, 79, 80, 87, 92, 102, 129
转换规则　5, 74, 76, 82, 89, 133, 139,

140
转换生成语法　64, 77—79, 81—83, 139, 144
转换生成语法理论　83, 84, 88, 120, 121, 124, 130, 133, 139, 144
转换生成语法学派 Transformational Generative School　64, 77, 78, 83, 88, 90, 121, 127
转换语法　82
转移网络 transition network　93
自立性　117
自由党弗莱泽（Malcolm Fraser）政府　181
自主性　117
字　53, 129
字形　3, 61, 202

宗主国　160, 176—178, 180
纵向聚合（paradigmatic）关系　41, 43, 45, 54, 57, 59, 60
族群　151, 153, 163, 164, 177, 180, 181, 183, 195, 196
组合　41, 43, 45, 53—57, 60, 66, 70, 71, 73, 83, 101, 103, 109, 110, 117, 138, 155, 199, 200, 203, 208
组合性（compositionality）原则　103, 128
最简理论　105
最小比对 minimal pair　46, 47
《遵从历史原则的现代英语语法》*A Modern English Grammar on Historical Principles*　27
作格 ergativity　141—143

后　　记

文选收录的三十篇论文围绕现代汉语研究的各个方面展开，涉及现代汉语的语法和语义、汉语研究的理论与方法，以及同说汉语、学汉语的人相关的其他语言问题。文选共分三卷，标题分别为《汉语的形式、意义与功能》《引进·结合·创新——现代语言学理论与中国语言学研究》和《语言与中国的现代化进程》。

《汉语的形式、意义与功能》收录十二篇论文，研究对象是汉语句法、语义、语用和话语分析中具有较大理论意义的课题，从形式、意义和功能的角度对相关汉语现象作详尽的实证分析和深入的理论探讨，旨在揭示汉语句法、语义、语用和话语篇章的主要特点，并阐发有关汉语现象在普通语言学层面上的理论意义。

中国传统语言研究领域是文字、音韵和训诂。现代语言学着重关注的音系、句法、语义、语用等研究领域，所用的主要理论、概念和方法大都起源于西方语言研究。20世纪初以来中国语言学家所做的主要工作，是利用外来的理论、概念和方法分析本土材料，并以此为基础对前者进行补充、修正，进而提出描写和解释能力更为周延的新理论、新概念和新方法。要做好本土语言研究，两个前提条件必不可少：一是对语料全面、准确地掌握，二是对语言学理论和方法的深刻理解。《引进·结合·创新——现代语言学理论与中国语言学研究》收录十篇论文，主要内容是笔者就普通语言学和汉语研究两者关系所做的思考，以及对普通语言学主要理论、概念及方法的研究体会。

1898年出版的《马氏文通》开创了中国现代语言学研究的历史。《马氏文通》研究的是古代汉语。中国现代汉语研究的初创之年，可以定于

1917年。那一年白话文运动与《国语研究会》的代表人物双潮合一，整合19世纪下半叶中国开始步入现代化进程以来，社会有识之士提出的"我手写我口""汉语拼音化""文字改革""言文一致""国语统一"等语言文字改革思想，首次为现代汉语口语和书面语标准形式的属性拟定具体要求，为其发展提出可行路径。现代汉语语音、词汇、语法以及文字改革从此成为汉语研究的重点领域。《语言与中国的现代化进程》收录八篇论文，着重探讨汉语语言文字在中国现代化进程中所起的作用以及自身所经历的变化，并从社会发展的角度观察颇具中国特色的语言规划问题。

三十篇论文均曾刊于海内外学术期刊和文集。2016年夏，徐赳赳教授和尚新教授分别向我建议，从历年发表的论文中选取较具代表性的编为文集出版，免去读者翻检搜寻之劳。该建议得到商务印书馆总编辑周洪波博士的大力支持，并委任何瑛博士担任文选的责任编辑。何瑛博士在时间紧、工作量大的情况下加班加点，高质量地完成了文选的编辑工作。徐赳赳教授也参与了文选英文论文的部分编辑工作。我在此向徐赳赳教授、尚新教授、周洪波博士和何瑛博士表示诚挚的谢意。

多年学术生涯中有幸得到很多师友的指教，文章中的许多思想都是在同他们的切磋辩难之中生发和成熟的，在此一并致谢。这些论文的完成还得益于我所工作的中国、美国和澳大利亚大学和研究机构提供的良好研究条件，得益于安宁的家庭氛围。妻子朱静、爱女 Fay 和 Laura 是我人生中最为珍惜的部分，她们对我的支持和关爱，我永远感激不尽。

整理文稿的过程中，时时浮现恩师吕叔湘先生的面容。写作也是对话，吕先生指引我走上汉语语言学研究的道路，也是我自中国社科院语言所学生年代起撰写论文时心目中的主要对话人。文选收录的文章，有好几篇初稿写成后，第一位读者便是先生，并且总能得到先生的悉心指教。先生离去后，我动笔开篇时，往往心目中的第一读者还是先生，只是初稿完成后寄送无由，再也无从聆听老人家的教诲了。

陈平

2017年5月

澳大利亚昆士兰大学

Epilogue

The thirty papers in the present three-volume anthology center around Modern Chinese, covering themes such as its grammar and semantics, theories and methodologies of Chinese language studies, and other language-related subjects concerning speakers and learners of Chinese. The respective titles of the three volumes are *The Chinese Language: Form, Meaning and Function*, *Introduction, Integration and Innovation: The Relationship between General Linguistics and Chinese Language Studies*, and *Language in a Modernizing China*.

The twelve papers in *The Chinese Language: Form, Meaning and Function* focus on subjects with theoretical impact in the areas of Chinese syntax, semantics, pragmatics and discourse analysis. They present findings from empirical and theoretical investigations into the form, meaning and function of the Chinese language, which aim to identify characteristic features of the Chinese language, and explore implications of the findings for issues of more general interest in modern linguistics.

Traditional Chinese language studies focus on script, historical phonology, and critical interpretation of ancient texts (*xungu*). Major theories, concepts and methodologies in the studies of phonology, syntax, semantics, pragmatics and other areas of modern linguistics have emerged and developed mainly on the basis of studies of Western languages. Since the beginning of the twentieth century Chinese linguists have undertaken to apply theories, concepts and methodologies originating in the West to the analysis of the Chinese language, and at the same time have endeavoured to revise and innovate based on findings from Chinese. Two pre-conditions must be met if one expects to conduct proper and meaningful studies of Chinese and other indigenous languages. One is a comprehensive collection of relevant language data, and the other is in-depth understanding of theoretical and methodological apparatuses related to the analysis of the data in question. The ten papers in *Introduction, Integration and Innovation: The Relationship between General Linguistics and Chinese Language Studies* present my reflections on the relationship between general linguistics and Chinese language studies, and investigations into some of the most influential theories, concepts and methodologies of modern linguistics.

The start of research on the Chinese language from a modern linguistic perspective is marked by the publication of *Grammar* by Ma Jianzhong in 1898. However, the subject of study in *Grammar* is Classical Chinese. 1917 was the year when studies on Modern Chinese began to take shape. Major proponents of the Vernacular Written Chinese Movement and members of the National Language Studies Association joined forces in that year to delineate the features of Standard Modern Spoken and Written Chinese, and propose how Modern Chinese should be developed in a way that incorporated major thought and initiatives in language and script reform since the second half of the nineteenth century such as "I write what I speak", phonetization of Chinese, script reform, consistency of speech and writing, and unification of the National Language. Starting from that year, the phonetics and phonology, vocabulary, grammar and script of Modern Chinese fast became major areas of linguistic study in China. The eight papers in

Language in a Modernizing China examine the role of language in a modernizing China, and explore how the Chinese language and script developed in the process partially as an outcome of language planning efforts.

All of the thirty papers have previously been published in scholarly outlets in China and overseas. Professor Xu Jiujiu and Professor Shang Xin proposed in 2016 that I select from my writings in Chinese linguistics for the publication of an anthology to provide easier assess to my work. The proposal received firm support from Dr Zhou Hongbo, Editor-in-Chief of the Commercial Press in Beijing, arguably the most prestigious academic publisher in the Chinese language world, who entrusted the editing of the anthology to Dr He Ying, an experienced editor at the Commercial Press. Putting in a large amount of time and effort, Dr He completed the editing work against a tight time frame with admirable efficiency and exactitude. Professor Xu Jiujiu also helped with the editing of the papers in English in the anthology. I am grateful to all four for their support and kind help, which have resulted in the present three-volume anthology.

I thank all of my friends who have inspired and helped me in the development of many of the ideas in the thirty papers. I have benefited from the stimulating academic environments where I have been working in China, the USA and Australia over the past decades, and also from the tranquility of family life. What I treasure most in my life are my wife Jean, and two daughters, Fay and Laura. I am always grateful to them for their love and support.

Professor Lü Shuxiang, my mentor since I embarked on my career as a Chinese linguist, often appeared in my mind as I was editing the thirty papers for publication in the anthology. Writing is also dialogue. It is Professor Lü who first guided me to the work that I love, and who was also a primary addressee I have kept in mind when writing research papers since my student years at the Institute of Linguistics of the Chinese Academy of Social Sciences. As a matter of fact, Professor Lü was the first reader of several papers in the present collection, and was always kind enough to promptly offer his feedback and advice. Long after his passing away, he is still often the first reader I visualize when writing, and I regret that I can no longer send drafts for his feedback.

Chen Ping
May 2017
The University of Queensland, Australia